Waltraud Krannich – Flehentlich mit seinem Weibe

# Flehentlich mit seinem Weibe

Die Besiedlung des Erzgebirgskamms
am Beispiel von Rübenau

Nach historischen Handschriften erzählt
von Waltraud Krannich

Mit 80 Abbildungen

Bibliografische Information der Deutschen Nationalbibliothek:
Die Deutsche Nationalbibliothek verzeichnet diese Publikation in der
Deutschen Nationalbibliografie; detaillierte bibliografische Daten sind
im Internet über dnb.dnb.de abrufbar.

Veränderte Neuauflage (Dezember 2016)
© 2016 Alle Rechte bei der Verfasserin

Herstellung und Verlag: BoD – Books on Demand, Norderstedt
ISBN: 9783741285950

Umschlagfoto: Südlicher Teil von Rübenau, im Juli 2015
vom Lauschhübel (Čihadlo) aus gesehen. Foto: I. Rönsch

# Vorwort

*"An diesem Ortte ist vor deßen keine Hoffstatt noch Wohnung, sondern nur allein lauter Holz gewesen"*, so heißt es in einem kurfürstlichen Dokument von 1595 über eine Gegend am Erzgebirgskamm bei Marienberg.

Das änderte sich, nachdem Kurfürst August ab 1560 das Holz dieser ausgedehnten Waldflächen für den Freiberger Silberbergbau zu nutzen begann. Holzfäller, Köhler und Flößer, Fuhrleute und Landvermesser setzten nun ihren Fuß in das abgelegene Waldgebiet. Auf den abgeholzten Flächen inmitten der tiefen Wälder nahe der böhmischen Grenze begannen sich Menschen anzusiedeln. Floßteiche wurden angelegt, und allmählich entstand ein kleines Dorf. Mitten in ihm floß seit Urzeiten ein Bach zu Tal, der wegen seines Fischreichtums Rybenaw hieß – von slawisch ‚ryba' - ‚Fisch'. Das Dorf wurde nach ihm benannt, und so entstand der Ortsname Rübenau.

Wie sich die ersten Bewohner in der rauen Natur des Obererzgebirges behaupteten, was sie antrieb und wie sie sich auf die Abhängigkeit vom Kurfürsten und dessen Beamten einstellten, das ist auf den folgenden Seiten beschrieben. Der reiche Schatz an historischen Dokumenten im Sächsischen Hauptstaatsarchiv Dresden und weitere Quellen machten es möglich, aufschlussreiche Einzelschicksale und konkrete Geschehnisse aus dieser Zeit wiederzugeben und zu belegen. Einige namentlich bekannte erste Ansiedler werden dadurch gleichsam zu neuem Leben erweckt.

Besonders berührt das Schicksal des Müllers und Bäckers Georg Müller. Er rodete eine ihm bewilligte Flur, siedelte sich am Bach Rybenaw an und errichtete eine Mühle aus Holz. Dass er auf diese Weise den Grundstein zu dem Dorf legte, ist ihm umso mehr zu danken, als es für ihn sehr schwer war, sich mitten im Wald mit seiner Familie durchzubringen.

Der Richter und Floßmeister Jonas Oehmichen kaufte dem Müller die Mühle ab, als dieser kein Geld für ein neues Mühlrad hatte, und begann im neu gegründeten Rübenau ein Lehngut zu bewirtschaften.

Sein Sohn Hans Oehmichen konnte mit seiner großen Familie die Schulden seines Vaters und seine Steuerlast zeitlebens nicht abzahlen und verlor sein „Gütlein" an das Haus Wettin.

Magnus, einer seiner 16 Kinder, wurde bei Kurfürst Johann Georg I. Geheimer Kammerdiener. Ihm gelang es, das einstige Gut seiner Eltern als Schenkung seines hohen Herrn zurückzubekommen.

Sein Sohn Johann Georg gründete als zweifacher Gutsbesitzer eine Brettmühle, einen Rohrhammer und eine Glashütte, war Oberfloßmeister und Zolleinnehmer, betrieb das Waldäschern und Pottaschesieden, aber strebte nach mehr. Mit seinem Amt als kursächsischer Ober-Münzinspektor begab er sich auf einen ehrgeizigen Weg, der für ihn fürchterlich endete.

Seine Besitztümer erwarb der Hof- und Landjägermeister Carl Gottlob von Leubnitz bei der Versteigerung. Das Gut in Rübenau verkaufte er bis auf die dortige Glashütte unverzüglich weiter an einen adligen Leutnant „zu Ross". Damit endet um 1700 dieser erste Teil der Rübenauer Geschichte.

Am 4. Oktober 1607 wurde in der gerade erbauten kleinen Kirche von Rübenau das erste Paar getraut. Oßwalt Ulman aus Bermsgrün bei Schwarzenberg heiratete Anne, eine Tochter des verstorbenen Jacob Hunger. Einige Zeit später vermählte der Pfarrer den Bräutigam Caspar Hänel mit Christine, eine Tochter von Jacob Reichel zu Olbernhau, und am 4. September 1610 schloss Christoff Freyer aus der Hammermühle die Ehe mit Anna, eine Tochter von Caspar Müller.

Hunger, Hänel, Reichel, Freyer, Müller – diese Namen und viele andere aus damaliger Zeit sind immer noch häufig in Rübenau anzutreffen. Die Existenzbedingungen änderten sich nach und nach von Grund auf, aber der dortige Menschenschlag bewahrt bis heute vieles vom Wesen seiner Ahnen.

Unsere Vorfahren sind uns weder in ihrer Art noch zeitlich so fern, wie man meinen könnte. Einige von ihnen möchte ich mit ihrem Hoffen und Handeln, Denken und Fühlen dem Leser nahebringen, ohne dabei die historischen Gegebenheiten außer Acht zu lassen. Das war der Grund, weshalb ich mich zu einer ausführlichen Recherche und allem Weiteren entschlossen habe. Je intensiver ich mich mit diesen einstmals wie wir heute mitten im Leben stehenden Menschen befasste, desto stärker verspürte ich ein Gefühl der Nähe und Verbundenheit mit ihnen, nicht zuletzt wegen der Lebensumstände, mit denen sie zurechtkommen mussten.

Wenn es mir mit diesem kleinen Buch gelingt, Interesse für die Geschichte der Grenzregion im Obererzgebirge und des Kurfürstentums Sachsen zu wecken oder die Aufmerksamkeit dafür zu vertiefen, so habe ich es nicht umsonst verfasst. Nicht ausgeschlossen ist zudem, dass der Leser dabei unweigerlich Parallelen zur heutigen Zeit erkennt.

*Dresden, 17. November 2016*　　　　　　　　　　　　　　　　*Waltraud Krannich*

# Ein Fischgewässer im Miriquidi
## Die Besiedlung des Erzgebirges und die Entstehung von Rübenau

**Der Miriquidi – das dunkle Waldgebirge**

Selbst zu den Zeiten seiner größten Ausdehnung im Jahr 117 n. Chr. hatte das Römische Reich im europäischen Osten seine Grenzen an Rhein und Donau. Dem Cheruskerfürsten Armin war es rund hundert Jahre zuvor bei der Schlacht im Teutoburger Wald gelungen, die Legionen des römischen Statthalters von Germanien, Quintilius Varus, zu vernichten und damit das Gebiet zwischen Rhein und Elbe von römischer Herrschaft freizuhalten. Der ausgedehnte Waldgürtel, der einst diesen Teil von Mitteleuropa bedeckte, stellte einen natürlichen Schutz gegen die römischen Söldner dar.

Mehrere Bezeichnungen sind für ihn überliefert:

- „*Hercynia silva*" – so nannte der römische Historiker Tacitus in seiner Schrift "Germania" die bewaldeten Mittelgebirge jenseits von Donau und Rhein vom Schwarzwald bis zu den Karpaten. Das Erzgebirge war ein Teil davon und trug noch nicht seinen heutigen Namen. Der römische Staatsmann und Feldherr Gaius Iulius Caesar erzählt, der *„Hercynische Wald hätte in der Breite neun Tagereisen gehalten, und von dem Rhein bis nach Ungarn gereichet, von dar solcher sich lincker Hand (nämlich nach Böhmen, Meißen und Niedersachsen) gewendet, so, dass in der Länge nach sechzig hinter sich gelegten Tagereisen der Anfang noch nicht wiederum erreichet werden kunte."*[1]
- „*Miriquidi*" – so lautet der bekannteste Name für den gewaltigen, einst schier undurchdringlichen Wald in Mythen und Sagen aus dem germanischen Kulturraum. Das Wort bedeutet so viel wie Dunkelwald (*mirki* = dunkel, *widuz* = Baum, Holz, Wald). Die Form *„Myrkviðr"* (ausgesprochen *mirkwitter*) erscheint in der altnordischen Sagaliteratur. So heißt es in der Edda-Erzählung „Lokasenna" („Lokis Zankreden"):

*„er Muspelz synir ríða Myrkvið yfir"* –
*„wenn Muspels Söhne durch den Myrkwid reiten"*.

Der älteste Beleg für diese Bezeichnung stammt aus dem Jahr 974, als Kaiser Otto II. dem Bistum Merseburg ein Waldgebiet zwischen Saale und Mulde schenkte, das in dieser Urkunde *„Miriquido"* heißt. Im 11. Jahrhundert bezeichnete der Bischof und Geschichtsschreiber Thietmar von Merseburg das Erzgebirge und weitere Waldgebiete als *„Miriquidi"* oder auch *„Myrkviðr"* und *„Mircwidu"* Mit diesem Begriff war vielfach ein Grenzwald gemeint, z.B.

---

[1] Iulius Caesar: De bello gallico, Lib., VI, c. 25, http://www.gottwein.de/Lat/caes/bg6001.php 12.11.2015

im „*Hlöðskviða*" („Hunnenschlachtlied") aus dem 12. Jahrhundert.
- Der Name „*Saltus bohemicus*" tauchte ebenfalls zu der Zeit auf. Deutsch wurde daraus der *Böhmische Wald* und *Böhmerwald*, tschechisch *Český les*.
- „*Ferguna*" ist eine weitere Bezeichnung für die Wälder der europäischen Mittelgebirgszone samt dem Erzgebirge.

## Siedler im erzhaltigen Gebirge

Den zwischen Sachsen und Böhmen liegenden langgezogenen Höhenzug nannte man über Jahrhunderte einfach das „Gebirge". Die Bezeichnung „*Erz-Gebirge*" taucht erst 1589 nach dem Großen Berggeschrei und der Entdeckung des dortigen Mineralienreichtums auf. Petrus Albinus – das ist Peter Weiß aus Schneeberg, später Professor in Wittenberg – verwendete ihn erstmals in seiner „Meißnischen Land- und Berg-Chronica". In ihr befasst er sich ausführlich mit den „Erdgewächsen" – sprich: dem Bergbau.

Anfang des 12. Jahrhunderts beschloss der Prager Domdekan Cosmas, eine „Chronik der Böhmen" zu schreiben. Beginnen wollte er diese Geschichte seines Landes mit den ersten Bewohnern. Seine schriftlichen Quellen reichten jedoch nur bis ins 9. Jahrhundert zurück, alles Vorherige beruhte auf mündlicher Überlieferung. Sie besagte, dass dieses Land zuvor noch keine menschlichen Bewohner besessen habe und in den weiten Waldflächen nur mannigfaches wildes Getier zu Hause gewesen sei.

Wie ansehnlich uns heute nach mehr als tausend Jahren die Wälder unserer Heimat auch erscheinen mögen, so sind sie doch nur kleine Überreste des „*Miriquidi*", der schier ewige Zeiten das Erzgebirge bedeckt hatte. Er bildete die damals noch strittige Grenze zwischen dem im 10. Jahrhundert entstehenden Heiligen Römischen Reich[2] und dem Nachbarland Böhmen.

Die scheinbar endlose Weite dieses Waldes, die gebirgige Lage und das unwirtliche Klima behinderten im sächsischen und böhmischen Erzgebirge lange eine beständige Besiedlung. Möglicherweise haben sich aber schon damals umherziehende Jägersippen oder andere kleine Menschengruppen, die sich Tiere hielten und auf einfache Weise ein paar Felder bebauten, bis in die Gebirgstäler vorgewagt.

---

2 Offizielle Bezeichnung für den Herrschaftsbereich der römisch-deutschen Kaiser vom Mittelalter bis 1806. Der Name leitet sich vom Anspruch ab, die Tradition des antiken Römischen Reiches fortzusetzen und ihre Herrschaft als Gottes heiligen Willen zu legitimieren. Der Zusatz „Deutscher Nation" wurde ab dem späten 15. Jahrhundert üblich.

*Blick vom Katzenstein – die wilde Schönheit des Miriquidi lässt sich noch ahnen*

Nach der Völkerwanderung – der Wanderbewegungen germanischer Stämme im Zeitraum 375 - 568 n. Chr. – begannen die Sorbenwenden die teilweise ganz entvölkerten Landstriche zwischen Saale und Elbe für sich zu erschließen. Abgeschreckt von den rauen, unwirtlichen Waldhöhen, besiedelten sie zunächst vorwiegend die fruchtbaren Niederungen der Flüsse. Sie mieden die Gebirgswildnis, solange noch ausreichend klimatisch günstigere, fruchtbare Gebiete zur Verfügung standen. Aus dieser slawischen Zeit stammen noch zahlreiche Orts- und Flussnamen des Erzgebirges.

Die Unterwerfung der Slawen begann im 10. Jahrhundert, nachdem 928/29 König Heinrich I. die slawischen Heveller und Daleminzier besiegt und auf einem Berg an der Elbe die Burg Meißen gegründet hatte. Damit gerieten alle sorbisch besiedelten Gebiete unter deutsche Herrschaft. In ihnen regierten Markgrafen im Auftrag des Königs. Auch in Prag bildeten sich weltliche und kirchliche Machtzentren. Beide, die Böhmen wie die Deutschen, begannen das zwischen ihnen liegende, noch namenlose Gebirge mit seinem dunklen Wald zu erschließen, die einen vom Süden, die anderen vom Norden her. Der Gebirgszug hatte noch keine Grenzlinie, weil er noch nicht aufgeteilt war, denn ein Herrschaftsanspruch galt ursprünglich nur dort, wo die Macht tatsächlich ausgeübt wurde. Darum trachteten beide Länder danach, möglichst große Stücke des Erzgebirgswaldes unter ihre Herrschaft zu bringen, was nicht ohne Fehden abging.

Um 950 begann die erste Ostexpansion unter Führung von Kaisertum und Kirche, verbunden mit der nachfolgenden Christianisierung der slawischen Stämme. Die Leidtragenden waren die einfachen slawischen Bewohner. Nach der Niederschlagung des Slawenaufstandes von 983 zog sich ein Teil von ihnen ins obere Erzgebirge zurück und gründete dort einzelne feste Niederlassungen.

## Unterwegs auf Steigen und Pässen

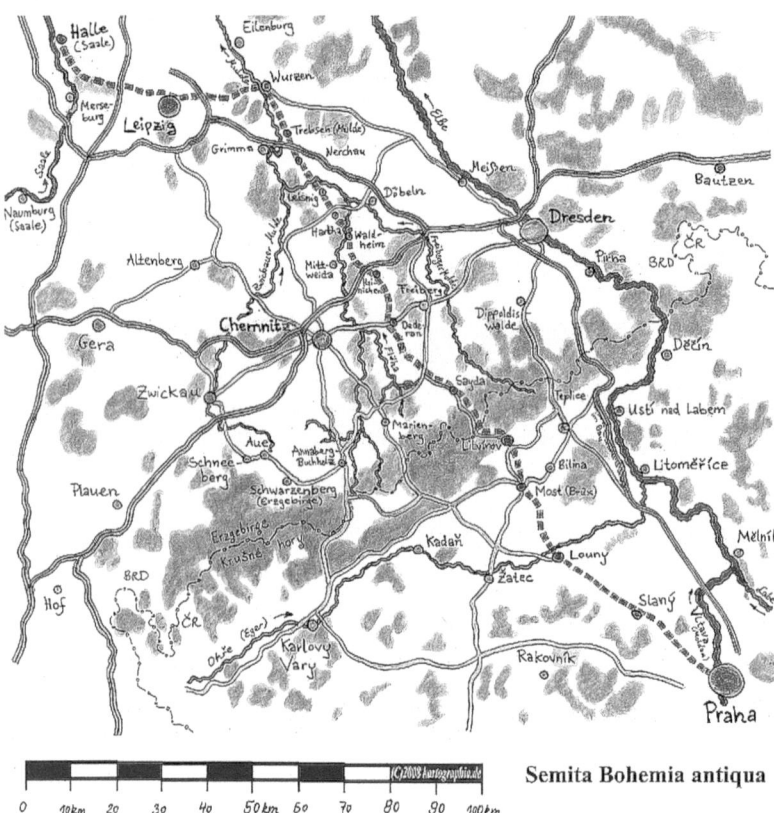

Semita Bohemia antiqua

*Alte Salzstraße zwischen Halle/S. und Prag. Zu ihr zählten mehrere sogenannte böhmische Steige. Einer führte über Chemnitz, Zschopau, Zöblitz und Rübenau und weiter über Brüx (Most) oder Komotau[3]*

---

3 Erstellt von Silvia Köhler im Auftrag des Heimatvereins Mortelgrund - Zugriff 6.4.2016

Der Wald des Erzgebirges gehörte zu dem natürlichen Schutzgürtel, den die Gebirgszüge des Böhmerwaldes bis zum Riesengebirge darstellten und in dem nur wenige Steige und Pässe die Überwindung des Gebirgskamms ermöglichten. Im Mittelalter bildeten im Gebirge derartige Saumpfade, Reit- und Karrenwege, Steige genannt, die Verkehrswege, auf denen die Menschen zu Fuß, mit Pferden, Ochsen oder Handkarren unterwegs waren.

‚Böhmische Steige' und ‚Salzstraße' nannte man die Verbindungen zwischen Sachsen und Böhmen einst aus triftigem Grund: Wegen fehlender Salzvorkommen in Böhmen und in den Donauländern entwickelte sich, beginnend bei den Salinen von Halle an der Saale, ein das Gebirge überquerendes Verkehrsnetz, das vor allem Händler und Fuhrleute nutzten. Diese sogenannten Pässe zogen sich gleich in mehreren Routen über den Erzgebirgskamm.

Der Böhmische Steig über den Deutscheinsiedler Sattel hatte erheblichen Anteil an der Entstehung des Städtchens Sayda. An diesem Teil der Alte Salzstraße lag einer der sehr frühen Rastplätze für Händler und Fuhrleute, die ihre Waren auf dieser Strecke transportierten. Die erste urkundliche Erwähnung von „Zavidove" stammt von 1207, aber vermutlich gab es Sayda als slawische Ansiedlung bereits zuvor. Mit seiner Burg bot der Ort Schutz für die Straße nach Böhmen und die entstehenden Gemeinden ringsum. In Dokumenten von 1253 und 1289 heißt die Siedlung *Castrum et civitas Seydowe*. Andere Schreibweisen waren *Saidove, Seydove und Saydow"*.

Ein Steig gabelte sich in Zschopau und führte über Rübenau nach Görkau. An der Hilmersdorfer Höhe *„trennen sich die Wege nach den drei alten Übergängen Reitzenhain, Kühnhaide und Rübenau, von denen nach den Lokalnamen der letztere der älteste sein muss, obgleich dieser Weg die Pockau bei Lauterstein an einer schwierigeren Stelle als bei Kühnhaide und Reitzenhain durchfurthet. Dieser somit älteste Weg läuft über Lauta, Lauterstein, Zöblitz fast geradlinig nach Rübenau, Kallich, Bernau und auf dem Rücken über Platten (Blatno) nach Komotau. [...] Ein Parallelweg hierzu mit Abzweigung am 'Rungstockborn' oder am 'Steinhübel' führt als 'alte Komotauer Straße' über 'Kriegwald' an der 'Schwedenschanze' vorbei nach Obernatschkau (oder Natschung), über die Annasäule am Steinhübel, Rodenau, Quinau ebenfalls nach Komotau."*[4]

*„Für wohl jeden Pass übers Erzgebirge wird in Anspruch genommen, dass ihn der jüdische Sklavenhändler Ibrahim ibn Jacub*[5] *genutzt hätte. Aufgrund der Entfernungsangaben, die ibn Jacub mitteilt, kann es sich wohl nicht um den Pass über*

---

4 H. Wiechel: Die ältesten Wege in Sachsen (1901)
5 www.alte-salzstrasse.de/ zit. nach Albrecht Kirsche - Zugriff 12.1.16. Es betrifft die Reise des jüdischen Händlers und Gesandten des Kalifen von Cordoba Ibrahim ibn Jakub im Jahre 973 von Magdeburg nach Prag.

*Rübenau handeln, dieser führte zu dieser Zeit nicht über Kalek/ Kallich und Červený Hradek/Schloss Rothenhaus, sondern über Blatno/Platten in die Gegend beim späteren Chomutov/Komotau. So ist es wohl doch die 'Alte Salzstraße' über Sayda, die Ibrahim ibn Jakub nutzte."* [6]

*Wegweiser bei Sayda*

Neben Salz wurden auch Handelsgüter wie Wein, Lederwaren, Felle, Stoffe und Fisch auf diesen „Böhmischen Steigen" nach Prag transportiert. Die zunehmende Besiedlung und der Straßenzwang, der den Kaufleuten vorschrieb, welchen Pass sie benutzen mussten, führte zu einer immer stärkeren Verzweigung des Wegenetzes. Die Territorialherren und Ortsobrigkeiten als Inhaber der Straßenrechte erließen Verordnungen, um ihre Einnahmen aus den Abgaben für die Verkehrswege zu sichern und zu vergrößern. Dadurch wurden vor allem die Kaufleute gezwungen, auf bestimmten Routen zu reisen. So mancher dieser ältesten Verbindungen ist noch vorhanden, und sei es auch nur noch in Gestalt einer nüchternen Autostraße oder eines holprigen Feldweges.

### Das erste und zweite „Berggeschrey"

Als im 12. Jahrhundert entdeckt wurde, welche Bodenschätze das Erzgebirgsland barg, veränderten sich sein Aussehen und sein Ruf einschneidend. Die Silberfunde bei der damals entstehenden Siedlung Freiberg lösten das Erste Berggeschrei aus. Fast zeitgleich wurde im sächsischen und böhmischen Erzgebirge auch das erste Zinnerz gefunden. In dem Drang, weitere Erzvorkommen zu ergründen, wurden die Rodungen in dieser frühen Besiedlungswelle von Sachsen und Böhmen aus gleichermaßen weiter vorangetrieben.

---

[6] http://www.alte-salzstrasse.de/ - Zugriff 22.8.15 Quelle: Dr. Albrecht Kirsche, Dresden 2007.

Das 1085 entstandene Königreich Böhmen und die Wettiner Markgrafen Otto und Dietrich förderten die Einwanderung immer neue Siedler. Die Herrscher von Meißen und Böhmen schickten Lokatoren aus, besonders nach Thüringen und Franken, um mit Steuervorteilen und anderen Vergünstigungen Kolonisten anzulocken. Ein regelrechter Wettlauf zwischen Böhmen und Meißen um die Besiedlung des Gebirges setzte ein. Die vorhandenen Pässe über den Kamm, vor allem die Alte Salzstraße, wurden zu wichtigen Siedelbahnen, an denen über kurz oder lang Burgen in die Höhe wuchsen und neue Städte und Dörfer entstanden. Es kam zu einem ungeahnten wirtschaftlichen Aufschwung, der hauptsächlich vom Bergbau ausging. Bereits ab dem 10. Jahrhundert entstanden Zöblitz, Zwönitz, Lößnitz u. a. frühe Bergstädte, wobei die Endungen auf -itz, -litz oder -nitz zumeist auf den slawischen Ursprung hinweisen. Zöblitz wird 1323 in einer Urkunde als „*stetechen zcobelin mit dem zcolle*" erwähnt.

Die neuen Erzfunde des Zweiten oder Großen Berggeschreis zogen in einer weiteren Rodungsperiode wiederum Menschen an. Diese zweite Besiedlungswelle war verbunden mit der Gründung von Bergstädten in der Nähe neu entdeckter Erzvorkommen, so von Schneeberg 1477, Annaberg 1496 und Marienberg 1521. Es war jene Zeit, in welcher der Silberbergbau den Reichtum Sachsens begründete. Vor Ort wurde in den Bergstädten Silber auch zu Geld verarbeitet. Außer Silber und Zinn schürfte und verarbeitete man bald auch Kupfer und Wismut.

Der Maler Hans Hesse schuf in Annaberg im Auftrag der Bergknappschaft 1522/23 vier Bildtafeln für den Bergaltar der Kirche St. Annen. Sie zeigen detailgetreu eine erzgebirgische Bergbaulandschaft und das bergmännische Leben bei der Silberförderung über und unter der Erde: die Anlage eines neuen Stollens, Zimmermänner, Häuer und Erzwäscher bei der Arbeit, die Erzeugung von flüssigem Silber in der Schmelzhütte und die Prägung von Silbermünzen, aber auch einen Engel, der verkündet, wo der Silberschatz zu finden ist. Mitten unter den Bergleuten steht in einem grünen Mantel der Bergbaupatron St. Wolfgang. Die nachfolgende Abbildung zeigt einen Bildausschnitt.

Ungeachtet dieses regen Treibens blieben die tiefen Wälder der entlegensten Regionen des oberen Erzgebirges noch bis ins 16. Jahrhundert so gut wie unberührt. Das änderte sich ab 1559 einschneidend. Kurfürst August kaufte dem Adelsgeschlecht der Berbisdorfer einen Großteil ihrer für Bergbau und Waldnutzung wichtigen Grundherrschaft ab und gründete auf der Burg Lauterstein ein kurfürstliches Amt als Aufsichts- und Verwaltungsbehörde. 1560 erließ er eine Holzordnung, um auch das Holz dieser ausgedehnten Waldflächen für den Freiberger Silberbergbau nutzen zu können. Von nun an setzten vor allem Bergleute, Holzfäller, Köhler, Flößer und Fuhrleute ihren Fuß in dieses zuvor einsame Waldgebiet. Nach und nach siedelten sich auf den abgeholzten Flächen auch in den Kammlagen immer mehr Menschen an.

*Hans Hesse, Ausschnitt aus der Mitteltafel des Annaberger Bergaltars mit einer Bergbaulandschaft voller Halden und Huthäuser. Ein rot gekleideter, angestrengt arbeitender Häuer schaut den Betrachter als Einziger direkt an. Rechts neben ihm befördern zwei Haspelknechte mit einer Seilwinde Erz aus dem Schacht nach oben.*

Kaiser Ferdinand II. setzte ab 1621 im Machtbereich der Habsburger den Katholizismus als einzige erlaubte Konfession durch. In Böhmen, wo zwei religiöse Lager existierten, begann eine rücksichtslose Rekatholisierung. Jeder Landesherr war ermächtigt, von seinen Untertanen zu verlangen, dass sie seiner Religion angehören oder das Land verlassen. Viele böhmische Protestanten verkauften daraufhin ihr Besitztum und flüchteten ins benachbarte Kurfürstentum Sachsen. Während zahlreiche böhmische Dörfer verödeten, entstanden auf sächsischer Seite durch die Emigranten neue Orte, darunter zum Beispiel Johanngeorgenstadt. Erst mit dem Westfälischen Frieden 1648 erhielten die Angehörigen offiziell anerkannter Konfessionen das Recht, ihre Religion auf dem Gebiet eines andersgläubigen Landesherrn privat auszuüben.

### Das „Erste Bestehlich" des Grenzdorfes Rübenau

Im heutigen Gebiet des Ortes hatten sich ebenso wie anderswo zuallererst Slawen niedergelassen. Vermutlich um die Zeit der Christianisierung durch Otto I., der ab dem Jahr 962 römisch-deutscher Kaiser war, drangen größere Scharen von Sorbenwenden in den Miriquidi-Wald vor. Diese ersten Ansiedler, die alten Pässe und Salzstraßen, der Bergbau, später böhmische Exilanten und aufblühende Hammerwerke wie der Sensenhammer an der Natzschung in Einsiedel – all das hatte zwar schon früh Einfluss auf die Besiedlung rund um Rübenau, aber erst nach dem Erlass der Holzordnung Kurfürst Augusts von 1560 erreichten die Baumrodungen auch die Kammlagen des Erzgebirges. Dann erst schufen die entstandenen Stockräume[7] handfeste Gelegenheiten, dass auch dort neue Dörfer emporwuchsen.

Die Gründung von Rübenau als eine der entlegensten und schwer erreichbaren Ansiedlungen geschah relativ spät. Bis 1595 war im kurfürstlichen Amt Lauterstein stets nur vom B a c h Rübenaw die Rede. Als jedoch an diesem kleinen Gewässer das erste „Gütlein" entstand und mehr Häuser errichtet wurden, hielt man es amtlicherseits für angezeigt, dieser Ansiedlung den Status eines Ortes zu verleihen. Den Namen gab man ihm praktischerweise nach dem Bach, unter dem die Belange in diesem Gebiet bis dahin erfasst worden waren. Richtiger als „*der* Bach" ist übrigens die weibliche Form „*die* Bach", ausgesprochen „die Booch", denn so nennt man dort im oberen Erzgebirge einen größeren Bach.

Die kurfürstlichen Amtserbbücher zählen auch im Fall der Entstehung eines neuen Dorfes zu den wichtigsten frühneuzeitlichen Geschichtsquellen Sachsens. Und so ist unter der Kopfzeile „*Erste Bestehlich hieran*" – also „Erstes Bestehen" – im Amts-Erbbuch[8] von Lauterstein im Jahr 1595 auf Blatt 194 die ‚Gründungsurkunde' von Rübenau zu finden. Sie lautet ganz bescheiden folgendermaßen:

---

[7] Stockraum: abgeholztes Stück Wald, aus dem die Stöcke der gefällten Bäume noch nicht entfernt sind
8 In ein „Amts-Erbbuch" wurde eingetragen, wie viele Dörfer und Grundstücke zum Amt gehören, deren Lage, Besitzer, Abgaben usw. So verschafften sich die Ämter bis hinauf zum Kurfürsten und seinen Räten einen Überblick, was alles zu beherrschen, einzunehmen und zu bewirtschaften war. Mit „Erb-" ist hier jedes durch Kauf, Arbeit oder Vererbung erworbene Objekt gemeint.

*Erste Bestehlich hieran*                                                        **194.**
*vide Ambts L. N. 1.*                                                        *[…]*

*R u e b e n a w*

**An diesem Ortte ist vor deßen keine Hoffstatt noch Wohnung, sondern nur allein lauter Holz gewesen, Hernachmahlß aber als man Ao 1580. geschrieben, Ist von Churf. Augusto Hoch und Christlöblichster Gedechtnuß George Morler Becken, zum Olbernhaw eine Mahlmuhle mit einem Gang dergestalt zur bawen gdsten [gnädigsten] vorstattet worden, daß er Jherlichen Kegen solchen Genieß mit eingerechnet die Abnuzung von einen abgetriebenen Holz Plaen, so zur Gräserey-trifft und futterung darzur vorreinet, fünff Scheffel Kohrn ins Amt Lauterstein Zinsen sollen."[9]**

Die falsche Schreibweise „Morler" statt „Müller" beruht offenbar auf der Unkenntnis eines Schreibers in Lauterstein, denn eindeutig hieß der Bäcker und Müller, der sich quer durch den Wald auf dem Weg an die Rübenaw machte, Georg Müller. Gemeint ist das Jahr, in dem er 1580 mit kurfürstlicher Erlaubnis mitten „uffm Walde" an der Stelle, wo die Handelsstraße nach Böhmen diese Bach kreuzte, eine kleine Mühle bauen durfte.

---

9 Sächsisches Hauptstaatsarchiv (SHStA) Dresden, Bestand 10036, Loc. 37978, Rep. 47, Lauterstein, Nr. 2, Erb-Buch 1595, Bl. 194

Zu seinen Lebzeiten gab es also noch kein Dorf namens „Rübenau", wie heute da und dort fälschlicherweise zu lesen ist. Im Jahre 1584 schrieb beispielsweise der Amtsschösser Erasmus Goldhan an Kurfürst Christian I. bei der Befürwortung einer Bittschrift von Georg Müller unter anderem noch: „*ein mahlmuhlichen mit einem gange, an der* **Rubenauer bach**"[10] (Hervorhebung W. K.).

Immerhin hatten wahrscheinlich schon längere Zeit vor dem mutigen Müller einige Holzfäller und Köhler in der waldreichen Gegend des späteren Ortes ihre ärmlichen Hütten errichtet. Eine solche Vermutung wird dadurch bestärkt, dass Rübenaus späterer Ortsteil Einsiedel bereits 1497 erstmals als „*Einsidell auff Gorcker Straße*" urkundlich erwähnt wird.

### Eine (!) Bach als Ursprung des Ortsnamens

Erstmalig taucht „*Rübenau*" im Kaufbrief von **1559** auf, als Kurfürst August der Familie Berbisdorf für die Kaufsumme von 107 784 Gulden[11] weit unter Wert den Großteil ihrer Güter, Dorfschaften, Wiesen und Waldungen abkauft, und zwar auch dort als Bach. In dem Dokument sind alle **Hauptwälder** genannt, die von nun an zum kurfürstlichen Amt Lauterstein gehören. An erster Stelle steht der Kriegwald. Seine Lage wird so beschrieben

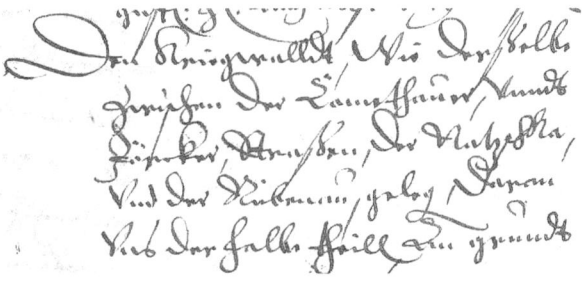

„*Den Kriegwalldt, Wie derßelbe zwischen der Comethauer, unndt Görcker, Straßen, der Natzschka, und der* **Rübenau***, geleg, daran uns der halbe theill An grundt und Bodenn, Auch aller Jaigt-, und Jaigt gerechtigkeit, zugestanden,* [...] *wir auf dreytausend Gülden Jährliche Nüzung angeschlagen* [...]"[12]

Ein Jahr darauf wird Rübenau, verschieden geschrieben, in der Holzordnung von **1560** viermal genannt – aber auch immer nur als Bach:

„*Hauptwalde – der Kriegwald zwischen den Yorcker straßen und der Commothauer straßen und den Wassern der Natzschke und der* **Riebenau** *gelegen.*"[13]

---

10 SHStA Dresden, 10036 Finanzarchiv, Loc. 37770, Rep. 43, Lauterstein, Nr. 0007, Bl. 8
11 Hering, Carl W.: Geschichte des sächsischen Hochlandes... Bd. 3. Leipzig 1827. S. 11
12 SHStA Dresden, 10036 Finanzarchiv, Loc. 37315, Rep. 22, Lauterstein, Nr. 0003
13 Hering, Carl W.: Geschichte des sächsischen Hochlandes... Bd. 3, S. 48. Alle Hervorhebg. W. K

*„Zu des Kretzschmars zu Natzschke Güthern und wasser, die sich dieselben obig den Kriegwalde scheiden, fährt sich die Lautersteinische Natzschke an, und gehet herüber nach unter dem Sensenhammer hinweg biß an den Bach der großen Steinbach, welche in die Natzschke fället, und ist die Länge solches Wassers ungefähr ¾ Meilwegs lang, darinnen die Fischerey an beyde Ufern auf die Gericht den Amt Lauterstein gehörig, die soll Wolf Illgen*[14]*, die Zeit seines Diensts neben der Fischerey in den Einfällen der Rübenauer großen und kleine Steinbach; Weißflößlein und Schwartzbächlein zu gebrauchen haben [...]"* *„Schwartz Bächlein. Entspringet aufn Hauptwalde und fället in die Rübenau hat Saz Föhrl[ein]."* [15]

*„Rübenauer Bach. Entspringet aufn Haupt Walde, und fället unter den Einsiedel in die Natzschke, hat Saz Föhrl."*[16]

Das fünfte Mal erwähnt wird das künftige Rübenau am 9. Mai **1571** in einem Schreiben des Schössers Hans Heintze an Kurfürst August. Es geht darum, ob es sich lohnen würde, an der Rübenau einen Floßteich anzulegen, was er kosten würde und ob er für das Holzflößen nützlich wäre. Unter anderem heißt es darin: *„Nachdem Euer Churfl. Gn. vorgangenen Herbst gnedigst uns aufferleget und [...] derweil der Floßmeister Caspar Ömmichen zum Olberhau einer Teichstadt zu dem Bach Riebenaw gnand [genannt] angegeben, daß wir die dieselbigen besichtigen*[17]*".*Dieser Teich könnte zwar gut seine 300 Gulden kosten, aber er sei der Flößerei sehr zuträglich, heißt es weiter. Wenn also der Kurfürst belieben sollte, solch einen Teich anlegen zu lassen, so wäre es sehr vorteilhaft, das alsbald zu tun und *„dann itziger Zeit Arbeyter zu bekommen, so wolden wir auch nach einen vorstendigen Teichmaister trachten".*

Alle dortigen Taufen, Hochzeiten und Todesfälle hat der Pfarrer im Kirchenbuch von Zöblitz handschriftlich festgehalten, und so wissen wir heute zum Teil, wer in der Gegend *„uffm Walde"* oder *„vom Walde"* wohnte, denn die Bezeichnung Rübenau gab es ja noch nicht. Der erste Eintrag stammt schon von 1578: *„Thomas Donat Vom Walde sein Weib gestorben ten 3 Septembris".* Wenig später versetzt ihm das Schicksal einen neuen Schlag: *„Thomas Donat Vom Walde sein klein Kindelein gestorben, undt den 17 Novembris begraben".* Im gleichen Jahr stirbt am 5. Dezember auch *„Valten Schmidt uffm Walde".* Die Kindersterblichkeit ist hoch. 1579 sind es aus den wenigen Häusern gleich zwei: *„Job Freyer ufm walde ein Kindt gestorben und den 13 Juny begraben", „Adam Freyer vom walde sein Kindt gestorben undt den 8 Decembris begraben worden."* Und 1580 ist dem *„Anders Ram ufm Walde sein hausfrau gestorben und den 7 February begraben".*

---

14 damals Oberförster im Amt Lauterstein
15 SHStA Dresden, 10036 Finanzarchiv, Loc. 38731/38/6 Rep. 18, Bl. 48 Rückseite und 50
16 a. a. O., Bl. 49 Rückseite
17 SHStA Dresden, 10036 Finanzarchiv, Loc. 39703, Rep. 14, Lauterstein, Nr. 169

Im gleichen Jahr stellt ein armer Müller und Bäcker – nämlich der erwähnte Georg Müller – seinen Antrag, dass er hier eine Mühle bauen möchte…

Die Gegend um Rübenau nach 1639

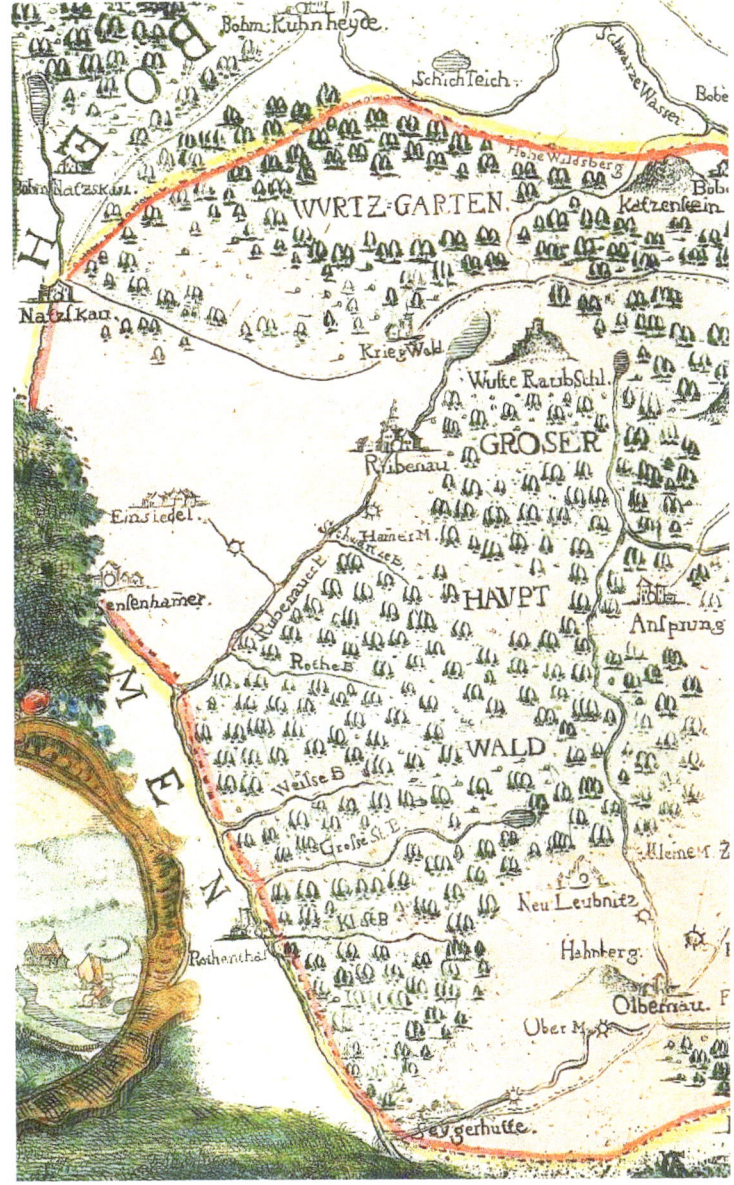

Auf der umstehenden Karte[18], die das Gebiet rund 60 Jahre nach Georg Müllers Mühlenbau darstellt, sind die Rübenauer Bach mit einer Hammermühle und die seit 1607 vorhandene Kirche gut zu erkennen. Damals gehörten zu Rübenau außer dem Gut mit einer Mahlmühle schon „*16 Holzhauer Häuserlein*"[19]. Auch weitere Gebäude fallen ins Auge: der 1556 gegründete Sensenhammer in Einsiedel, das Zollhaus an der Natzschkau (Natzschung) und das Forsthaus am Kriegwald.

Und noch etwas lässt aufmerken: eine Burgruine rechts von einem großen Floßteich, bezeichnet als „Wuste Raubsch." 1750 wurde es so beschrieben:

„*Nach diesen Felsen ist ferner das so genannte alte Raub=Schloß, dessen Erbauung, Nahme, Besitzer und Verwüstung ganz unbekannt, sehr merckwürdig. Solches liegt in dem Haupt=Wald Ost=südlich auf einem ungeheuren Berg und Felsen disseits des Schwartz=Wassers, bey nahe eine Stunde von Zöblitz. [...] Jetzo aber ist fast alles verfallen, und mag wohl seyn, daß, nachdem [...] die Berg=Leute etliche mahl starck nachgegraben, das meiste vollends ruiniret worden. [...] Es mag, dem Anschein nach, einen starcken Thurm, der itzo klein, und doppelte Mauren, wie auch 2 ziemliche weite Gräben gehabt haben, davon man noch itzo auf der Nord=Seite deutliche Spuren siehet.*"[20]

Die Schreibweise wechselt, aber ob *Rübenau, Riebenau, Riebenaw* oder auch *Rybenaw,* gemeint ist, wie gesagt, zunächst immer die Bach. Die Herkunft des Ortsnamens ist also eindeutig. *Ryba* bedeutet in slawischen Sprachen *Fisch.* Die Rübenau war demnach ein „Fischwasser".

Ehemals gab es noch zwei weitere Orte namens Rübenau. Der eine war ein Dorf 12 km südlich von Breslau (Wrocław), das 1937 aus Tschauchelwitz in Rübenau umbenannt wurde, und zwar wegen der Zuckerrüben, die in der dortigen Zuckerfabrik verarbeitet wurden. Seit dem Ende des 2. Weltkrieges ist der Ort polnisch und heißt Szukalice. Der andere Ort war das Dorf Kłopot im Gebiet der westpolnischen Stadt Inowrocław, das 1815 – 1919 und 1939 – 1945 ebenfalls Rübenau hieß.

Wer jetzt in unser Rübenau kommt, kann eine Begrüßungstafel entdecken, auf der stilisiert ein Fichtenwald, ein Meiler und ein Gewässer mit einem Fisch zu sehen sind. Solch ein Wappen ist für Rübenau ein passendes Wahrzeichen. Doch zum Gedenken an die Ursprünge des Dorfes würde sich noch etwas weit Eindrucksvolleres eignen.

Der tapfere Müller und Bäcker Georg Müller brachte den Mut und die Kraft auf, in der heutigen Dorfmitte eine kleine Mühle aus Holz zu errichten, vermutlich

---

18 Ausschnitt aus einer Karte der gegen um Zöblitz. Privatarchiv Holfried Uhlig
19 Loc. 34002, Rep. 29, Lauterstein, Nr. 0005, Bl. 4-6, Schösser Johann David Pietsch am 6.10.1671
20 Wilhelm Steinbach: Historie des von dem Edlen Serpentinstein weitbekannten Städtgens Zoeblitz... Dresden 1750, S. 12 f.

in Blockbauweise. Auf dem großen Dorfplatz wäre dort, wo einst seine Mühle und später die Dorfmühle stand, viel Platz für ein lebensgroßes Standbild von ihm – und für einen Nachbau seiner kleinen Mühle, entweder in Miniatur oder so groß, wie die von Georg Müller vermutlich einst war. Dem ‚Urvater' von Rübenau wäre so ein Denkmal gesetzt.

Vielleicht können alle Besucher sogar einmal in einer „Heimatstube" erfahren, wie das Dorf einst mitten im Wald seinen Anfang nahm ...

*Die Rübenauer Bach, jetzt Dorfbach genannt, im Jahre 2016. Ehemals hatte der Gutsbesitzer das Recht, vom Rübenauer Teich bis an die Mühle zu fischen. Jetzt ist das kleine Gewässer nicht mehr fischreich, aber vielleicht wird es das mal wieder! Foto: W. Krannich*

# Die Mühle an der Rybenaw
## Georg Müller 1580 – 1590

*Anfangs glaubt der junge Müller und Bäcker, in seinem Heimatdorf Olbernhau sein Glück machen zu können, und pachtet vom Lehnrichter Christoph Oehmichen eine Mühle. Aber nach zwei Jahren bricht in ihr Feuer aus, alles verbrennt. Nun ist er ein armer Mann. Anno 1577 schlägt Kurfürst August sein Jagdlager in Olbernhaw auf. Georg Müller richtet eine Bittschrift an den Landsherrn.*

**Der 1. Brief an Kurfürst August**

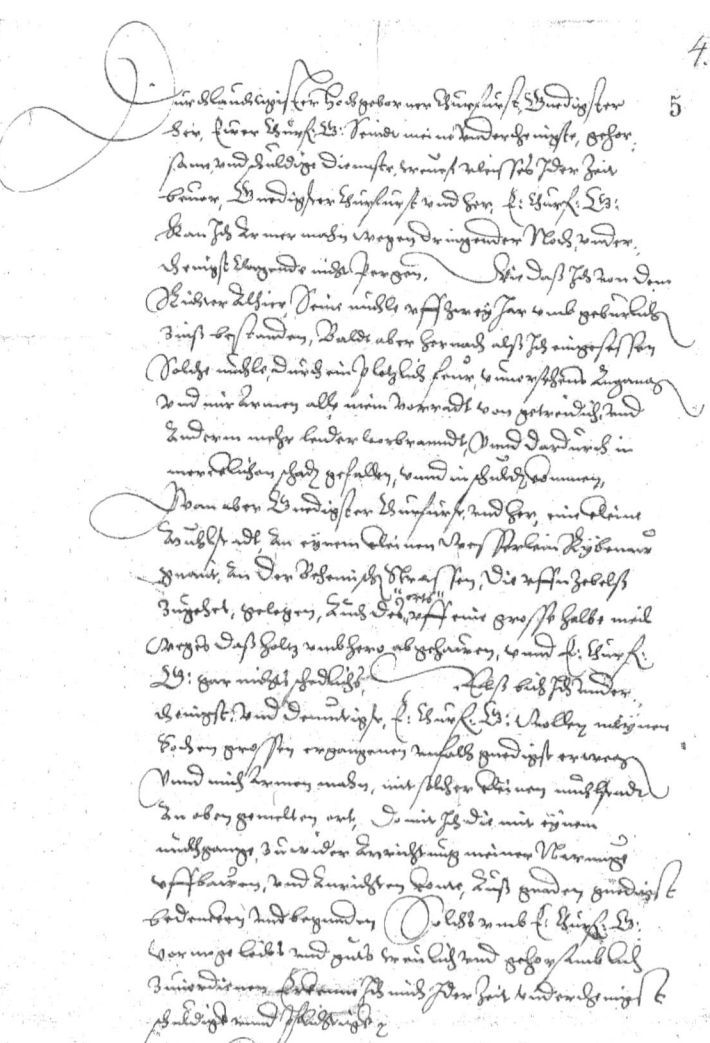

Dies ist der erste historisch belegte Brief eines angehenden Rübenauers und zudem ein berührendes Bittgesuch. Deshalb sei es ausführlich wiedergegeben:

„*Durchlauchtigster Hochgeborner Churfurst, [...] Wie daß Ich von dem Richter allhier[21], Seine muhle auff zwey Jar umb gebuhrlich Zinß bestanden. Baldt aber hernach alß ich eingesassen Solche muhle, durch ein Plotzlich Feuer unversehens Zugange und mir Armen alle meine vorradt von getreidich, und Anderen mehr leider verbranndt. Unnd dardurch in mercklichen schad gefallen, unnd in schuld kommen.*

*Wan aber Gnedigster Churfurst und Her, eine kleine Muhlstadt an dem kleinen Wasserlein Rybenau an der Behmischen Strassen, die auf Zobolß [Zöblitz] zugehet, Auch des orts uff eine grosse halbe meil Weges dass Holtz umbhero abgehauen, unnd E: Churfst: Gn: [Gnaden] gar nichts schedlichs. Alß [bitte] ich underthenigst, Und demuthigst E: Churf. Gn. wollen meynen Sachen großen ergangenen Unfalls gnedigst erwegen, Und mich Armen mahn mit solcher kleinen muhlstadt zu oben gemelten ort, domit ich die mit eynem muhlgange, zu wider Errichtung meiner Narung auffbawen und einrichten konte, Auß gnaden gnedigst bedenken und begnaden [...]*

*E: Churf. Gn: Underthenigster Gehorsamer*
*George Muller Becke und Muller zum Olberhau*"[22]

**Warum gerade an der Bach Rybenaw?**

Während er einen hochbeladenen Karren den Berghang über seinem Heimatdorf Olbernhau hinauf quer durch den Wald schiebt, schweifen seine Gedanken zurück. Noch viele mühsame Fuhren würden nötig sein, um alles heranzuschaffen, was er zum Mühlenbau und zum Leben braucht. Die Strecke ist zwar nur eine gute Landmeile[23] lang, aber sehr bergig und steinig. Warum will er denn gerade dort oben in der Einsamkeit seine Mühle bauen? Er weiß, 1559 hat der Kurfürst fast die ganze Herrschaft Lauterstein aufgekauft und 1560 eine Holzordnung erlassen. Viel beginnt sich zu ändern im Land, auch ganz oben nahe bei Böhmen...

Das wird in der Holzordnung angewiesen:

„*Vor unsre Freybergische Bergkwerke sollen in unsern Lauterstein-*
*ischen Hauptwäldern, welche an dem Wasser der Nazschke gelegen*
*Vier tausend Schragen floßholz*[24] *geschlagen und an den Holz=Anger*
*hinter Blumenau geflößet, daselbst zu Kohlen gebrand – Und do dannen nach*
*Freybergk geführet werden.*"[25]

---

21 Christoph Oehmichen (1510 – 24.12.1592), Lehngutbesitzer und Lehnrichter zu Olbernhau
22 SHStA Dresden, 10036 Finanzarchiv, Loc. 37770, Rep. 43, Lauterstein, Nr. 0007, Bl. 4
23 1 Landmeile = 2000 achtelige Ruten = 7532,48 m
24 Ein Schragen waren 7,358 m³. 4000 Schragen waren 16.500 Festmetern Holz.
25 Hering, Carl W.: Geschichte des sächsischen Hochlandes... Bd. 3. Leipzig 1827. S. 61

Das Leben im Gebirge hat sich seitdem völlig gewandelt. Durch die Wälder erklingen der Schlag von Äxten, die Geräusche von Sägen und der dumpfe Ton niederfallender Bäume. Dazu gesellt sich der Geruch von rauchenden Meilern. Zurück bleiben große Stockräume, die Gelegenheit zum Roden und Ansiedeln bieten. Im Umkreis des Bachs Rübenau ist inzwischen ein ganzes Stück Urwald gerodet. Die Gegend belebt sich immer mehr mit Holzhauern, Flößern, Köhlern und Fuhrleuten, die mit starken Pferden das Holz zu den Floßplätzen transportieren. Auch nach Erz wird gesucht. Alle diese Leute wollen essen und trinken und werden sich freuen über eine Mühle und Brot – so hofft jedenfalls der Müller.

Obendrein haben schon anno 1556 die damaligen Berbisdorfer Herren dem Christoph Gneuß und Hans Steinhard aus Freiberg gestattet, „uffn Einsiedel" am Wasser der Natzschung einen Knittel- oder Sensenhammer mit einem Wohnhaus und anderen nützlichen Gebäuden zu errichten. Aber eine Mahlmühle gibt es dort nicht, das weiß Georg Müller. Zudem lassen tiefe Räderspuren auf den Straßen zwischen Böhmen und Sachsen darauf schließen, dass all die Fuhrleute und Reisenden dankbar für Einkehr und Verköstigung wären.

### Warten auf „solch Krumblein"

In seinem Bittbrief hat der Georg Müller offenbar die richtigen Worte gewählt, denn überraschend schnell trifft eine zustimmende Antwort ein. Kurfürst August sieht es gern, wenn seine Untertanen Tatkraft zeigen, Sachsen voranzubringen, und so findet er noch im Sommer 1577 auf Schloss Wolkenstein in seinem Brief an Johann Heintze, den Schösser des Amtes auf der Burg Lauterstein, wohlwollende Worte für den Plan des geplagten Müllers aus Olbernhau. Was er vorhat, verspricht Brot für neue Siedler und wäre zudem für andere Mahlmühlen nich nachteilig.

Und so schreibt der Kurfürst:

*[...] Lieber getreuer, Ann Unns hatt Georg Muller Becker und Muller zum Olbernhaw undertheinigst Supplicirt [gebeten], Inen mitt einer Muhlstadt ann der Riebenau ann der Behemischen strassen gnedigst zubegnaden, wie Du Inligendt Zubefinden, Weil wir dan die nachrichtung bekomen, Das Ime ohne unserer Ambts auch andern umbligenden Muhlen nachtheil wohl gestattet werden könne, des orts eine Muhle mit einem Mahlgange Zubauen. So befehlen wir Dir hiermit, Du wollest vonn Unsert wegen beschaffen, Das Ime des orts ein Raum hirzu eingereumet, Und darauf nach gelegenheit ein Jerlicher Erb Zins geschlagen werde, [...] Wolckenstein, den 19 Augusti Anno 1577.* *Augustus"*[26]

---

26 SHStA Dresden, 10036 Finanzarchiv, Loc. 37770, Rep. 43, Lauterstein, Nr. 0007, Bl. 1

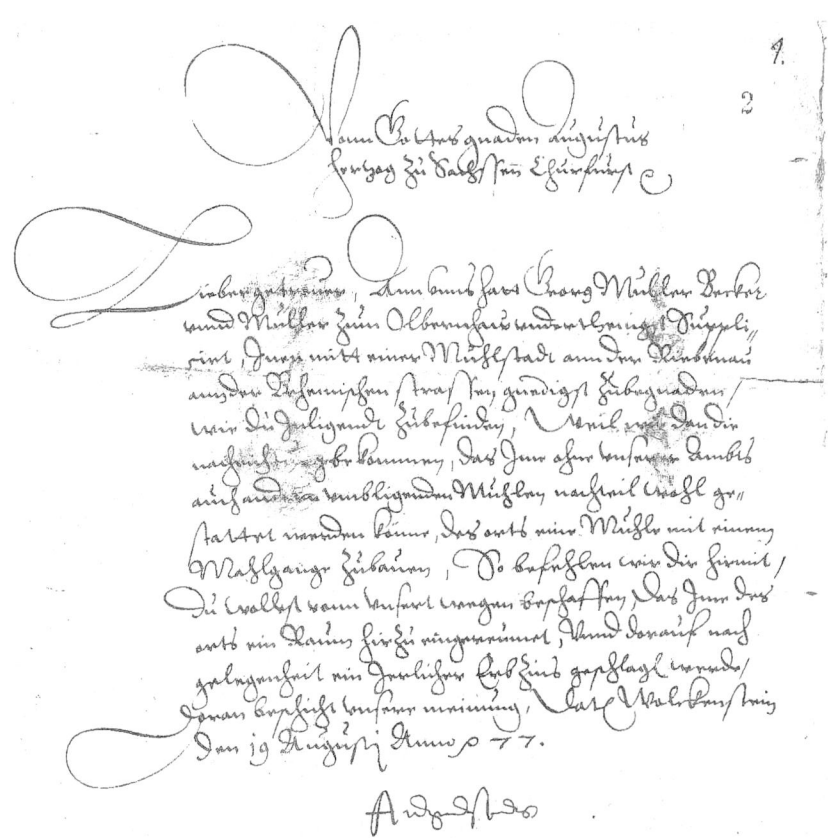

*Antwort von Kurfürst August vom 19. August 1577[27] Transkription siehe oben!*

„So befehlen wir"... Mit dieser kurfürstlichen Order scheint alles klar. Doch der arme Müller und Bäcker ahnt nicht, wie langsam die Amtsmühlen mahlen. Viel kostbare Zeit vergeht, ohne dass man auf Schloss Lauterstein etwas für ihn unternimmt. Wie soll er leben, wie eine Familie ernähren? Noch zweimal muss er sich ein Herz fassen und an den Kurfürsten schreiben. Sein zweiter Brief ist ein Widerhall all dessen, was ihn in der langen Zeit des Wartens bewegt.

Ihro kurfürstliche Gnaden habe ihm *„ wegen hochbedrängter Not [...] ungefähr vorm Jarr [...] mit eyner Baustadt eine gutte meil wegs von Olbernhaw, nicht weit von der Behmischen Grentzen gelegen"[28]* versprochen, aber trotzdem habe bisher das Amt Lauterstein kaum etwas dafür getan. Und so wiederholt er seine Bitte, an der Rybenaw eine Mühle bauen und dort Brot backen zu dürfen.

---

27 a. a. O., Bl. 1
28 Dieses und die folgenden Teilzitate a. a. O., Bl. 6

Noch eine Idee hat der Müller. Es wäre doch auch sehr günstig und praktisch, *„daselbst Bier auszuzapfen, weil viel volckes furuber teglich reiset, Auch so wol vor die Arbeitter und Holtzhauer gute gelegenheit giebt"* Treuherzig fügt er hinzu: *„Auch Zubeforderung E. Churf. Gn. Birsteur zum besten gereichen"!*

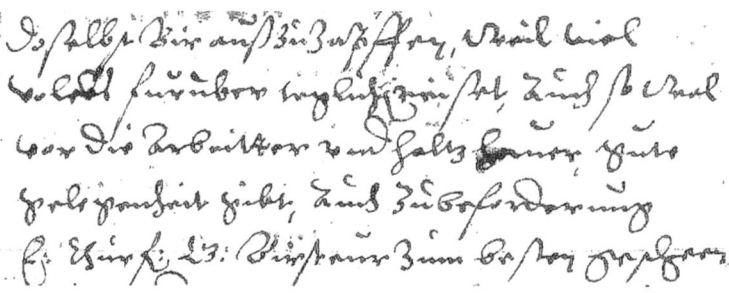

Gleichzeitig erinnert er an die versprochenen Stämme Bauholz aus den kurfürstlichen Waldungen, ebenso an das zugesagte *„Stücklein Endes zu einer Wiesen daselbst"*, um zwei oder drei Kühe zu halten. Denn es sei ein gar abgelegener Ort, an dem er von niemandem etwas Nahrung bekommen könne.

Die kleine Mühlstatt nennt er in dem Brief *„solch Krumblein"*, wohl um zu betonen, wie bescheiden seine Ansprüche sind. Noch etwas ist ihm wichtig: eine gewisse Sicherheit für seine Nachkommen. Darum bittet er, ihm zu gestatten, die Mühle auch *„erblichen zu gebrauchen"*. Dies wäre ein großer Vorteil für ihn, denn dann könnte sie vererben.

Wie alt mag Georg Müller jetzt sein? Vielleicht ist er Anfang dreißig, denn in Olbernhau hatte er ja schon Jahre zuvor eine Mühle gepachtet. Vermutlich hat er in seinem Heimatdorf an der Flöha damals bereits Weib und Kind, für die er sorgen muss. Für 1582 es dann erwiesen.

Für das Amt Lauterstein war solch ein Mühlenbau durch den jährlich verlangten Zins eine zusätzliche Einnahmequelle. Im Talgrund, nahe bei der Rübenauer Bach, war das Lohnhaus – „Lehn Haus" auf der Oeder-Karte – gebaut worden, in dem den Holzhauern, Flößern und Floßteichbauern der Lohn für ihre schwere Arbeit ausgezahlt wurde. Warum sollte der tatendurstige Müller aus Olbernhau nicht dort bauen und nützlich sein für das Leben und Treiben an diesem Ort, an dem es vorerst kaum eine Handvoll Häuser gibt? Aber das Amt ist nicht gewillt, ihm alles zu gestatten, was er sich wünscht. Das wird sich bald zeigen.

## Sieben Häuser, rundum Wald

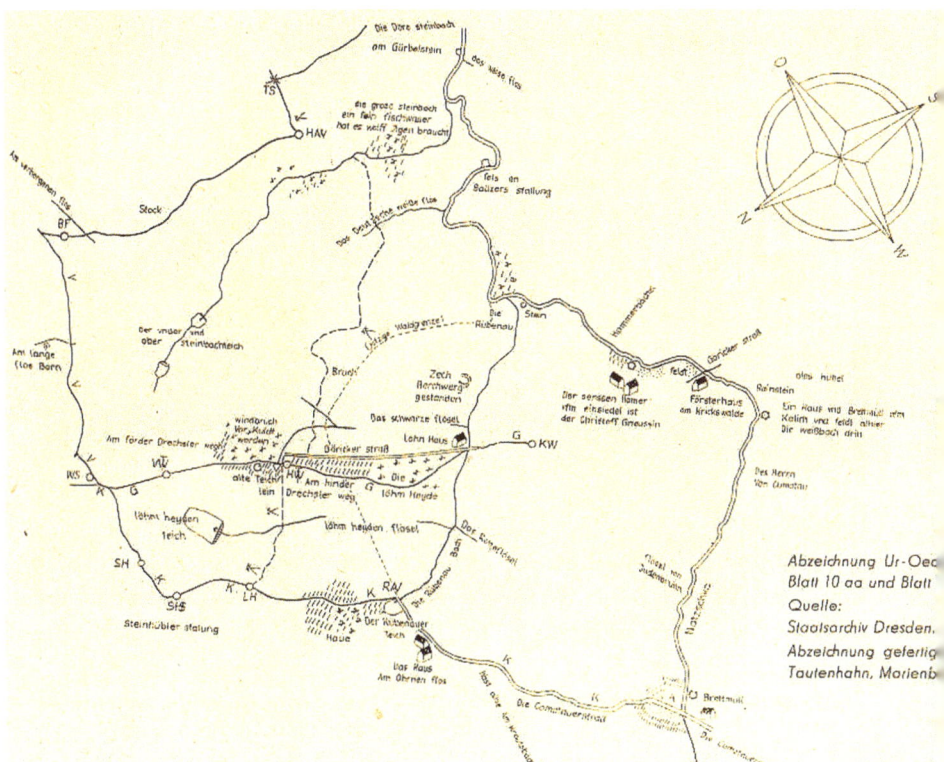

*Karte (Ur-Oeder) der Flur von Rübenau, erstellt von Matthias Oeder nach 1580*[29]

Wie unerschlossen die Flur von Rübenau damals noch war, zeigt die obige alte Karte, geschaffen vom kursächsischen Landvermesser Matthias Oeder. Wie zu der Zeit üblich, liegt Südosten oben. Noch ragt der Kriegwald (KW) weit ins spätere Siedlungsgebiet hinein. Doch immerhin, sieben Häuser stehen schon:

Das *„Lehn Haus"* (Lohnhaus) befindet sich in der späteren Dorfmitte, unweit vom Rübenauer Bach. Ein Stück entfernt liegen zwei Häuser, *„Der senssen Hamer vfm einsiedel ist der Christoph Gneussin"*. Dieses Hammerwerk mit Wohnhaus an der Natzschung durften er und Hans Steinhard 1556 errichten. Inzwischen ist Steinhard offenbar als Miteigentümer ausgeschieden. An der alten *„Göricker Straß"* (G) zwischen Zöblitz und Görkau, die anfangs über den Maiberg verläuft, steht das *„Försterhaus am Krickswalde"*, ein Vorgänger des alten Forsthauses.

---

[29] Nach Kurt Ihle, Rübenau – Chronik eines erzgebirgischen Grenzdorfes, Eigenverlag, Marienberg 1998, S. 12

Direkt an der alten „*Cometauerstraß*" (K) gibt es zwei Gebäude, auf der Karte genannt „*Haus Am Ohrnen flos*" *(*Ahornbach*).* Später entsteht hier das „Teichhaus" der Floßmeister, noch später die „Teichschänke.

Auf böhmischer Seite fällt eine „*Brettmüll*" an der Stelle auf, wo die Komotauer Straße die Natzschung quert. Ein „*Haus mit Brettmüll ofm Kalich vnd feldt alhier*" ist nur erwähnt, aber nicht eingezeichnet.

Soweit die sieben Häuser. Doch nirgends ist die Mahlmühle von Georg Müller zu sehen! Matthias Oeder hat seine Landvermessung wahrscheinlich vorgenommen, als der wackere Müller erst noch dabei war, seine Mühle zu bauen.

Mehrere Stellen sind als Windbrüche und gestrichelte Holzschläge erkennbar. Bezeichnet sind sie als „*windbruch vor kuhldt worden*" (zu Holzkohle gebrannt), „*Bruch*" und „*Haue*". Ein ehemaliges Bergwerk ist erwähnt als „*zech bergwerk gestanden*". Vier Floßteiche sind bereits angelegt, darunter als größter der „*löhm heyden teich*" – der bis heute erhaltene Lehmheider Teich. An Bächen und Quellen mangelt es auch nicht.

Im Kriegwald wird damals Holz für Böhmen geschlagen, für das Getreide eingehandelt wird. Dafür gibt es zwei heute unbekannte Wege, den „*förder Drechsler wegh*" und den „*hinder Drechsler weg*". Sie heißen so nach einem Hufenbesitzer in Zöblitz, der hier zwei „*Stallung*en" besitzt. Es sind Pferdeställe, die mit Bedacht mitten im Wald nahe beim Steinhübel angelegt wurden, um den Anfahrweg nach Böhmen zu verkürzen.

Dennoch haben die Pferde mächtig zu ziehen, will man mit ihnen an einem Tag hin und zurückkommen. Die Fuhrleute fahren mit mehreren Gespannen gleichzeitig, um einander unterwegs helfen zu können. Unbedingt nötig sind zum Beispiel Vorspanndienste an den großen Steigungen und gegenseitige Hilfe bei Räderbruch. Der mit Schwertern gekennzeichnete Weg auf der Oeder-Karte diente der Bewegung von Defensionern, worunter Landeswehraufgebote zu verstehen sind.

**Aber keine Schenke!**

Am 8. Juni 1580 verfasst der Schösser endlich ein Schreiben an die kurfürstliche Behörde in Dresden. Das Amt hat Erkundigungen eingezogen und stimmt einer „*Muhlstadt mitt einen Gangk ahn der Rubenawer Bach*"[30] zu. Schon 16 Tage danach, am 24. Juni 1580, trifft die Antwort ein. Die Mühle wird genehmigt, weil sie „*anderer muhlen*" nicht „*nachtheylig*"[31] ist. Für vorbeireisendes Volk und die Holzhauer sei solch eine Mühle von Vorteil.

---

30 SHStA Dresden, 10036 Finanzarchiv, Loc. 37770, Rep. 43, Lauterstein, Nr. 0007, Bl. 2 - 3
31 Dieses und die folgenden Teilzitate a. a. O., Bl. 7

Auch wird dem Müller erlaubt, ein Stück Feld und Wiese für 3 oder 4 Kühe zu einem „*pilligen Zinß*" dort anzulegen, „*wo eß [...] abgeholzet ist*". Dass er selbst die Stöcke rodet und den Boden für die erste Getreidesaat urbar macht, wird wortlos vorausgesetzt. Wo er selbst vorläufig unterkommt, interessiert keinen im Amt. Das Wasser des Baches hat nicht das nötige Gefälle für ein Mühlrad, auch ist die Wassermenge je nach Witterung ganz unterschiedlich groß. Darum ist es unerlässlich, dass er erst ein Mühlgraben anlegt – ein großer Zeitverlust für ihn. Auf späteren Flurkarten ist dieser Mühlgraben als Abzweig von der Rübenauer Bach erkennbar. Er verlief bis hinter das 1690 erbaute Herrenhaus. Zu späterer Zeit schoss das Wasser durch ein dickes Eisenrohr auf das Mühlrad. Heute ist der Mühlgraben nicht mehr erkennbar.[32]

Eines wird Georg Müller besonders geärgert haben: Er darf keinen Bierschank eröffnen, obwohl gerade das für die Rast all der Leute, die im Wald arbeiten, aber auch für Reisenden nach Böhmen ein großer Vorteil wäre. Eine Aktennotiz im Amt Lauterstein vermerkt, „*eine Schenke des orts anzurichten sei nicht anzurathen, weil es nahe ann der Behemischen Gehölzen reinung gelegen*"[33]. Möglicherweise befürchtet man, ein Wirtshaus könnte der Treffpunkt für Pascher und Wilddiebe werden. Dieses Verbot ist bitter für den Müller und Bäcker. Es hindert ihn daran, einige Gulden für Getreide oder sonstige nötige Dinge zurückzulegen, die seine Existenz sichern helfen könnten.

**Traum und Wirklichkeit**

Der Anfang lässt sich vermutlich viel schwerer an, als er gedacht hat. Abgesehen vom Roden des Bodens und landwirtschaftlicher Arbeit muss er sich ja um Baumaterial und ein Fundament für seine ersehnte Mühle kümmern. Gegen Bezahlung darf er sich 60 Stamm Bauholz zuweisen lassen. Die Baumstämme wird er wohl meist selbst zu Bohlen, Balken und Brettern zersägt haben. Gewiss hat er Helfer gehabt, aber sie erhofften sich auch Brot und Lohn. Seine wenigen Gulden, wenn er überhaupt welche hatte, werden draufgegangen sein, denn nach dem Brand hatte er ja Schulden. Womöglich hat er sich in neue Schulden stürzen müssen. Auch das tägliche Essen für sich und seine Familie – Hafersuppe, Rüben, Milch, Brot, Quark – konnte er anfangs nicht selbst erwirtschaften.

Von den wenigen Gulden, die er bisher zusammengekratzt hat, kauft er wahrscheinlich noch im Sommer drei Kühe und treibt sie durch den Wald bis zu einer Hutweide. Dies alles hält ihn von früh bis spät auf Trab.

---

32 Im Jahr 1877 und später war der Mühlgraben offenbar noch vollständig erhalten, denn in einem Vertrag vom 30.7. d. J. heißt es: „16 Meter Feldgrund in der Breite vom Mühlgraben bis zur Dorfbach". Vgl. SHStA Dresden, 10080 Lehnhof Dresden, 07835 Rübenau, Bl. 320
33 a. a. O., Bl. 6

Als die Mühle endlich fertig ist, sieht ihr wohl kaum einer die Schinderei an, die für sie nötig gewesen ist. Wie viel Kopfzerbrechen, Mühe und Gulden wird es allein gekostet haben, eine Mahlwerk und ein Mühlrad zu bauen oder von woanders her zu beschaffen. Wo genau sie gestanden hat, ist leider nicht nachweisbar. Vermutet wird sie unterhalb des ehemaligen Mühlgrabens, ungefähr an der Stelle der späteren Dorfmühle.

*So könnte die Mühle von Georg Müller ausgesehen haben. Die Blockbauweise war zu der Zeit im Erzgebirge verbreitet.* [34]

Bedingung für seine Mühle war die gleichmäßige Zufuhr von Wasser mit ausreichendem Gefälle. Das Wasser setzt das Mühlrad in Bewegung, das den Mahlgang antreibt. Der Müller muss stets ein Auge auf den Wasserstand haben, besonders bei Schneeschmelze oder Gewittern, damit das Gebäude der Mühle nicht unterspült oder gar hinweggerissen wird.

---

34 Bild: Nachbau einer alten Wassermühle in der brandenburgischen Gemeinde Falkenberg http://ihr-immobiliencenter.de/oderbruch/muehle_falkenberg/muehle_falkenberg.html. - 13.12.15

Drohend dürfte er stets Michaelis, den 29. September, vor sich gesehen haben. Da musste er im Amt seinen Zins abliefern – 5 Scheffel Korn. Ein Scheffel fasste nach dem Freiberger Maß 106,3 Liter[35]. Wie soll er auf dem kargen Boden so viel Korn ernten? Oder woher das Geld nehmen, welches hinzuzukaufen und einen Knecht zu verdingen? Er braucht ja auch Korn für das Brot, das er bäckt. Die Einnahmen daraus bleiben neben dem geringen Entgelt für Lohnmahlen seine einzige Geldquelle. Jeder Gulden, jeder Pfennig daraus ist und bleibt dringend nötig für Dinge, die es nur für Geld gibt.

Und was noch weit schlimmer ist, tiefes Leid trifft die junge Familie. Am 30. April 1582 stirbt dem *"Möller zu der Ribenau sein Wochen Kindlein".* So ist es nachzulesen im Taufbuch der Kirchgemeinde Zöblitz, zu der die Häuser an der Rybenaw bis zur Natzschung damals gehören. Und zwei Jahre darauf, am 26. November 1584, trifft sie neuer Jammer: *"Dem Beck zu Ribenau ein Kind gestorben"*, schreibt der Pfarrer.[36] Aus dieser Eintragung geht zugleich eindeutig hervor, dass Georg Müller sowohl Bäcker wie auch Müller war.

### „An einem unbequemen Orte"

1586 verstirbt Kurfürst August. Mit seinem Tod als Lehnsherr fallen alle Lehen an seine Erben und werden neu vergeben. Darum ersucht Georg Müller im Amt Lauterstein um die Erneuerung des Lehnsverhältnisses. Erasmus Goldhan, der damalige Schösser, schreibt am 8. Juni 1587 an Kurfürst Christian I., Augusts Sohn und Nachfolger, dass der Müller gnädigst bitte, weiter das *"mahlmulichen mit einem gange"*[37] nutzen zu dürfen, desgleichen eingezäuntes Weideland, auf dem er ein paar Kühe halten könne. Bisher hat er damit Ärger, weil der Raum, auf dem er vier Kühe weiden lassen will, nicht beraitt ist, ja ihm sogar angefochten worden ist. Weil es für ihn schwer ist, den Zinß für die Mühle zusammenzubringen, bitte er um eine Kürzung. Der Schösser vermerkt, dass die *"Mule an einem Unbequemen ortte"* steht und der Müller an der Rybenaw sein Brot bis *"nach Mariabergk schaffen muß"*, um sich und die Seinen zu erhalten!

Weil es in seiner noch dünn besiedelten Umgebung so wenige Mahlkunden gibt, verlegt sich Georg Müller offenbar mehr aufs Backen. Er nimmt es auf sich, sein Brot auswärts anzubieten. Wie gefährdet muss seine Existenz gewesen sein, wenn er das tut! Eine solche Strecke zu Fuß mit dem Schiebock voller Brot – wie beschwerlich war das. Haben die Beamten auf Lauterstein oben an der Grenze Amtswege zu erledigen, so nennen sie das bezeichnenderweise eine „Expedition".

---

35 Zwei frühe Landwirtschaftsschriften. G. Fischer Verlag Stuttgart 1965. S. 14
36 Begräbnisbuch Zöblitz 1577 - 1621. Die Bewohner von Einsiedel, Kallich und Rübenau gehörten damals zur Kirche Zöblitz. Die Eintragungen im 1. Kirchenbuch v. Rübenau beginnen am 23.9.1607
37 Dies und Folgendes zit. nach SHStA Dresden, 10036 Finanzarchiv, Loc. 37770, Rep. 43, Nr. 0007

*Stadtansicht von Marienberg um 1600. Blick aus südwestlicher Richtung. Kolorierte Radierung von Jakob Hoefnagel. Kupferstich-Kabinett Dresden Die Straße rechts war eine vielbefahrene Strecke in Richtung Böhmen. Auf ihr schob Georg Müller seinen Brotkarren entlang, wenn ihn nicht ein Fuhrwerk mitnahm. Unübersehbar die Baumstümpfe des rund um die Stadt schon abgeholzten, einst mächtigen Hercynischen Waldes.*

Schon 14 Tage später genehmigt Christian I. die Mühle und eine Weide für drei oder vier Kühe, dazu ein weiteres Stück Land am Weißflüsslein. Auch eine Zinsminderung findet er möglich, „*weil ehr in einer Wiltnuß wohnt, dahin niemandes kommt*" und weil er nicht in Verdacht steht, „*Daß ehr die Wiltschützen und andrer loße gesindel*" in seinem Haus beherberge „*und mit Ihnen gemeinschafft habe*".[38]

Aber kann man dem unbekannten Müller an der Rübenau wirklich trauen? Und so verlangt er vorsichtshalber:

---

38 Dieses und die folgenden Zitate: SHStA Dresden, 10036 Finanzarchiv, Loc. 33857, Rep. 27, Lauterstein, Nr. 0011, Bl. 9

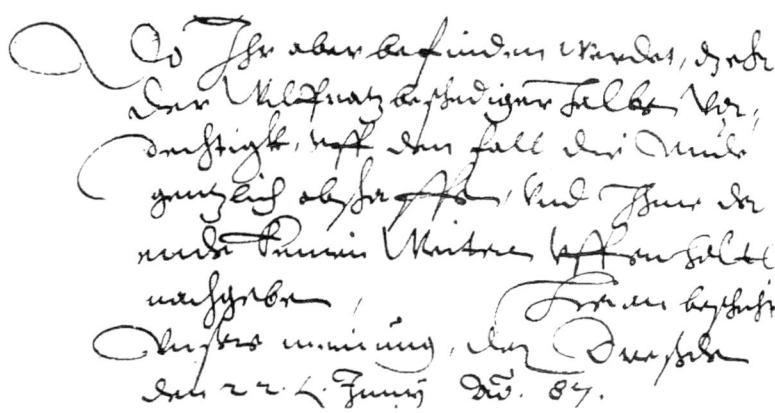

*„Do Ihr aber befinden werdet, das ehr der Wild [...] beschediger halben vordechtigk, uff den fall die Mule gentzlich obschaffen, Und Ihme darnach keinen Weitren Uffenholtt nachgeben.     Hiran beschieht Unser meinung, Dat. Dreßden den 22t. Juny Ao. 87."*[39]

Diese Briefpassage zeigt zugleich, wie wenig Georg Müller selbst über sein Leben bestimmen darf.

### Der Nachfolger vor der Tür

Vorerst kann der Müller seinen „Uffenthalt" an der Rybenaw und die Mühle behalten und weiter Brot backen. Doch sorgenfreier wird sein Leben nicht, das Gegenteil tritt ein. Einen schwerwiegenden Anhaltspunkt dafür liefert ein Brief des Floßmeisters und gewesenen Richters Jonas Oehmichen vom 21. August 1590. Er ist ein Sohn des Erblehnrichters Christoph Oehmichen in Olbernhau – eben jenes begüterten Mannes, von dem Georg Müller eine Mühle gepachtet hatte, die rund zwei Jahre später einem Brand zum Opfer fiel.

In einem selbstsicheren Bittschreiben an Kurfürst Christian I. verblüfft Jonas Oehmichen zunächst damit, dass er genau das Datum 24. Juni 1580 und 22. Juni 1587 kennt, genau jene Tage, an denen Georg Müller das Recht zum Bau einer Mahlmühle und zur Nutzung einer Flur eingeräumt wurde.

Aus seinen folgenden Sätzen geht hervor, dass er von dem Müller „*an der Ribenawerbach*" nicht allzu viel hält. Dieser habe „*nicht forttkhommen*" können, das betont er gleich zweimal!

---

39 ebenda

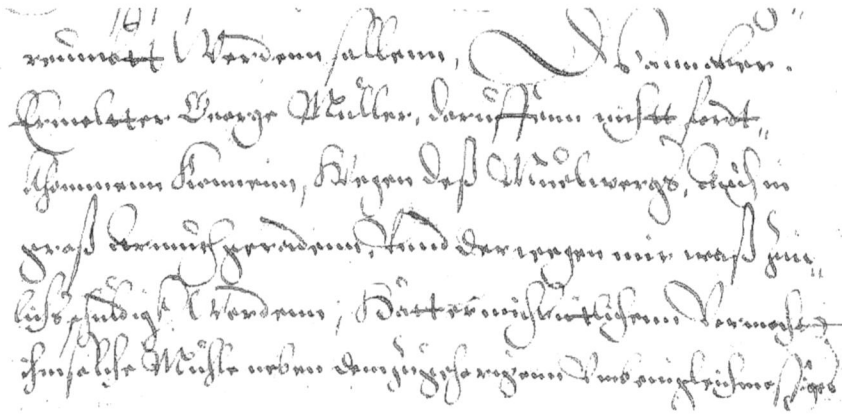

*"[...] Dann aber Ermeltter George Muller, daruffenn nichtt fortkhommenn konnenn, Wegen deß Muelwergs, Auch in groß Armuth geradenn, Unnd derwegen mir waß Zimlichs schuldigk wordenn, Hätt es mich kütlichenn Vermachtt ihm solche Muhle neben dem Zugehorigenn Umb ein gleichmessiges Abzuhandeln, Die ich izunder in gebrauch habe Und Alß mein Kauffgudt underfahnge".*[40]

Weil das Mühlwerk beschädigt oder vielleicht sogar ganz entzwei gegangen ist, gerät Georg Müller in große Not. Noch mehr als zuvor ist es äußerst nachteilig für ihn, dass er nicht brauen darf. Brotverkauf und Bierausschank – wie gut hätte sich das vereinbaren lassen, wie gern hätten sich die durchreisenden Fuhrleute und die Holzhauer bei ihm nach hartem Tagwerk zu einer friedlichen Pause niedergelassen! Aber trotz mehrfachen Ansuchens wird ihm niemals erlaubt, was seine Nachfolger dann alle ohne weiteres dürfen: sich mit Bierbrauen eine Einnahmequelle zu schaffen. Deshalb ist er gezwungen, sich wohl oder übel aus seiner Einsamkeit an der Rübenaw mit frisch gebackenem Brot auf den beschwerlichen Weg nach Marienberg oder vielleicht auch nach Zöblitz zu machen, um es dort anzubieten. Aber dann das Unheil mit dem kaputten Mühlwerk. Musste er bisher nicht nur Zins schuldig bleiben, gerät er nun vollends in eine ausweglose Situation.

Von dem Floßmeister und Richter Jonas Oehmichen, den er aus seiner Jugend in Olbernhau gut kennt und der sozial von Geburt an weit über ihm steht, leiht Georg Müller sich Geld. Was er sicherlich weder wollte noch voraussehen konnte: Dieser handelt ihm die Mühle und alles dazu Gehörige „gütlich" ab.

Warum versichert der rechtlich beschlagene Oehmichen, das sei *„umb ein gleichmessiges"* geschehen, sinngemäß, er habe den Müller nicht übers Ohr gehauen? Gewiss ein nüchternes Kalkül. Die Ansichten über ein gleichwertiges Kaufangebot gingen vermutlich weit auseinander.

---

40 a. a. O., Bl. 7

Denn für den armen Müller und Bäcker steht alles auf dem Spiel: Ohne seine Mühle kann er mit seiner Familie nicht eigenständig existieren. Er wird die Mühle wohl nur hergegeben haben, weil er sich keinen andern Rat mehr wusste. Auch dem Markscheider Matthias Oeder war der Kauf bekannt. 1597 schreibt er: „*eine Mahlmuhle, welche gedachter Öhmichen mit seinem gelde erkaufft*"[41].

Jedenfalls hat der fast gleichaltrige Oehmichen nun schon seine Mühle und seine Landflur „*in gebrauch*" und betrachtet sie als sein rechtmäßiges Eigentum. Damit ist er jedoch noch nicht zufrieden und ersucht kurz darauf um die Belehnung mit einem weiteren großen Raum. Er hat im Voraus vorgesorgt, dass es auch klappt: die erbetene Fläche ist nach seinen Worten schon „*in Besichtigung genommen*".

Zwei Jahre darauf geht aus einem kurfürstlichen Schreiben vom 10. September 1592[42] hervor, dass Jonas Oehmichen nunmehr amtlich sanktioniert anstelle von Georg Müller über die Mühle und den beantragten Raum verfügt. 1595 wird ihm die Übergabe der betreffenden Flurstücke "*diß undt Jenseytt der Riebenau*" als Nachtrag zur Gründungsurkunde von Rübenau und am 6. Juli 1597 in einem Vererbungs-Schreiben[43] bestätigt. Aber in der Mühle – der einstigen Lebensmitte des notleidenden Müllers – hat er mit großer Wahrscheinlich niemals selbst Hand eiangelegt und Korn ins Mühlwerk geschüttet. Als leitender Beauftragter für die Holzflößerei und Gutsherr befindet er sich in einer weit höheren Position.

Georg Müller, auch Muller geschrieben, hatte sicherlich Verwandte und Freunde in Olbernhau. Es dürften aber keine wohlhabenden Leute gewesen sein, sondern zumeist Häusler oder Hüfner mit einer minimalen Landwirtschaft. Sie standen ihm gewiss mit Rat und Tat zur Seite, denn offenbar war er beliebt in seinem Heimatort. Man kann es daran ablesen, dass er zwischen den Jahren 1580 (in dem das Olbernhauer Kirchenbuch beginnt) und 1584 dreimal als Pate bei Taufen gewählt wurde. Danach aber nicht mehr, weil er nun mit seiner Familie ständig in Rübenau wohnte.

Was hat ihm mehr zugesetzt, der Jammer über den Gang der Dinge oder eine Krankheit? Wir wissen es nicht. „*Der Möller uf der Ribenau gestorben und den 11 Aprilis begraben*", ist 1591 im Zöblitzer Sterberegister zu lesen. Georg Müller ist nur 40 bis 45 Jahre alt geworden – kein Wunder bei seinem schweren, entbehrungsreichen Leben. Wie aus dem Todeseintrag hervorgeht, hat er bis zu seinem Tod rechtschaffen seinen Beruf ausgeübt, vermutlich mit dem bitteren Los, in der

---

41 SHStA Dresden, 10036 Finanzarchiv, Loc. 33857, Rep. 27, Lauterstein, Nr. 0011, Bl. 19-20
42 SHStA Dresden, 10036 Finanzarchiv, Loc. 37770, Rep. 43, Lauterstein, Nr. 0007, Bl. 12
43 SHStA Dresden, 10036 Finanzarchiv, Loc. 37679, Rep. 43, Gen. Nr. 0009, Bl. 522

zuvor eigenen Mühle als Untergebener von Jonas Oehmichen Dienst tun zu müssen. Wie er zuletzt lebte und was aus seiner Familie wurde, wird wohl niemals erkundet werden.

Zu hoffen bleibt, dass Nachkommen von ihm weiter in und um Rübenau lebten und seinen Fleiß und seine Bescheidenheit bis in unsere Zeit vererbten.

Bewohner namens Müller gab und gibt es dort bis heute nicht wenige. Die erste Rübenauer Kirche ist gerade einmal drei Jahre alt, da lassen sich in ihr am 4. September 1610 Christoff Freyer und Jungfrau Anna, eine Tochter von Caspar Müller im Hammer, trauen. Zwanzig Jahre später, am 13. November 1631 feiern Christoff Müller aus dem Hammer und die Jungfrau Eva, eine Tochter von Jacob Griesel zu Hedersdorff (Heidersdorf) Hochzeit. Und als 1746 die Baronin von Trachenberg das Gut in einer eilig angesetzten nächtlichen Zeremonie übernimmt, ist auch der Rübenauer Hannß Christoph Müller dabei.

**Ein neues Dorf – Rübenau**

1595, nur vier Jahre nach Georg Müllers Tod, beurkunden die Beamten von Lauterstein im Amts-Erb-Buch die Gründung von Rübenau. Mit diesem Eintrag existiert Rübenau offiziell. Georg Müller wird in dem betreffenden Text ausdrücklich erwähnt, auch wenn, wie oft zu dieser Zeit, die Schreibweise nicht einheitlich ist und hier abweicht, weil der Mann, der die Eintragung vornimmt, der Georg Müller nicht mehr kennt.

Dreizehn Jahre hatte der Müller und Bäcker gekämpft, ohne je zu wissen, was seine Mühen ihm bringen würden. Rückschläge konnten sein Streben nicht hemmen. Er nahm in Kauf, dass seine Anstrengungen ihren Preis hatten. Erst der Tod erlöste ihn von allen Sorgen und aller Plage.

Er bleibt in der Vergangenheit verankert, doch ohne es zu wissen, ist er zugleich der Zukunft verbunden. Als ein „Ur-Vater" der Ansiedlung am Bach Rybenaw legte er den Anfang für die folgenden Generationen, die nach ihm an dem Ort leben, der schon vier Jahre nach seinem Tod Rübenau heißt und ein großes schönes Dorf werden wird. Aber noch ist es nicht so weit ...

*Pferde im heutigen Grund von Rübenau, unweit der Stelle, wo die Dorfbach „Rübenau" in die Natzschung mündet. Foto: W. Krannich*

# Ein Anwesen ganz für sich
## Jonas Oehmichen 1590 – 1598

*Die Wege von Georg Müller und Jonas Oehmichen schienen schicksalhaft miteinander verbunden zu sein. Erst pachtet Georg Müller von dessen Vater eine Mühle, die einem Brand zum Opfer fällt. Dann erbaut er unter großen Mühen eine eigene kleine Mahlmühle, ist aber gezwungen, sie an den begüterten Jonas zu verkaufen. Der erkennt darin eine günstige Gelegenheit, ein Gegenstück zum Lehnrichtergut der Oehmichens zu schaffen, das sein Bruder Abraham übernommen hat.*

### Nahe an der Obrigkeit

Sie stammen beide aus dem Dorf Olbernhau, der eine aus einem kleinen Haus, der andere aus dem großen Lehnrichtergut. Sie kennen sich von Kindesbeinen an, hat doch der Ort damals noch kaum mehr als hundert Einwohner. Doch gewiss waren sie nicht befreundet, denn der soziale Unterschied zwischen ihnen ist beträchtlich: da der abgebrannte Müller und Bäcker Georg Müller, hier Jonas Oehmichen, ein Nachkomme des einflussreichen Erblehnrichters Christoph Oehmichen.

Das dreiflügelige Lehn-Richter-Gut und spätere Rittergut Olbernhau, aus dem Jonas Oehmichen stammte. Das Bild zeigt es viele Jahre nach der Zerstörung im 30-jährigen Krieg und mit späteren Erweiterungen.

Die Oehmichens sind damals eine alteingesessene und weit verbreitete Familie im oberen Erzgebirge. Spätestens um 1500[44] wurden sie mit dem Gut und Dorf Olbernhau belehnt. Ihr Einfluss und ihre Macht sind groß, denn als Gutsbesitzer haben sie nicht nur Verfügungsgewalt über den Grund und Boden, sondern auch über die dort lebenden Untertanen. Ihnen gegenüber verfügen sie über die vererbbare niedere Gerichtsbarkeit, die sogenannte Patrimonialgerichtsbarkeit[45]. Damit sind sie als Gutsherren zugleich Lehnrichter und fällen ihre Urteile bei geringfügigeren Strafsachen und Rechtsstreitigkeiten. Bedenkt man zudem ihre Vorteile durch pflichtgemäße Dienste der Untertanen, Verkauf von Gutsprodukten sowie durch Gerichtsgebühren und fällige Bußgelder, wird begreiflich, warum die Oehmichen angesehen und wohlhabend sind.

Als Gegenleistung für die Belehnung ist jeder Gutsherr und Erblehnrichter zu treuer Ergebenheit gegenüber seiner Herrschaft verpflichtet. Bis 1559 sind das die Herren von Berbisdorf auf der Burg Lauterstein, danach die sächsischen Kurfürsten. Eine gute Gelegenheit, seine Treue zu beweisen, bot sich beispielsweise im Bauernkrieg. Lehnrichter, die wankelmütig wurden oder mit den Aufständischen sogar gemeinsame Sache machten, wurden hingerichtet oder verloren zumindest ihrer Besitzungen. Der Richter Thomas Oehmichen, der Großvater von Jonas O., bewährt sich in dieser stürmischen Zeit – er bleibt in Amt und Würden.

Vor Gericht sagt er später als Zeuge aus, er habe sich bemüht, *"so viel mir möglich Fleiß anzuwenden, dass solche Empörung gestillet und abgewendet würde. Indessen sind meine Leute hernach gekommen, ich bin von Lauterstein wieder auf den Czobloss [Zöblitz] geritten und habe fürder möglichen Fleiß vorgewendet, die Unlust unter den Leuten und ihr Vornehmen zu dämpfen und abzulehnen, habe sie auch dahin beredet, dass sie davon abgestanden. Ich habe dabei auch nicht kleine Gefahr bestanden [....], weil sie mir öffentlich gedroht haben, ich sollte [als] der Erste in meiner Behausung von ihnen gepocht werden, und weil ich nun an meinem Erbherrn nicht habe treulos wollen werden, bin ich ihres Unfugs mit Glimpf entwichen und alle Stunden ihres Überfalls meines Hauses in großer Sorge und Fahr gestanden."*[46]

Außer in Olbernhau, Blumenau und Zöblitz, übt ab 1592 dann auch in Rübenau ein Oehmichen das Lehnrichteramt und ab 1596 das Erbrichteramt aus.

---

44 1652 schrieb Magnus Oehmichen, das Lehnrichtergut sei schon „*biß in die 150 Jahr allen Zeit bei dem Geschlechte der Öhmichen gewesen*" (SHStA Dresden, 10036 Finanzarchiv, Loc. 37770, Rep. 43, Lauterstein, Nr. 0013, Bl. 97). 1617 behauptete dagegen der Richter Abraham Oehmichen, seine Vorfahren hätten schon über 200 Jahre hier „*ein frei Lehngericht sambt allen Gerechtigkeiten und Freyheiten in nutz und gebrauch gehabt*" (Chronik Olbernhau).
45 Erklärung von Begriffen siehe Glossar am Buchende
46 Morgenstern, Rolf: Chronik von Olbernhau. S. 16

Zugleich hat bereits Christoph Oehmichen – wie nach ihm sein Sohn Jonas – auch das Amt eines Floßmeisters inne. Als erstem der Familie ist ihm die Leitung und Oberaufsicht über die Kohlplätze (die Sammelplätze für das Holz aus den Kohlenmeilern) und die Flößerei übertragen worden. Auf seinen Vorschlag wird 1578 ein 570 Ellen langer, in die Dürre Steinbach mündender Floßgraben gebaut und drei Jahre später so verlängert, dass auch die im Kriegwald geschlagenen Hölzer über die Natzschung und die Flöha geflößt werden können. Dieser künstliche Graben ist heutzutage zwar ausgetrocknet und bepflanzt, sein Verlauf aber noch recht gut zu erkennen.

## Ein Gut nach Maß

Als anno 1590 Jonas Oehmichen dem Georg Müller die Mühle an der Rübenau abkauft, ist er über 40 Jahre alt. Da sein Bruder Abraham als Erstgeborener das elterliche Lehnrichtergut übernommen hat, geht er selbst einen anderen Weg: Schon 1570 und noch einmal 1580 wird er als Richter in der Bergstadt Geyer erwähnt.[47] Das Ansehen und die Beziehungen seines Vaters bilden für ihn mit Sicherheit hilfreiche Steigbügel für solch einen hohen Posten in jungen Jahren. Schon 1567 heiratet er Christina Röhling, die Tochter des Bergmeisters und ehemaligen Annaberger Bürgermeisters Hans Röhling[48], den Herzog der Fromme in Freiberg zum Bergamtsverwalter erhob. Nach seiner Heirat gehört er wie sein Schwiegervater zu den *„damals angesehnsten und wohlhabendsten Familien in Geyer"*[49].

Spätestens 1585 kehrt er mit seiner Frau und fünf Kindern in sein Heimatdorf Olbernhau zurück. Gottfried, ihr sechstes Kind, wird dort am 17. Dezember 1585 geboren. Von Kindesbeinen an hat Jonas Oehmichen erlebt, wie sein Vater Christoph sein Amt versieht. Nicht von ungefähr ist er als Richter in dessen Fußstapfen getreten. So wundert es nicht, dass es ihm nicht schwer fällt, herauszubekommen, wann Georg Müller das Recht zum Bau einer Mahlmühle und zur Nutzung einer Flur an der Rübenau eingeräumt wurde. Und ebenso weiß er, wie er ihm ganz legal die bescheidene Mühlstatt mit dem kaputten Mühlwerk abhandeln kann. Wie er selbst leben will, ist ihm sozusagen schon in die Wiege gelegt. Man kann es an seinen Briefen erkennen, die sein Denken und Tun widerspiegeln. Gut versorgt und dank seiner Stellung in Geyer gewiss mit einem hohen Selbstbewusstsein versehen, fehlt ihm nach der Rückkehr nach Olbernhau vor allem eines: ein passendes Anwesen für sich und die Seinen.

---

47 www.sroeling.info/pdf/geneal.pdf - Zugriff 28.1.16 u. http://gw.geneanet.org/cvpolier?lang=en&p=jonas&n=oehmichen – 7.1.16
48 www.sroeling.info/pdf/geneal.pdf - Zugriff 28.1.16
49 Falke, Hans: Geschichte der Bergstadt Geyer, Band 1. Dresden 1866. S. 81

Zu der Zeit, als er Georg Müller die Mühle abkauft, gehören zu seiner siebenköpfigen Familie er selbst, seine Frau, der 23-jährige Sohn Johann (Hans), geboren 1567, der sein späterer Nachfolger auf dem Rübenauer Gutwerden wird. Hinzu kommen ein 16 Jahre alter Sohn, der auch Jonas heißt, die zwölfjährige Veronica, die zehnjährige Regina und als Jüngster der schon erwähnte Gottfried.[50] Ein Landgut als vererbbarer Besitz wäre für ihn und seine Nachkommen eine große Chance. Als er von Olbernhau durch den Wald zu Georg Müller reitet – und das tut er bestimmt, denn er hat es weder nötig, noch entspricht es seiner Würde, sieben Kilometer über Stock und Stein zu laufen – hat er gewiss schon vor, die Gelegenheit beim Schopf zu packen und sich die Mühle zu sichern.

Wie hätte Georg Müller sich ihm auch verweigern sollen? Seit das Mühlwerk kaputt ist, steckt er böse in der Klemme. Er hat für seine Familie zu sorgen und weder Beziehungen noch Geld, es reparieren zu lassen. Dass er und Jonas einmal Nachbarskinder waren, ist jetzt nebensächlich. Und so bekommt der Gutsherrensohn die Mühle, dazu den Mühlgraben und das Land oben an der Rübenau. Ohne seine Mühle nützt dem geplagten Müller weder das eine noch das andere etwas.

Mit so wenig Raum, wie er hatte, will sich der Oehmichen als neuer Besitzer aber nicht begnügen. Das geht schon aus dem ersten Brief hervor, in dem er die Mühle bereits als sein *„Kauffgudt"* bezeichnet. Sogleich stellt er ein Gesuch um eine abgeholzte Fläche von 30.000 Quadratruten, umgerechnet 34,7 Hektar:

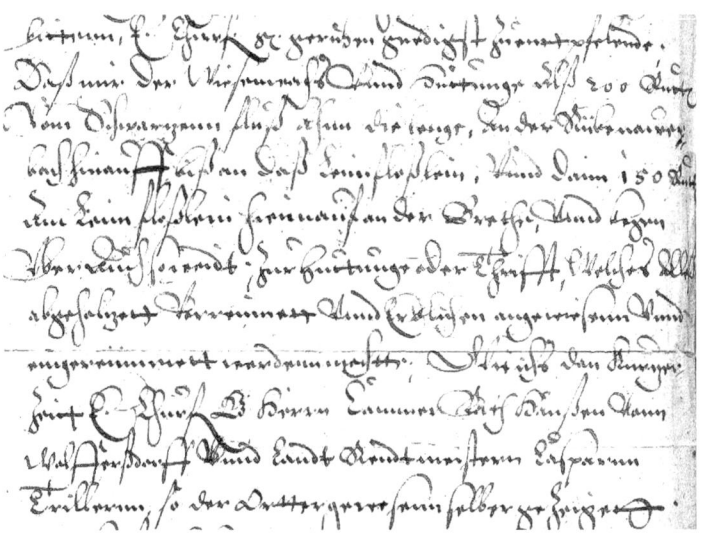

---

50 Der 1570 geborene Sohn Christoph starb wahrscheinlich schon als Kleinkind, denn er wird nur einmal erwähnt.

*„[...] E. Churf. G. geruhen gnedigst zuanempfehlen, Daß mir der Wiesenwachs und Huttunge Alß 200 Ruthen Vom Schwarzen fluß ahm die lenge, An der Rübenawerbach hinauff biß an daß Leimfloßlein [Lehmheider Bach], Unnd dann 150 Ruthen Am Leimfloßlein hinnauf an der Brethe, Unnd kegen Uber [gegenüber] Auch soweit, Zur Huttunge oder Trifft, Welches Alles abgeholzett Verreinett Unnd Erblichen angewiesenn Unnd eingereümmett werden mochtte. Wie ichs dan kurzer Zeit E. Churf. Gn. Herrn Cammer Rath Hanßen Vonn Wolfferßdorff Unnd Landt Rendtmeistern Casparnn Trillernn, so der Ortter gewesen selber gezeiget"*[51]

### Streit über das zugewiesene Land ...

Wie es sich Jonas Oehmichen gewünscht hat, wird das Gelände besichtigt und ausgemessen. Der Amtmann Christoff von Berbisdorf und der Schösser zu Lauterstein Erasmus Goldhan schreiben am 3. August 1591 an den Kurfürsten:

*„Jenseits der Rubenauer Bach, nach KriegWalde [...] ist es ein felsichter steinichter Bach, zu Eckerr und Wiesenwachs nicht sonderlich anzurichten, dann das es zur Huttweide zugebrauchen, schlagt darauff an etliches Ortes wieder Jungk Holz auff. [...] Unnd ist alß dieser Raum auff beiden Seiten 200 achtelichte Rutten langk und 300 Rutten breitt, daran er [...] das vierdten Teill alß 50 Rutten langk und 75 Rutten breith erblichen Zur Mühlen in der Rubenau erlangt, Darauff Ihme Vier Kuhe zuerhalten vorgunstiget, unnd er jerlichen davon funff Thaler zu E. Churf. G. Ambt Lauterstein zinset"*[52].

Die Flächen sind mit fast 77 ha zwar sehr groß, aber es würde viel Kraft und Schweiß kosten, diesem Waldboden ausreichend bäuerliche Nutzfläche abzuringen und eine solide Bewirtschaftung in Gang zu bringen. Die Abholzung liegt offensichtlich schon Jahre zurück, denn es macht sich Wildwuchs breit. Teilweise sind die Bäume schon so in die Höhe geschossen, dass die Beamten festlegen, dieses Holz sei es wert, *„geschatzet und taxieret"* und *„zur Flösse gebracht [zu] werden"*. Außerdem sind offenbar gerade wieder neue Bergwerksversuche im Gange, denn es wird *„Iizige Zeit darauff sehr geschurffet"*.

Was letztlich zur Nutzung übrig bleibt, ist nur ein *„Raum uff einer Huffe Landes, darauff man acht Kuhe, Wan der gereumet wurde, erhalten könne"*, wie die Beamten feststellen. Aber auch diese Fläche muss erst noch von Holzstöcken beräumt und landwirtschaftlich nutzbar gemacht werden. Jonas Oehmichen wird alsbald Untertanen hingeschickt haben, das zu übernehmen – ein hartes Stück Arbeit. Eine Hufe waren rund 20 ha (199.220 m²) – in Sachsen gewöhnlich ein Bauerngut

---

51 SHStA Dresden Loc. 33857, Rep. 27, Lauterstein, Nr. 0011, Bl. 7. Mit den Herren gemeint sind Hans von Wolffersdorff, Amtshauptmann, und Caspar Tryller oder Triller, kursächsischer Beamter und Gründer mehrerer Stiftungen.
52 SHStA Dresden, 10036 Finanzarchiv, Loc. 33857, Rep. 27, Lauterstein, Nr. 0011 Bl. 8-9

– im Grunde genug Land, um eine Familie zu ernähren, freilich nur, wenn es dafür brauchbar war. Da es sich aber um eine zusätzliche Flur handelt, ist er zunächst damit zufrieden – bis er erfährt, was er dafür zahlen soll.

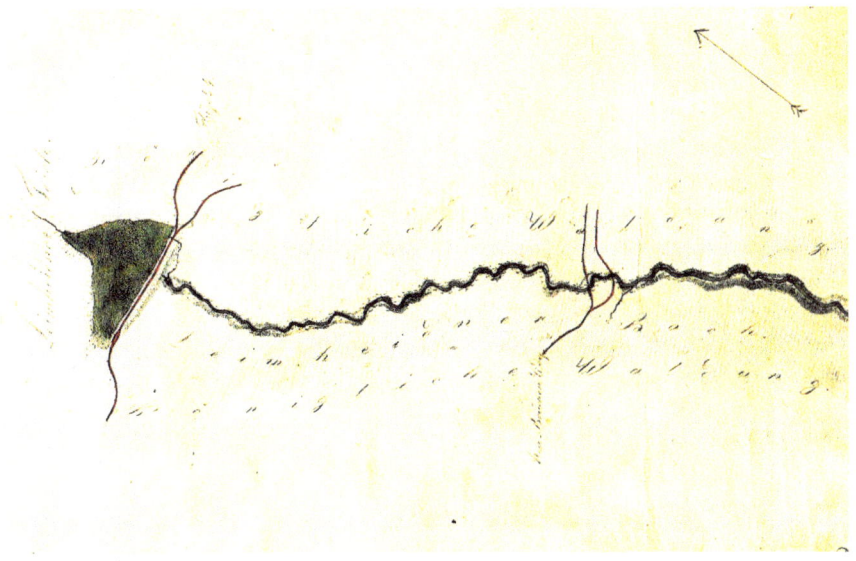

*Flurkarte des Gebietes der Lehmheide bei Rübenau*[53]

Die schwer lesbaren Beschriftungen:
*Leimheider Teich*
*Leimheider Bach* ('Leimfloßlein')
*Königliche Waldung*
*Flügel 4*
*Neuer Brücken-Weg*

Am Ende machen die Beamten es sich einfach. Sie schreiben, wo er den Raum nicht zu Acker und Wiesen nutzen könne, solle er eben *„das Holz am besten aufwachsen lassen und den Ort allein für die Trifft und Huttung gebrauchen"*[54]. Das gefällt dem strebsamen Oehmichen ganz und gar nicht.

Auch will es ihm überhaupt nicht gefallen, dass *„solcher Raum umb 500 Gulden geschazt worden"*. Das ist ihm zu viel Geld für so ein schlechtes Stück Land. Es wären doch nur 10 Taler Erbzins darauf angesetzt worden, gibt er dem Amtmann Christoph von Berbisdorf zu bedenken. Dabei sei bedacht worden, dass

---

53 SHStA Dresden, Kartensammlung
54 Alle Teilzitate SHStA Dresden, 10036 Finanzarchiv, Loc. 33857, Rep. 27, Lauterstein, Nr. 0011 Bl. 8-9.

*"dieser ortte ein bergwergk auffkommen, Und dasselbe sehr durchschurfft werden möchte"*[55].

Rund ein Jahr darauf, am 10. September 1592, trifft schließlich ein „Befehlich" zu Gunsten von Jonas Oehmichen in Lauterstein ein. Er wird eingetragener Besitzer einer beachtlichen Fläche diesseits und jenseits der Rübenau:

„*Ihr wollet [...] gleich solche plan, nach 150 achtel rute Länge und 225 rute breit, [...] zu 5 Gulden jährlichem Zins darum zu seiner Mühle an der Riebenau verlangt, gegen 10 Gulden jährlicher Abrichtung übereignen und zu rainen, auch ihm nachgeben solchen Raum als Acker und Wiesenwachs anzurichten (was aber daran schlecht und steinichter Boden den zur Trifft und Hutweide mit 8 Kühen zu gebrauchen). Das darauf stehende Holz sei erst für die Flöße niederzuhauen [...], beiderlei Erbzins jährlich einbringen [...]*".

Weil bekanntlich „*die Stöcke darauff zu roden, viel kosten, Auch vormuthlich vors Bergwergk derselbe kunfftig durchschurfft werden möchte*", braucht Jonas Oehmichen für die betreffende Flur zeitweise gar keinen oder weniger Zins zu bezahlen. Ferner heißt es nicht ganz eindeutig: „*bei andern Hölzer nicht dann um 10 Taler jährlicher Abrichtung auszubringen*".[56]

Seit diesem kurfürstlichen Bescheid ist stets die Rede von einer Fläche von 150 achtelligen Ruten Länge und 225 Ruten Breite für Jonas Oehmichen. Eine achtellige Rute maß 3,77 m und eine normale (sechsellige) Rute 3,40 m. Umgerechnet in Hektar, ergibt das 43,26 Hektar beiderseits vom Dorfbach Rübenau.

Solch eine Flur war immerhin schon eine recht ordentliche Basis für ein Gut – und nicht zuletzt Ausdruck des Ansehens von Jonas Oehmichen als Floßmeister, frisch gebackener Gutsbesitzer und Angehöriger einer renommierten Familie. Doch ist er nun damit zufrieden? Davon kann keine Rede sein. Ein gewinnbringendes Gut als ersehntes Ziel vor Augen, bemüht er sich weiter unverdrossen, ja verbissen um weitere Landflächen nach seinen Wünschen.

**Oehmichen maßt sich was an**

Seine Einwände dringen bis nach Dresden. Inzwischen ist dort 1591 mit erst 31 Jahren Kurfürst Christian I. gestorben. Da dessen ältester Sohn, der spätere Christian II., noch minderjährig ist, werden Johann Georg Kurfürst zu Brandenburg und Friedrich Wilhelm I. von Sachsen-Weimar als Regenten für Kursachsen eingesetzt. Am 24. Juni 1596 schreibt der brandenburgische Regent an den Amtshauptmann, Oberforstmeister Georg von Carlowitz, und den Schösser zu Lauterstein:

---

55 SHStA Dresden, 10036 Finanzarchiv, Loc. 33857, Rep. 27, Lauterstein, Nr. 0011 Bl. 11
56 SHStA Dresden, 10036 Finanzarchiv, Loc. 37770, Rep. 43, Lauterstein, Nr. 0007, Bl. 10 - 11

*„Wir worden aber berichtet, daß sich gedachter Ohmichen etwas Weiteres [...] anmasse und endzihen wolle, welches wir nicht geschehen lassen konnen."*[57]

*Johann Georg, Kurfürst von Brandenburg (1515 – 1598), Gemälde von Zacharias Wehme*

Der Kurfürst zu Brandenburg befiehlt, dass zusammen mit dem *„Forst Knecht Hansenn Webern zu Zschopau nebst Richter und Schoppen"* die Sache in Rübenau an Ort und Stelle in Augenschein genommen werden müsse. Gebe es keine erheblichen Einwände, dann sei die Fläche für den Oehmichen gemäß voriger Anordnung *„in benannter Lenge und Breite zureinen"*. Es geht also um das Setzen von Rainsteinen, wobei damals entsprechende Markierungen auch an Bäumen oder Zäunen angebracht werden, wenn sie vorhanden waren.

Der Regent geht auch auf den Erlös für das Amt ein. Er betont, dass *„beidley erbzinnß"* – gemeint sind 5 plus 10 Gulden – jährlich durch den Schösser zu verrechnen seien. Schließlich sind die Einnahmen für Kursachsen sehr wichtig, ja letztlich ein Hauptzweck des ganzen Aufwandes in den einzelnen Ämtern.

---

57 SHStA Dresden, 10036 Finanzarchiv, Loc. 33857, Rep. 27, Lauterstein, Nr. 0011 Bl. 15-16

Die *„lieben Getreuen"* – so die gleichbleibende Anrede – sollen alles *„mit Vleis [...] ins Amptserbbuch verleiben und darvon in churf Renterey eurenn schriftlichen Bericht einschicken, darmit darauf eine Vererbungsverschreibung in unserm Nahmen volzogen und Ohmichen übergeben werden moge"*[58].

## Mit Hartnäckigkeit zum vererbaren Eigentum

Jonas Oehmichen möchte, dass er und seine Nachkommen den Raum diesseits und jenseits der Rübenau als ihr *„eigenthümlich Erbguth"* nutzen können. Der Begriff „eigenthümlich" bedeutet, dass der Betreffende frei über eine Landfläche oder ein Gut verfügen kann, es somit als Eigentümer in seiner Gewalt hat. Oft taucht auch die Formel *„eigenthümlich und erblich"* auf; das frei verfügbare Eigentum ist dann auch vererbbar.

Aber der Vererbungsbrief für ihn lässt lange auf sich warten. Aus den Akten des Schössers im Amt Lauterstein ist ersichtlich, dass er *„vielfältig bei ihm und anderen darum angehalten"*[59] hat, sich also – vielleicht zusammen mit seinen älteren Söhnen – mehrmals auf den weiten Weg zum Sitz des Amtes auf der Burg Lauterstein gemacht hat. Die mittelalterliche Burg auf dem Felssporn diente dem Schutz der Handels- und Passstraße nach Prag. Seit 1559 hat sie sich von einer Wohnburg zum Sitz des Amtes Lauterstein gewandelt. Im 30-jährigen Krieg flüchtet das Amtspersonal vor den Schweden in das nahegelegene Marienberg. Das verlassene Schloss wird 1639 von schwedischen Reitern in Brand gesteckt und nie wieder aufgebaut.

Für Oehmichen kommt zusätzlicher Ärger hinzu. Er wird vom Förster am Abholzen gehindert. Doch bevor die oberste Behörde entscheidet, wie es weitergehen soll, trifft am 22. Mai 1597 ein Brief vom kurfürstlichen Markscheider Matthias Oeder im Dresdner Schloss ein. Er ist an der Abmessung des Geländes führend beteiligt gewesen, aber hat, wie er schreibt, danach geraume Zeit *„mit Vorfertigung der mir aufgetragenen Landtmappen"*[60] zugebracht. Deshalb äußert er sich erst jetzt zu der Flurfrage. Was den *„Raumb welchen E. F. G. dem Floßmeister Zum Alberhau [Olbernhau] Jonas Öhmichen, so an der Riebenau [...] gelegen"* betreffe, so sei es *„an dehme, das ich [...] befunden, das derselbige 200 Leypziger Acker undtb 120 Rutten in alles haltten thut"*[61].

---

58 Dieses und die vorherigen Teilzitate ebenda
59 SHStA Dresden, 10036 Finanzarchiv, Loc. 33857, Rep. 27, Lauterstein, Nr. 0011 Bl. 13-14
60 Die Erste Kursächsische Landesaufnahme zwischen 1586 und 1633 ist das bis dahin umfangreichste deutsche Kartenwerk. Im Auftrag von Kurfürst August übernahm von 1553 bis 1562 Johannes Humelius, Professor für Mathematik und Astronomie, die Kartierung kursächsischer Waldgebiete. Fortgesetzt wurde diese Aufgabe durch den Kartografen Georg Oeder (1511–1581) und danach von dessen Sohn, dem kursächsischen Markscheider Matthias Oeder († 1614).
61 SHStA Dresden, 10036 Finanzarchiv, Loc. 33857, Rep. 27, Lauterstein, Nr. 0011, Bl. 19-20

Diese Angabe weicht von der vom Amt genannten ab, aber das führt nicht mehr zu Änderungen in den Lautersteiner Unterlagen. Das Gelände der Mahlmühle und eines bisher unbekannten, offenbar inzwischen errichteten „weißen Hauses", das Matthias Oeder auf der Fläche erwähnt, fallen nicht gesondert ins Gewicht.[62]

*Schloss Lauterstein vor dem Brand von 1639*

Jonas Oehmichen ist keiner, der sich die Butter vom Brot nehmen lässt. Nach langem Warten wendet er sich schließlich am 29. Mai 1597 selbst mit einem Gesuch an den Regenten. In seinem Brief formuliert er geschickt und energisch seine Wünsche. Vor allem kommt es ihm darauf an, dass er das Land erblich und möglichst für alle Zeiten erhält:

---

62 ebenda

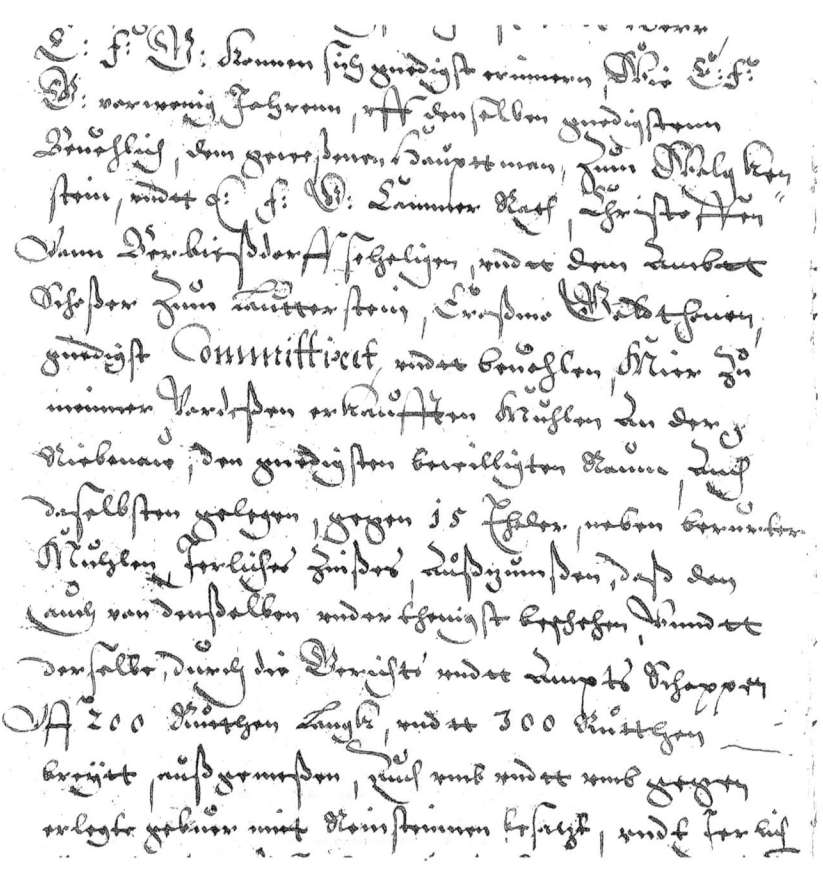

„E: F: G: [Euer Fürstliche Gnaden] konnen sich gnedigst erinnern, Wie E: F: G: vor wenig Jahrenn. uff denselben gnedigsten Bevehlich [...] Mier zu meiner Vordeßen erkaufften Muhlen An der Riebenau, den gnedigsten bewilligten Raum, Auch daselben gelegen, gegen 15 Thaler, neben bewuster Muhlen, Jerliches Zinßes, Außzumeßen, daß dan auch von denßelben underthenigst beschehen, Unndt derselbe durch die Gerichts undtt Ampts Schoppen uff 200 Rutthen Langk, undtt 300 Rutthen breytt, außgemeßen, Auch umb undtt umb gegen erlegter gebuer mit Reinsteinen besatzt [...], Alß gelanget demnach hiermit an E. F. G. mein [...] bitten, [...], dass man darüber eine Vererbungs Verschreybung gnedigst zugestehet, undt mit geteylet werden muge, Damitt ich mein Viehe desto beßer erhaltte, Undt waß zu Räumen desto fuglicher, Zu Acker undtt wießen machen [...] kann".[64]

---

64 SHStA Dresden, 10036 Finanzarchiv, Loc. 33857, Rep. 27, Lauterstein, Nr. 0011 Bl. 21-22

Zugleich hat Oehmichen noch eine Bitte: Man möge ihm auch die Braugerechtigkeit bewilligen. Seine Begründung ist, dass es über eine Landmeile im Umkreis keine Schenke gibt. Damals gilt das Meilenrecht, wonach niemand innerhalb einer Meile Bier brauen und ausschenken darf. Es ist wohl ein recht lohnender Zusatzverdienst, denn er möchte ihn auch in der Vererbung vermerkt haben. Er vergisst auch nicht zu erwähnen, dass sein Bierausschank durch die abzuführende Tranksteuer dem Amt was einbringen wird.

„So gelangett demnach Hiermitt gleichfalß zu E: F: G: mein underthenigst [...] bitten [...], daß Solches auser der Meylen gelegen :/ mier noch zu laßen, deß Orths, daß Bier, faß undt Tonnen weyß, wie ich kan, darneben zuvor keüffen, will ich Vorhoffen, daß Jerlichen neben den Zinßen, An der Trangk Steüer E: F: G: ein Zimlichs einbrachtt [...] Undtt solches gleichen gestattet, in underthenigst gebetener Vererbungs Verschreybung mit bringen zu laßen [...]"* [65]

### Mehr Häuseln in Rübenau

Die Karten stehen gut für ihn, denn der damalige Regent für Kursachsen, Herzog Friedrich Wilhelm von Sachsen-Weimar, ist ihm wohlgesonnen. Am 6. Juli 1597 wird Jonas Oehmichen der ersehnte Erbbrief ausgefertigt. Zu seiner Rübenauer Mühle erhält der Floßmeister und Gutsherr eine Fläche in der Größe, wie sie ihm schon 1592 zugedacht war.

---

[65] ebenda

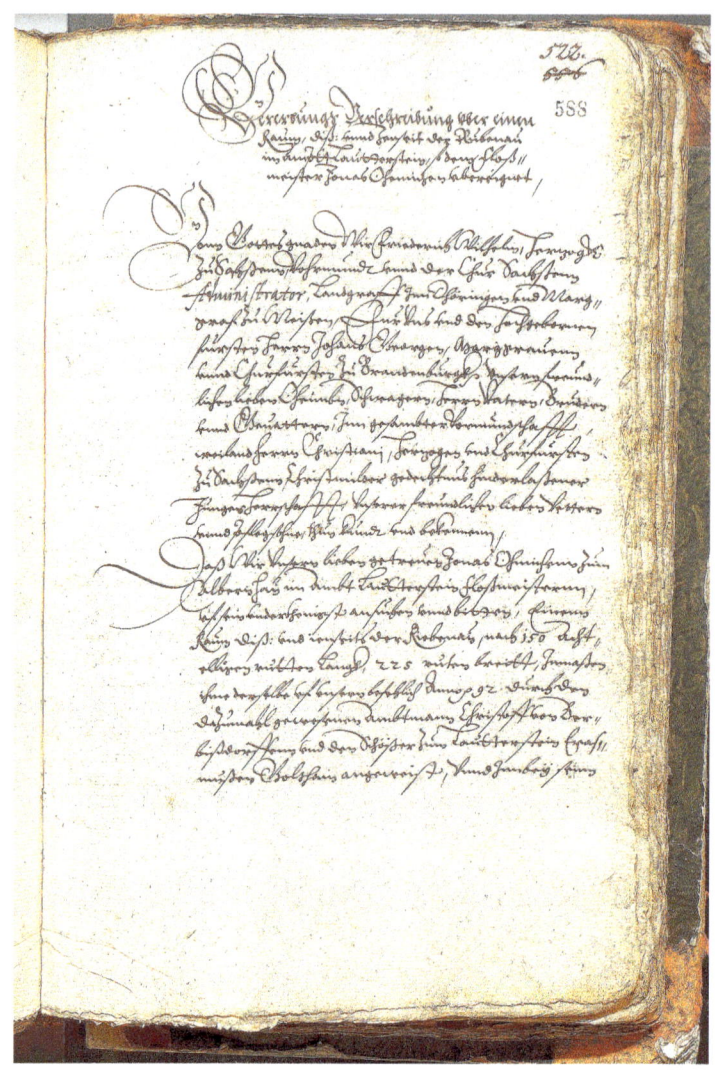

„*Vererbungs Verschreybung uber einen Raum diß: unnd Jenseit der Rubenau im Amptt Lautterstein so dem Floßmeister Jonas Oehmichen übereignet*

    Vonn Gottes gnaden Wir Friedrich Wilhelm Herzogk zur Sachßenn, Vohrmundt und der Chur Sachßen Administrator, [...] thun kundt und bekennen,

    Daß Wir Unsern lieben getreuen Jonas Ohmichen zum Albernhau im Ambt Lautterstein Floßmeistern, uf sein underthenigst ansuchen unnd bitten, Einen Raum daß- und ienseits der Riebenaw, nach 150 Achtelligen rutten langk, 225 ruten breitt, Inmaßen ihme derselbe uf unsern befehlich Anno 92 durch den dazu-

*mahl gewesenen Ambtmann Christoff von Berbisdorffenn und den Schößer zum Lautterstein Eraßmuußen Golthain angeweist, unnd Im beysein des Amptts Richter und Schöppenn mit reinsteinen besatzt worden ist, aus gnaden ohne kauffgeldt gegen Zehen Thaler Jehrliches Zinßes erblichenn geeignett, [...]*
*Deßgleichen die funff Thaler von den Plan so er hierzu vorn zu seiner Mahlmühle aldo ohne des Erblich erkaufft und erlanget"*[66]

Wieder ist von „*der Rubenaw*" die Rede, obwohl es doch seit 1595 amtlich bestätigt das Dorf Rübenau gibt! Der neue Status als eigenständiger Ort hat sich offensichtlich noch nicht durchgesetzt, zumindest nicht in den kurfürstlichen Amtsstuben von Dresden.

Und was auch bezeichnend ist: Nicht die von Jonas Oehmichen über einen Monat zuvor in seinem Brief vom 29. Mai 1597 angegebene größere Fläche wird der Urkunde zu Grunde gelegt, sondern die schon 1592 vorgesehene Flur mit den altbekannten Maßen „*150 achtelligen Rutten langk, 225 Ruten breitt*". Man könnte meinen, der Floßmeister habe sich wieder etwas „angemaßt", um hinterrücks noch zu einer größeren Fläche zu gelangen. Wenn das der Fall war, so war es ein Kampf ohne Aussicht auf Erfolg. Es bleibt bei den 43,26 Hektar.

Aus heutiger Sicht beginnen seine Felder und Wiesen dies- und jenseits des Rübenauer Baches etwa an der Flurgrenze von Einsiedel-Sensenhammer im Grund (Flügelweg), gehen bis zum Teichbüschel, den Ziegenbach hoch bis zur Ziegengasse, hinüber bis zum Neuhäuserweg 19, ins Tal hinab und wieder hinauf bis zum Hradschinweg 12, von dort weiter zur Höhe des Hirschberges, dann bis zum Grundstück Hammerweg 25, von wo sie den alten Ölmühlenberg bis zur Olbernhauer Straße 21 hinabfallen.[67]

Nicht nur die Flur, auch die Abgaben sind aufs Genaueste geregelt: Jedes Jahr muss Jonas Oehmichen einen Zins von 15 Talern entrichten. Wieder wird in der Urkunde betont, dass er die noch vorhandenen Stöcke roden lassen darf, aber die größeren Bäume geschlagen und geflößt werden müssen. Doch auch Vorteile locken. Er darf eigene Gebäude bauen, ja sogar brauen. Das wäre zehn Jahre zuvor für Georg Müller vermutlich die Rettung aus seiner Existenznot gewesen!

Nunmehr besitzt Jonas Oehmichen also wirklich ein Gut, verbunden mit dem Recht, Flächenstücke an interessierte Siedler zu vergeben, so dass sie sich hier ein Haus errichten können. Es ist die Zeit, in der die Gegend zunehmend belebter wird, weil sich immer mehr Menschen ansiedeln. Wurden im Erbbuch von 1595 nur

---

66 SHStA Dresden, 10036 Finanzarchiv, Loc. 37679, Rep. 43, Gen. Nr. 0009 Bl. 522 (alt: 588) ff.
67 Nach Ihle, Kurt: Rübenau – Siedlungsgeschichte eines erzgebirgischen Grenzdorfes. Selbstverlag 1998. S. 11

eine Mühle und zwei Hofstellen genannt, d. h. die Gebäude von etwa zwei Bauernhöfen, werden hundert Jahre später immerhin schon 39 „Häusler" namentlich genannt. Es sind aber vermutlich schon sehr viel mehr Einwohner, denn es gibt viele, die nicht unter die aufgeführten Häuser fallen. Dazu gehören Untertanen wie Ehefrauen, Kinder, Knechte, Mägde und „Jungen" – so nannte man in Diensten stehende größere Kinder – aber auch „Hausgenossen", also Personen, die mit im Haus oder Haushalt leben. Zugleich hat Oehmichen Recht und Gelegenheit erhalten, mehr Macht auszuüben.

Ein weiteres Schreiben aus Dresden kommt für ihn in Lauterstein an. Darin wird ihm das Roden auf der Dorfseite erlaubt, aber nach dem Kriegwald zu nur eingeschränkt. Der Wald soll des so wichtigen Holzes wegen nicht zu sehr verkleinert werden, allenfalls darf darin das Vieh weiden (vgl. Karte S. 179):

„*Damit nun berirter Öhmichen eine Gewißheit haben möge, waß er an solchenn vorerbten Raum außroden, zu Acker unnd Wyßenwachs anrichten lassen unndt hegen solle, Als begehren Wir [...] ihr wollet gemelten Ohmichen vorstatten, uf der Seytenn nach Dorffe [...], das alte unndt junge gestrurrichte Holz auß zur rothen der Ende Acker unnd Wyßenwachs anzurichten. Die andere Seyte aber, nach Krigkwalde zur Hegenn, ein Stück zur Wyßen, unnd dass ubrige Theil zur Viehetrifft zur gebrauchen.*"[68]

## Das schicksalhafte Jahr 1598

Das Jahr 1598 bringt ist traurig für die Familie Jonas Oehmichen. Im März stirbt im Alter von nur 13 Jahren in Olbernhau ihr Sohn Gottfried.

„*Den 10 Marty ist in Christo seinem Erlöser verschieden Gottfried Ömichen, f. [filius] Jonas Ömichen Flößmeister zum Olbernhau Sohn, Ein gehorsames Kind seiner Eltern*"[69], vermerkt der Pfarrer im Kirchenbuch der Gemeinde.

Ein halbes Jahr später folgt ihm sein Vater Jonas selbst:

"*Den 13. Decembris Ao 98 se. in Gott verschieden der Erbare und wolgeachte Jonas Ömichen floßmeister zum Olbernhau D. A. A. Ist ein frommer und ehrlicher Man gewesen, Und sonderlicher liebhaber Gottes Wortes und der h. Sacramenten*"[70], heißt es im Totenbuch von Olbernhau.

Der Sohn wie auch der Vater sterben in Olbernhau. Daraus lässt sich entnehmen, dass Jonas Oehmichen und seine Frau mit ihren halbwüchsigen Söhne Gottfried und Abraham, geboren 1585 und 1588, seit geraumer Zeit nicht mehr in Rübenau lebten.

---

68 SHStA Dresden, 10036 Finanzarchiv, Loc. 33857, Rep. 27, Lauterstein, Nr. 0011, Bl. 25
69 KB Olbernhau, Gestorbene 1580/81, Oct. 1692 – 1628, Bl. 211
70 KB Olbernhau, Gestorbene 1580/81, Oct. 1692 – 1628, Bl. 212 R

Vom Vater gibt es ein letztes Lebenszeichen, aus dem man schließen kann, dass er fast bis zuletzt als Floßmeister tätig war. Es ist sein Vorschlag vom 23. Februar 1598, wie das Holz aus dem Stockraum der Carlowitzschen Gehölze am günstigsten zu den Freibergischen Schmelzhütten gebracht werden könnte. Dabei ging es um die gewaltige Menge von 7500 Schragen Holz jährlich.[71]

Die Nachfolge in Rübenau tritt als Erstgeborener der 31-jährige Sohn Hans an. Obgleich er erst 1603 als Eigentümer in den Archivalien auftaucht, ist davon auszugehen, dass er spätestens seit dem Tod des Vaters für das Gut in Rübenau allein verantwortlich ist. Dafür spricht nicht zuletzt, dass er seit 1597 verheiratet ist und mit seiner Frau Rosina vor 1603 schon drei in Rübenau geborene Kinder hat.

**Quintessenz eines Lebens**

Alles in allem war Jonas Oehmichen in seiner Rübenauer Zeit rege tätig. Vermutlich hat er sich intensiv um die Einrichtung und Bewirtschaftung seines Hofes gekümmert, auch wenn er dafür gewiss einen Verwalter, mit Sicherheit aber zahlreiche Knechte, Mägde und andere Untertanen als Arbeitskräfte zur Verfügung hatte.

Nicht zuletzt war er als Floßmeister ein leitender Beauftragter für die Holzflößerei, musste sich also darum kümmern, dass stets die verlangte Menge Holz verkohlt und nach Freiberg bis zu den Schmelzhütten geflößt oder teilweise „auf der Achse", also mit Fuhrwerken, transportiert wurde.

Als er die Braugenehmigung bekam, durfte er auch Bier brauen und verkaufen. 1594 ersuchte er um die Genehmigung zum Bau eines Brauhauses in Rübenau.

Georg Müllers Mahlmühle ließ er wieder in Gang setzen, vielleicht sogar ganz neu aufbauen. Davon kann man ausgehen, weil 1594/95 die Stadt Zöblitz gegen diesen Bau klagte. Die Mühle hat er aber wahrscheinlich niemals selbst betrieben, sondern dafür einen Müller eingestellt. Bis zu seinem Tod im April 1591 war vermutlich Georg Müller Knecht in der einstigen eigenen Mühle.

Für 1599 bis 1601 ist im Heiratsregister der Kirche von Zöblitz ein weiterer Müller in der damaligen Rübenauer Mühle zu finden: ein Mann namens Martin Küntzel. Das betrifft allerdings Jahre, in denen Jonas Oehmichen schon nicht mehr lebte.

---

71 SHStA Dresden, 10036 Finanzarchiv, Loc. 39703, Rep. 14, Sect. 11, Nr. 0153

# Der Müller.

*Der Müller. Aus dem Ständebuch von Jost Amman, 1568*

Nach dem Tod ihres Mannes hat Christina Oehmichen vermutlich mit ihrem Sohn Abraham bei Olbernhauer Verwandten gelebt. Es mag ein ruhiges, materiell gesichertes Leben mit Höhen und Tiefen gewesen sein.

Die beiden Töchter heiraten standesgemäß. Veronica, geb. 1579, geht 1600 mit Hans (Johann) Heintze die Ehe ein. Er ist damals Faktor in der Saigerhütte Grünthal. Mit lateinisch *factor* – Verfertiger, Schöpfer – ist ein Meister gemeint. Zuvor war er der erste Schösser des Amtes Lauterstein:

„*Den 29.July, sind ehelichen getrauet der Erbare und Ehrnwolgerechte Johann Heinz, Junior, mitt der Tugentsamen Jungfrauen Veronica, Hern Jonas Ömichens seligens hinderlassene Tochter.*" [72]

Die Tochter Regina heiratet 1606 in Neukirchen bei Nossen Andreas Kirchbach, Amtsschösser zu Rochsburg. Ein Jahr darauf bringt sie eine Tochter zur Welt und nennt sie nach ihrer Mutter Christina.

---

72 KB Olbernhau, Trauungen 1592 - 1619, Bl. 279R

Jonas, der Zweitgeborene und Namensvetter seines Vaters, wird nach 1594 als Münzergeselle in Marienberg erwähnt. Er heiratet und hat drei Kinder. 1611 leben sie noch dort, denn seine Frau Dorothea ist Patin bei der Taufe von Sophia, einer Tochter seines Bruders Hans in Rübenau:

„*Herrn Johan Ömichens tochter Sophia Die Paten Herr Michael Rothe Factor uff der Saigerhütten. Fraw Dorothea Herr Jonas Ömichen Weib uff S. [Stadt] Mariabergk*".[73]

Wiederum liegen Leben und Tod nahe beieinander, denn im gleichen Jahr muss der Olbernhauer Pfarrer auch diesen Eintrag ins Sterberegister vornehmen:

„*Den 28 May in Gott Vorschieden Abraham Omichen, H. Jonas Ömich p. m. [post mortem] hinterlassen Sohn, seines alters 23. Jahr. Ist ein frommer Jüngling, Und gehorsamer Sohn seiner Eltern und freunde gewesen, Und ist den 31 May ehrlich und Christlich zur Erden bestattet worden, dem Gott eine fröliche aufferstehung verleihe.*"[74]

Christina Oehmichen überlebt ihn um sechs Jahre. 1617 ist im Olbernhauer Kirchenbuch zu lesen:

"*1617, † den 13. Aprilis Frau Christina, weilands Herrn Jonas Omichens F. m. [Floßmeisters] hinterlassene Wittwe, Und Den 17. hernach, als am grünen Donnerstag ehrlich und christlich zur Erden bestattet worden, ihres alters 66 Jahr.*"[75]

\*\*\*

Wie eng und beziehungsreich die Verbindungen der damaligen Personen höheren Standes untereinander waren, wird am Beispiel der Familie Oehmichen immer aus Neue anschaulich deutlich. Besitztum und Wohlstand, aber auch Ansehen und Macht werden auf diese Weise abermals gesichert, gefestigt und weitergegeben.

Jonas Oehmichen konnte sich in der näheren Verwandtschaft gleich auf mehrere hochrangige und einflussreiche Persönlichkeiten stützen: zwei Erbrichter, einen Berg- und Bürgermeister, einen Faktor der Saigerhütte Grünthal und zwei Amtsschösser.

Mit einem Schösser musste er sich dann und wann aber auch streitbar auseinandersetzen, was ihm dank seiner Durchsetzungskraft gewiss nicht schwerfiel.

---

73 KB Rübenau 1607 – 1731, S. 35ff.
74 KB Olbernhau, Gestorbene Oct. 1692 – 1628, Bl. 235
75 a. a. O., Bl. 549 R

Weil der Beruf des Amtsschössers ausgestorben ist, sei ein Wort mehr darüber verloren. Ein Schösser, später Amtmann genannt, hatte als Justizbeamter in einem kurfürstlichen Amt eine ausschlaggebende Funktion inne. Lange Zeit stand er zugleich dem Rent- und Steuerwesen vor und war der führende Mann beim Eintreiben von Abgaben und deswegen begreiflicherweise sehr unbeliebt.

Über ihn finden sich in Johann Sebastian Bachs Bauernkantate volkstümliche Verse, die auf drastische Weise ein Licht darauf werfen, wie die Untertanen über solch einen mächtigen Mann dachten, der ihnen in seiner Position immer wieder am Zeuge flicken konnte:

*Bildnis eines Amtmanns und Schössers aus dieser Zeit* [76]

*Der Herr ist gut. Allein der Schösser,*
*Das ist ein Schwefelsmann,*
*Der wie ein Blitz ein neu Schock*[77]
*strafen kann,*
*Wenn man den Finger kaum ins kalte*
*Wasser steckt.*

*Ach, Herr Schösser, geht nicht gar*
*zu schlimm*
*Mit uns armen Bauersleuten üm!*
*Schont nur unsrer Haut.*
*Fresst ihr gleich das Kraut,*
*Wie die Raupen bis zum kahlen Strunk,*
*Habt nur genung!*[78]

---

76 Melchior Heydenreich, kursächsischer Amtmann und Schösser in Weißensee (1560-1631) Foto: D. Gutknecht
77 Ein neues Schock waren 60 Meißnische Groschen oder 2 ½ Reichstaler.
78 www.berndkolb.ch/Bachseite/BWV201_300/BWV0212.htm - Zugriff 07.02.2016

# Flehentlich nebst seinem Weibe
Hans Oehmichen 1598 – 1629

*1592 hat der Floßmeister Jonas Oehmichen in Rübenau ein kleines Gut gegründet und es jahrelang erfolgreich geführt. Sein ältester Sohn Johann – Hans genannt – muss seit seinem 16. Lebensjahr kräftig mit zupacken. Mit 31 Jahren übernimmt er als jung verheirateter Ehemann und Vater das Anwesen, aber erst fünf Jahre später taucht er als Nachfolger seines Vaters in den Annalen des Amtes Lauterstein auf. Warum es für ihn und seine große Familie sehr schwer ist, auf dem Gut behaglich zu leben, wird diese Geschichte schildern.*

### Die Anfangslast von 3844 Talern

Spätestens im Jahr 1598, vielleicht auch schon 1597, übergibt Hans Jonas Oehmichen das Rübenauer Gut seinem Sohn Hans. Er wohnt mit seiner Frau Christina fortan in Olbernhau. Dafür spricht auch, dass nun alle Post an das Amt von dort kommt. Warum sie ihr Gut verließen, hatte vermutlich diese Gründe:

Christina Oehmichen ist noch einmal schwanger geworden und bringt 1598 in Olbernhau ihren Jüngsten Abraham zur Welt. Am 10. März des gleichen Jahres ihr stirbt dreizehnjähriger Sohn Gottfried. Möglich wäre, dass sie von Rübenau wegzogen, weil er krank war, aber auch, weil Christina wieder einem Kindbett entgegensah. Ein anderes Motiv könnte sein, dass Jonas seinem Sohn Hans mit dessen Familie auf dem Gut in Rübenau Platz machen wollte und für sich selbst den Vorteil sah, sich von Olbernhau aus besser seinen Pflichten als Floßmeister widmen zu können.

Als ältester Sohn hat Hans das Vorrecht, das Gut zu übernehmen. Das in Kursachsen damals geltende bäuerliche Erbrecht gestattet es nicht, ein Bauerngut in mehrere Stücke aufzuteilen. Alle nachgeborenen Söhne eines Bauern müssen sich auf andere Weise eine neue Existenz aufbauen.

Einerseits ist das für Hans günstig, denn als junger Vater braucht er ausreichende Einkünfte und ein Zuhause für seine Familie. 1597 hat er die 17-jährige Rosina von Sulgau geheiratet, eine Tochter von Magnus von Sulgau, Schichtmeister der Saigerhütte Grünthal. Deren Mutter Rosina Hausmann war einer Enkelin des Annaberger Ratsherrn[79] Utz von Sulgau und seiner Frau Anna geb. Beyern[80]. Hans und Rosina haben selbst recht bald mehrere Kinder.

Andererseits hat das erwähnte Erbrecht den Nachteil, dass Hans seinen Geschwistern und seiner Mutter das Gut anteilig abkaufen und ihnen ihre Erbanteile

---

[79] http://www.metzler-erzgebirge.de/karteiblatt/740.html- Zugriff 14.02.2016
[80] http://wc.rootsweb.ancestry.com/ – Zugriff 11.02.2016 und http://www.sroeling.info/pdf/geneal.pdf - Zugriff 28.1.16

auszahlen muss. Der Vertrag dazu stammt vom 16. Mai 1603. Wie aus einem späteren Schreiben des Amtes Lauterstein an Kurfürst Johann Georg I. hervorgeht, beträgt die Kaufsumme 3844 Taler. [81] Das war eine gewaltige Belastung für den Besitzer eines Gutes mit kargem Boden in einer Gegend mit rauem Klima.

Seine Mutter hat die nicht einfache Aufgabe, für ihre Töchter einen Ehemann zu finden, der ihnen und ihren Kindern ein gesichertes Leben bieten kann. Dafür ist das Kaufgeld eine willkommene Hilfe. Hans kann es nur ratenweise mit mühsam zusammengesparten Gulden bezahlen, aber er hofft gewiss, dass es möglich ist, den Betrag im Laufe der Zeit mit dem Gut zu erwirtschaften.

Das zu tun wird zunehmend schwieriger, als seine Familie immer größer wird. Rübenau hat bis 1607 noch keine eigene Kirche. Die nächstgelegene befindet sich im rund acht Kilometer entfernten Zöblitz. Im dortigen Kirchenbuch ist am 24. August 1598 die Geburt von Rosina, ihrer ersten Tochter vermerkt. 1600 wird ihnen ein Sohn geboren, der nach dem Großvater den Vornamen Jonas erhält. Beim Taufeintrag wird Vater Hans erstmals „Floßherr zur Rübenau" genannt.

1601 kommt die Tochter Regina zur Welt. Im Kirchenbuch ist dazu vermerkt: „im Lehnhaus". Gemeint ist das Lohnhaus, wo den Holzhauern ihr Lohn ausgezahlt wird. Da wohnen sie wohl eine Zeitlang. Vielleicht wurde das Gutshaus neu gedeckt oder der wachsenden Kinderschar wegen umgebaut.

### Der Versuch mit der Lohmühle

In einem Schreiben von Kurfürst Christian II. an den Schösser zum Lauterstein findet sich am 17. März 1604 der amtliche Nachweis, dass Hans Oehmichen nun Floßmeister ist, das Gut Rübenau jetzt in seinem Besitz hat und dort Neues plant. Er versucht demnach alsbald, mit einer Lohmühle und einem Salzmarkt seine dürftigen Finanzen aufzubessern. Rübenau scheint ihm offenbar für beides eine einträgliche Gegend zu sein.

„*Liebe Getreuen, welchermaßen bei uns unser Floßmeister Hans Oehmichen underthenigst angesucht und gebeten, das ihme vergönnt und nachgelassen werden möchtte, auff das Gutth Rübenau, welches ehr von seinem Mitterben keufflichenn angenommen, eine Lohenmule zuerbauen, auch zum Lohe die Rinden von den fichtenen Höltzern, die sonsten [...] zu nichts zu gebraucht werden können, abzuschelen, deßgleichen einen Saltzmarckt zuhaltenn. [...] Ihr wollet dieses Suchen verlesen, miteinander erwegen und berathschlagen, ob demselben ohne sonderlich Bedencken [...] statt zugeben sey oder nicht [...]was auff diesen Fall, vor ein jehrlicher Erbzinß zuschlagen sein möchte.*"[82]

---

81 SHStA Dresden, 10036 Finanzarchiv, Loc. 37315, Rep. 22, Lauterstein, Nr. 0012, Bl. 3 – 4 vom 19. April 1629
82 SHStA Dresden, 10036 Finanzarchiv, Loc. 37770, Rep. 43, Lauterstein, Nr. 0007 Bl. 18

*Eine ehemalige Lohmühle in Fachwerkbauweise. Die Giebelfenster und das große Dachfenster sind jüngeren Datums* [83]

In einer Lohgerberei, eine besondere Form der Gerberei, wurden Rinderhäute zu strapazierfähigem, kräftigem Leder verarbeitet, das für Schuh-sohlen, Stiefel, Sättel oder Ranzen geeignet war. Für das Handwerk der Loh-gerberei war Baumrinde das Ausgangsmaterial und darum ein reicher Holzbestand vonnöten. Meist im Mai, wenn der Saft in die Bäume steigt, wurde von Eichen, Fichten, Erlen oder Weiden die Rinde abgeschält und auf Gestellen getrocknet. Daraus gewann man die sogenannte Lohe, das pflanzliche Substrat zum Gerben und für die Schwarzfärberei.

In der Lohmühle wurden die getrockneten Rindenstücke in runden Mahltrögen durch Mahlsteine zerrieben oder durch Stempel mit eisernen „Schuhen" klein-gestampft. Die so gewonnene Lohe war eine unentbehrliche Substanz für den Loh- oder Rotgerber. Er schabte die Tierhäute auf dem Schabebaum, bevor er sie zum sogenannten Äschern mit Kalk in eine Äschergrube legte, damit sich die restlichen Tierhaare vom Balg lösten und in einem zweiten Schabegang entfernt werden konnten. Anschließend legte er die Häute für längere Zeit zur Gerbung in eine Lohgrube, bedeckte sie mit Lohe und schichtete sie alle zwei bis vier Monate um. Für einen Zentner Leder wurden vier bis fünf Zentner Lohe benötigt, für starkes Sohlenleder sogar acht Zentner.

---

[83] *Ehemalige Lohmühle Wildeshausen, Landkreis Oldenburg, erstmals erwähnt 1556*

Wegen der Geruchsbelästigung waren die Gerber gezwungen, sich entfernt von Wohnhäusern anzusiedeln. Meist standen ihre Mühlen an Wasserläufen, denn die verwendeten Mineralien, wie Alaun, Arsenik, Kalk oder Salz, und beim Waschen des Leders ausgeschwemmte Haarreste verunreinigten die Gewässer stark. Nicht zuletzt war diese Arbeit mit hohen gesundheitlichen Gefahren verbunden. *„Natürlich wusste Madame Gaillard, dass Grenouille in Grimals Gerberwerkstatt nach menschlichem Ermessen keine Überlebenschance besaß"*, schreibt Patrick Süskind in seinem Roman „Das Parfum".

Wo die Rübenauer Lohmühle stand, ist nicht mehr herauszufinden, ebensowenig ist überliefert, ob sie Hans Oehmichen wirklich half, sein Gut besser über Wasser zu halten. Eine große Rolle hat sie wohl kaum gespielt, aber offenbar gab es eine Lohmühle auch später noch in Rübenau. So nimmt noch 1784 der Rübenauer Gutsbesitzer Carl August von Rex in seinem Antrag auf den Lehnbrief auch Bezug auf die *„concedierte [bewilligte] Brett-, Öl- und Lohmühle"*.[84]

Wie aus dem kurfürstlichen Schreiben hervorgeht, bittet Hans Oehmichen auch darum, einen Salzmarkt abhalten zu dürfen. Er muss sich davon einen zusätzlichen Gewinn erhofft haben. Salz als ein teures und wertvolles Wirtschaftsgut ist damals nicht nur zum Würzen von Speisen, sondern auch zum Haltbarmachen von Lebensmitteln begehrt. Der Salzhandel im Großen, die Salzgerechtigkeit, bildete eines der herrschaftlichen „Regalien". So bezeichnete man die Hoheits- und Sonderrechte eines Herrschers. Das fürstliche Salzrecht wurde im Kleinen als „Salzschank" oder „Salzmarkt" an Lehnsmänner verliehen. Zu den Privilegierten, die Salz in kleinen Mengen verkaufen dürfen, gehört eine Zeitlang auch Hans Oehmichen. Aber mit seinem Salzverkauf hat er Ärger. Offenbar findet er, dass er dafür vom Amt Lauterstein zu stark zur Kasse gebeten werden soll, denn am 4. Oktober 1605 teilt er dem Amtsschösser klipp und klar mit:

*„[...] gebe ich auch zu vornehmen, dass ich nur Ein Stugk*[85] *Salz Zinse, unndt solches mit 26 g [Groschen] bezahle"*. Er habe sich bereits vor einem Jahr beschwert, *„daß wan ich bey eine Stugk Zinß Salz nicht gelassen werden möchte, so dan ihrer Churf. Gn. ich den Salzmargkt unterthänigst wieder abtreden wolde, sindemahlen ich den Margkt so hoch ohne meinen Schaden an diesen wüsten undt entlegenen Orthe nicht genießen könde".*[86]

Wer das teure Salz kaufte, durfte nicht ganz arm sein Deswegen war der Käuferkreis besonders auf dem Land sehr klein, und das sollte auch noch lange so

---

84 SHStA Dresden, 10080 Lehnhof Dresden, 07828 Rübenau, Lehen, Bl. 49-50
85 „Stück" ist damals ein regional schwankendes Maß im Salzhandel. Ein Stück konnten 1 ¼, 1 ½, 2 oder 3 Scheffel Salz sein.
86 SHStA Dresden, 10036 Finanzarchiv, Loc. 37770, Rep. 43, Lauterst., Nr. 0007, Bl. 21-22

bleiben. Bei der Überlegung, wie viel Salz sich in Rübenau und Einsiedel-Sensenhammer absetzen ließ, ist besonders die Einwohnerzahl aufschlussreich.

Bei dem Versuch, sie zu ermitteln, sind heute die Kirchenbücher eine große Hilfe. Aus ihnen geht hervor, dass bis 1607 in Zöblitz für die Orte Rübenau, Einsiedel und Kallich 114 Beurkundungen vorgenommen wurden. Sie betreffen 12 Trauungen, 46 Taufen und 24 Sterbefälle in Rübenau, 6 Trauungen, 16 Taufen und 7 Sterbefälle in Einsiedel und 3 Sterbefälle in Kallich. Daran zeigt sich, daß Rübenau eine stark wachsende Gemeinde war.

### Geboren, um zu sterben

Während sich Hans und seine Frau auf ihrem Gut um eine lohnende Wirtschaft bemühen, damit sie ihre große Schuldenlast abzahlen können, erschüttert im Februar 1605 ein tragisches Ereignis die junge Familie. Was damals geschieht, ist bis heute bekannt, weil der Olbernhauer Pfarrer Melchior Teicher es zum Gedenken im Kirchenbuch festgehalten hat:

*„Den 20: February Anni 1605 Sind H. Johann Ömich Floßmeistern an der Rübenau von seinem weib Rosina von Sulga, Zwey Söhnlein geboren, Und von mir Melchior teicher, weil sie schwach gewesen und man in der eyl den Pfarrern Zum Zöbliz nicht erlang können, Ich eben zur Stelle gewesen, getaufft worden, Eines den erste hatt geheißen Johannes, ander Gottfridt, Testes [Paten]: Melchior Teicher P. [Pfarrer], Samuel Öhmichen, Barbara Öhmich. Und weil diese Kindlein des andern tag nach Gottes willen widerumb seliglich verschieden, sind sie folgenden Sontag Herrn gegen Olbernhain getragen und in ihrer Eltern und Freunde Begrebnis, so sie uffn Kirchhoff, newerbauet, begraben worten, denen Gott gnade: Der Pfarrer uffn Zöbeliz hatt auß vergünstigung des Pfarrers Zum Olbernhau, die Leichenpredigt gethan."*

Außer der Hoffnung auf die Seligkeit ihrer beiden Kinder ist für die Eltern nur eines tröstlich: Hinter der Kirche zu Olbernhau ist gerade die Familiengruft der Oehmichen fertiggestellt geworden. Die beiden kleinen Söhne sind die ersten, die in ihr feierlich beigesetzt werden.

Es bleiben nicht die einzigen Kinder, um die Rosina und Hans weinen müssen. Am 12. Juni 1606 wird Christina, *„ein Töchterlein Johann Ömichens, Floß-meisters, vom Herren in sein Begrebnis geleget"*[87] – wieder in die Gruft. Doch Änderung ist nicht fern. Schon ein Jahr darauf wird Rübenau seine eigene Kirche mit Gottesacker erhalten.

---

87 a. a. O., Bl. 225.

*Historische Aufnahme der ehemaligen Gruft der Familie Oehmichen und der folgenden Besitzer des Gutes Olbernhau. Nach dem 2. Weltkrieg und bei einem späteren Brand kam es zu erheblichen Schäden, die nur zum Teil behoben werden konnten. Foto: Evangelisch-lutherische Kirche Olbernhau*

**Das kleine Dorf und sein Gotteshaus**

Zwischen 1580 und 1590, als Georg Müller in der Einsamkeit „uffm Walde" seine Mühle baut und betreibt, beginnen sich mehr und mehr Menschen für eine Ansiedlung auf den abgeholzten Flächen in dieser schönen Berglandschaft zu interessieren. Es ist jedoch noch nicht abzusehen, dass Rübenau mit Einsiedel das benachbarte Kühnhaide in der Einwohnerzahl einmal weit überholen wird. Zunächst hat Caspar von Berbisdorf mit seinem bereits 1603 zu einem Rittergut erhobenen Lehngut zu Kühnhaide noch eine Vormachtstellung gegenüber Rübenau. Durch Sammlungen und mit Zuschüssen aus seinem eigenen Vermögen erreicht er, dass in beiden Orten eine Kirche, eine Schulhaus und ein Pfarramt gebaut werden. In Rübenau entsteht 1606 eine Kirchgemeinde, und ein Jahr darauf werden beide Kirchen erbaut.

Es ist für die Menschen in Rübenau, Einsiedel-Sensenhammer, Ober- und Niedernatzschung und des jenseits der Natzschung liegenden böhmischen Dorfes Kallich, dessen evangelische Christen damals zu dieser Kirchgemeinde gehören, eine festliche Freude, als sie ab 1607 in ihrer eigenen kleinen Kirche Andacht halten und feiern können – oder auch trauern, wenn einer aus ihrem Kreis von ihnen geht.

Am 23. September 1607 tauft der Pfarrer Theophilus Schumann erstmals ein Kind in der neuen Kirche. Es ist Hans Vogelers Tochter Anna. Schon vier Tage darauf ist es „*des Herrn Floßmeisters Ömichen Töchterlein Veronica, die Paten Frau Sara von Günterrodt, Joachim Herolt von Gürckau, Elisabeth Ömichen von Olbernhau*"[88]. Die genannte Elisabeth sie ist die zweite Frau von Abraham, dem Bruder von Hans.

Im Dezember 1610 erhält das Rübenauer Kirchlein seine feierliche Weihe auf den Namen „Zum Heiligen Geist". Hans Oehmichen mit seiner Familie haben dieses einzigartige Ereignis gewiss miterlebt, ebenso wie die meisten anderen Mitglieder der Kirchgemeinde.

Die Familie von Hans und Rosina Oehmichen wuchs in den folgenden 17 Jahren um sieben Personen. Denn so oft ist die weitere Taufe eines ihrer Kinder im Kirchenbuch verzeichnet. 1609 war es ein Junge, der wie der verstorbene Zwilling Johannes heißt, 1611 Sophia, 1613 Elisabeth, die jedoch mit drei Jahren stirbt, 1615 Salome, 1617 Magnus, über den noch Ungewöhnliches zu berichten ist, 1619 Hans-Christoff, 1622 Margaretha und als Jüngster 1624 Gottfried. Die Namen der Paten sind immer angegeben, und das verrät allerhand über verwandtschaftliche und freundschaftliche Beziehungen wie auch die soziale Stellung der Familie. Paten waren beispielsweise der Amtsschösser zum Lauterstein Valerian Richter, Pfarrer Melchior Teicher aus Olbernhau und die Frau von Michael Rothe, dem Faktor der Saigerhütte. Ja sogar Friederich Lincke, der einflussreiche Oberhüttenverwalter aus Freiberg, an den die Rübenauer später unerfreuliche Erinnerungen haben, kommt als Taufzeuge ins Dorf. Auch Familienmitglieder stehen Pate, so Dorothea, die Ehefrau des jüngeren Bruders von Hans in Marienberg, Margaretha Kronberg, die erste Frau des Onkels Christoff, Lehnrichter zu Olbernhau, und Caspar Oehmichen, Lehnrichter zu Blumenau.

Hans und seine Frau Rosina und ihre älteren Kinder sind beliebt und angesehen in Rübenau, denn zwischen 1608 und 1626 tauchen sie selbst im Kirchenbuch immer wieder als Paten auf. Vor allem Frau Rosina und ihre älteste Tochter, die auch Rosina heißt, werden gern als Taufzeugen gewählt, später auch die Geschwister Veronica, Jonas und Johannes. Als Floßmeister hat Hans Oehmichen einen Schreiber, zuerst Ernestus Sommer, dann Hans Zwintzer. Diese beiden stehen ebenfalls Pate, desgleichen seine Dienerin Christina.

---

88 KB Rübenau 1607 – 1731, S. 35

*Zeichnung aus der Handschrift „Sermones germanici" von Bertholdus Ratisbonensis. Datiert auf 1444. Österreichische Nationalbibliothek Wien (Original farbig).*

Wie die erste Rübenauer Kirche aussah, weiß keine Schrift zu berichten, aber eine alte Buchillustration gibt uns eine anschauliche und belustigende Ahnung, welche Atmosphäre möglicherweise in ihr herrschte. Die Dorfbewohner sitzen zwanglos vor der Kanzel und lauschen auf das, was ihnen mit manchem „Nun merket auf" der Pfarrer zu sagen hat.

Auf dem obigen Bild ist der Franziskaner Berthold von Regensburg dargestellt. Er soll seinerzeit die erste Strophe des Chorals „Nun bitten wir den Heiligen Geist" in seine Predigt einbezogen haben. Alle hören andächtig zu, nur auf einem Mädchenhut treibt ein kleiner schwarzer Teufel sein Unwesen. Was sich davor und danach ereignet, sieht man an der Kirchentür. Über allen schwebt der Heilige Geist in Gestalt der Taube.

Über hundert Jahre tut das erste Rübenauer Kirchlein seinen Dienst, ehe es der größeren sechseckigen Heilig-Geist-Kirche weicht.

## Aber Zwang wider die Ungehorsamen...

Dass sich das Dörflein rasch vergrößert, ist nicht zuletzt dem Bemühen von Hans Oehmichen zu verdanken. Im Jahre 1614 bittet er in einem Gesuch, in Rübenau sechs kleine Häuser errichten zu dürfen. Es ist also anzunehmen, dass Leute zu ihm kamen, die sich gern in Rübenau niederlassen wollten. Die Antwort der kurfürstlichen Behörde zu Dresden vom 30. November 1614 ist zustimmend.

„Als begehren wir vor unns, Ir wollet ihme nunmehr solche gebeude verstatten, uf iedes 12 gl. [Groschen] iherliches erbzinses dan 6 gl. landtsteuer setzenn, du der schoßer solches iedesmahls uf die gewönliche zwo friesten von ihme einbringen, berechnen. Der vorfallende Jagtbau, fron und anderer Dienste wie von dergleichen Heuserlein breuchlichen leisten uf iedes eine Hellebarten zur Mannsfolge halten[89] dan ihme ferner nachlaßen, das er sich der Potmessigkeit [Botmäßigkeit, gemeint ist seine Herrschaft] und Zwangs wieder die ungehorsamen in diesen bewilligten sechs Heuserlein bis uf wiederruffen gebrauchen muge."[90]

---

89 Kenntlich zu machen war, wer im Kriegsfall für eine Aushebung in Frage kam.
90 SHStA Dresden, 10036 Finanzarchiv, Loc. 37770, Rep. 43, Lauterstein, Nr. 0007, Bl. 23 R

Die „*Häusel-Gebäude*", um die der Supplikant Oehmichen gebeten hat, sind mit der Aussicht auf höhere Einnahmen des Amtes verbunden – ein wichtiger Grund für ihre Genehmigung. Auch sonst sind sie für das Kurfürstentum nicht nachteilig. Und schädlich ebenso wenig für das Jagdrevier, in denen das herrschaftliche Hochwild bis zum fürstlichen Abschießen gehegt wird.

Die Genehmigung trifft also in Lauterstein ein – Hans Oehmichen darf die gewünschten Häuserlein auf dem belehnten Raum neben seinem Hof und um die nahe gelegenen Kirche herum erbauen lassen. Vorausgesetzt wird allerdings, dass er jedes Haus aus eigener Kraft mit Hilfe seiner Untertanen und mit den örtlich verfügbaren Baumaterialien errichtet, also vor allem mit Holz, Lehm und Stroh. Trotzdem muss er – wie es in solchen Fällen damals Rechtsvorschrift ist – für jedes der sechs Häuser einen jährlichen Zins aufbringen, denn sie stehen ja auf kurfürstlichem Eigentum an Grund und Boden, der ihm zum „Genieß" („Genuss") als Lehen überlassen worden ist.

Die fertigen Häuser vergibt Hans als Gutsherr an neue Ansiedler, die dazu ein kleines Stück Land bekommen. Sind sie dienstverpflichtet, kann er sie zu Hand- und Spanndiensten auf seinem Hof heranziehen. Was nach Amtsansicht jeder von ihnen zu leisten hatte, geht aus einer Akte von 1629 hervor: 21 Tag Gras, 1 Tag Hafer hauen, 1 Tag Korn binden, 1 Tag Hafer rechen, 1 Tag Flachs brechen.[91]

Bei Bedarf werden die Häusler wie alle Untertanen zusätzlich und ohne Entgelt zu den herrschaftlichen Jagddiensten herangezogen. Solche Verpflichtungen sind angesichts der großen fürstlichen Jagdlust oft äußerst belastend für die Untertanen. Sie haben bei solchen blutigen Vergnügungen ihrer Fürsten oft tagelang mit der Vorbereitung, Durchführung und Nachbereitung zu tun.

Ergebenheit und Gehorsam gelten als selbstverständlich, auch seitens der Häuselbewohner. Hans Oehmichen fungiert dabei als ein Erfüllungsgehilfe. Er möge *„Zwang wieder die ungehorsamen in diesen bewilligten sechs Heuserlein bis uf wiederruffen gebrauchen"*, so steht es unzweideutig in dem Bewilligungsbrief. Am 19. April 1615 bekommt er es mit einem Schreiben aus Dresden an den Schösser noch einmal Schwarz auf Weiß:

*„[...] ob wir uns wohl erinnern, was wir dir underm Dato den 30. November vorschienen 1614 Jares wegen Hansen Oehmichen bewilligten neuen Heuserlein und Zwangs wieder die Ungehorsamen bis uf Wiederruff gebrauchen möge, aufgetragen und befohlen. Dieweil wir ihme aber nunmehr gedachte Potmeßigkeit erlichen bewillig, [...] du wollest ihme daran keinen Einhalt thun, sondern verstatten, dass er sich derselbigen gebührlich gebrauchen muge"*[92]

---

91 SHStA Dresden, 10036 Finanzarchiv, Loc. 37315, Rep. 22, Lauterstein, Nr. 0012, Bl. 7-13
92 SHStA Dresden, 10036 Finanzarchiv, Loc. 37770, Rep. 43, Lauterstein, Nr. 0007, Bl. 25

Das klingt so, als habe er nachgefragt, wie das mit dem Zwang gemeint sei. Vielleicht hat sich Hans Oehmichen tatsächlich vergewissert. Er konnte beruhigt sein: Wie er sich auch verhielt, niemand würde ihm Einhalt gebieten gegenüber seinen Untergebenen.

Allerdings wird er zur Kasse gebeten. Obwohl die Häuser nur dank seiner Anstrengungen und der seiner Leute entstanden sind, muss er für jedes von ihnen jährlich 12 Groschen Erbzins und 6 Groschen Landsteuer aufbringen, insgesamt also 108 Groschen.[93] Das ist zwar nur eine kleine zusätzliche Einnahme für das Kurfürstentum, jedoch für den, der jeden Pfennig umdrehen muss, keine unbeträchtliche Summe, denn was die Untertanen generell bekommen, ist ein Hungerlohn: Ein Tagelöhner erhält damals für einen ganzen Tag Arbeit in der Regel 63 Pfennige und eine Frau nur 36 bis 50 Pfennige.

Wie Hans Oehmichen seine Leute entlohnt, ist nirgends festgehalten. Aber eine Ahnung davon, wie verständnisvoll er offenbar als Gutsherr mit seinen Untergebenen umging, bekommt man durch eine zwanzig Jahre jüngere Archivalie aus der schlimmsten Zeit des Dreißigjährigen Krieges, in der das Rübenauer Gut fast vollkommen zerstört wird. In einem Schreiben aus jener Zeit heißt es:

*„Mit dem abgebrannten Brauhaus [...] war [es] so beschaffen, dass bei starkem Floßbetrieb wöchentlich etwas Bier abging, vor allem sonnabends, wenn die vorigen Besitzer, Hans Oehmichen wie auch sein Vater zuvor, Lohntage gehalten und die Arbeiter ausgezahlt und keiner ungetrunken von dannen ging."*[94]

## Der Schuldenberg

Viele Sommer und Winter kommen und gehen. 1629 bewirtschaftet Hans Oehmichen sein Gut schon über dreißig Jahre. Im Dörflein Rübenau hat sich inzwischen allerhand Neues getan, es ist weit größer und belebter geworden. Er selbst ist nun schon 63 Jahre alt, seine Frau 48 Jahre. Zu Reichtum haben sie es nur gebracht, was ihre Kinder angeht – sechzehn sind es. Viel Arbeit und Sorgen Tag für Tag auf dem Hof, mit Krankheiten des Viehs, Missernten und die nicht geringe Mühe, ihre Kinder großzuziehen. Hans und seine Frau sind gewiss abgekämpft nach so langer Zeit.

Jährlich hat er für sein Gut 36 Gulden und 12 Groschen ins Amt Lauterstein an Zinsen und Steuern zu entrichten, hinzu kommt die Summe für die neuen Häuser. Aber diese Summen schafft er trotz aller Mühe nicht. Gründe dafür gibt es mehrere: Jedes Jahr muss er von der Kaufsumme des Gutes 200 Gulden an seine Mutter und die Geschwister abzahlen. Das ist eine enorme Belastung für ihn. Aber

---

93 Währungen siehe Glossar
94 SHStA Dresden, 10036 Finanzarchiv, Loc. 34002, Rep. 29, Nr. 0004, Bl. 54ff., Schösser Christian Person, 21.8.1635

auch infolge ungünstiger Witterung kann er oft nicht so wirtschaften, wie es nötig wäre. Nicht zu vergessen die vielen Mäuler auf seinem Hof, die jeden Tag etwas zu essen brauchen! Jahrelang kann er nicht ausreichend Geld beiseite legen.

In Rübenau sind Bergbauversuche im Gange. An ihnen beteiligt er sich finanziell mit der Hoffnung auf Glück bei den Schürfungen nach Erz. Aber die führen kaum jemals zu einem Gewinn. Und so wird sein Schuldenberg beim kurfürstlichen Amt wird nicht kleiner, ganz im Gegenteil.

Vermutlich Anfang des Jahres 1629 bekommt Hans Oehmichen den Bescheid, dass er umgehend seine Schulden bezahlen muss, wenn er sein Gut nicht verlieren will. Er hängt sehr daran. Hier ist geboren und seine Kinder ebenso, er will es auf keinen Fall aufgeben. Darum setzt er sich im Winter 1629 hin und überlegt sich schweren Herzens, doch mit der Hoffnung auf die Gnade der Obrigkeit, welche Wege es möglich machen könnten, dass ihm und den Seinen das Gut erhalten bleibt.

Am 14. Februar bringt er drei Vorschläge zu Papier:

1.

Zeitweise Stundung der Zinsen und darauf sein Gut als Pfand:
*„weil ohne das zur Vortreibung des Bergkwergk ezliche Gelder [...] genommen, wollte ich [...] solches Rest [gemeint sind die Schulden beim Amt] von vorgangenen Michaeliß an so lang vorzinsen".*

2.

Bezahlung der 2300 Gulden mit Hilfe guter Freunde
*„Wo ferner aber E. Churf. Durchl. mit der vorgeschlagenen Vorzinßung unterthenigsten erbetten noch nicht zurfrieden, So bin ich doch mit gutter Leute Hulffe [...]erböthig, [...] mitt Abschreibung 2300 Gulden in dero Cammer uf eine mahl gehorsamptes zubezahlen, und dieselbigen Leutte derowegen uf mein Gütterlein zuvorsichern"*

3.

Mein Gut Rübenau zum Verkauf,
bietet er zuletzt schweren Herzens an, *„wes fall aber Euer Churf. Durchl. dieße beyde [oben genannten] Mittel nicht annehmlichen".* Er ist dabei *„unterthenigster Hoffnung, das es in Vorkauffung nicht allein 2300 Gulden, sondern ein mehres (weil es ohne alle Dienste und Beschwerung ohne die Erbzins freie)"*[95] für würdig befunden werde.

Er irrt sich bedauerlicherweise auch in diesem Punkt gewaltig.

---

95 SHStA Dresden, 10036 Finanzarchiv, Loc. 37315, Rep. 22, Lauterstein, Nr. 0012, Bl. 1-2

## Amtliche Expedition nach Rübenau

Was seine ersten beiden Vorschläge angeht, hat er umsonst gehofft. Sein Bemühen bleibt ohne die gewünschte Wirkung. In Dresden zeigt man sich unerbittlich. Nur der Verkauf des Gutes kommt in Frage. Kurfürst Johann Georg I. befiehlt, das Gut taxieren zu lassen. Dazu sollen sich Beamte des Amtes Lauterstein nach Rübenau begeben, das Anwesen in Augenschein nehmen, seinen Wert gemäß „*dieser Zeit und Orthes [...] billigmäßig*" schätzen und den Kauf vorbereiten.

Als der Winter vorbei ist, machen sich am 9. April 1629 der Berg- und Amtshauptmann Georg Friedrich von Schönberg und der Schösser Damian Müller von Berneck auf den Weg in das Dorf an der Grenze. Die befohlene „*Expedition*" ist wegen des „*sehr großen Schnees, dessen wir noch eines guten Theilß aldo befunden*"[96] mehrmals verschoben worden. Zur Unterstützung haben sie einigen Landrichtern – „*mehrentheils Bauersleuthen*" – befohlen, mit auf dem Gut zu erscheinen, weil sie ja weit mehr Ahnung von Landwirtschaft haben wie sie selbst.

An Ort und Stelle wird in Geldbeträgen eingeschätzt, was die vorgefundenen ärmlichen Gebäude, das Inventar sowie das Acker- und Wiesenland wert sind und wie viel Gewinn das Gut jährlich abwerfen könnte – theoretisch, ohne Kenntnis künftiger Wetterkapriolen und nahender Kriegsschrecken. Hans Oehmichen wird gefragt, wie er das Gut „*an sich gebracht*". Er sagt den Beamten, „*wie er es den 16. May Anno 1603 für 3844 Taler [...] von seiner Mutter und Geschwistern erkauffet und wie er solches seidhero dessen in viell Wege gebessert haben will*". „*Haben will*" – so sieht man das amtlicherseits! Das kränkt und ärgert ihn. Er versucht sie zu überzeugen, dass er vieles verbessert hat, aber kommt gegen ihre Einwände nicht an.

Was mag es für eine Tortur für ihn und seine Familie gewesen sein, zu ertragen, wie in alles und jedes hineingeschnüffelt wird, wie jeder Gegenstand in die Hand genommen und abschätzig beurteilt wird. Wie oft mögen er, seine Frau und die größeren Kinder gegen eine Bewertung protestiert oder in Tränen ausgebrochen sein. Ihre ganze Existenz steht auf dem Spiel, all ihre Arbeit über viele Jahre ist in Frage gestellt. Wie und wo ihr Leben weitergehen wird, ist für sie nicht vorstellbar.

Die Lautersteiner Beamten sind das ständige Gejammer der Untertanen gewohnt, aber sogar ihre Herzen werden weich. Aber erlaubt ihr „Amtsgewissen" ihnen irgendeine Rücksicht? Ihr Bericht zeigt, dass das nicht der Fall ist.

---

96 a. a. O., Bl. 3-4

So schreiben sie unter anderem, er habe
„[...] *darnebenst ganz bewegsamb und flehentlichen nebenst seinem weibe gesuchet und gebethen*", ihm „*umb seiner 46 jährigen Dienstleistung als seiner gar viel unerzogenen [unselbständigen] kleinen Kinderlein willen*" seine Stellung bis an sein Ende gnädigst zu erhalten.

Hans Oehmichen hat in Erfahrung gebracht, dass ihn der Kurfürst seiner Schulden halber „*gehörichte [in] Ungnade fallen lassen*" will. Er bringt dagegen vor, dass diese Rückstände größtenteils noch von seinem Vater herrühren. Er sei ihm unmöglich gewesen, sie alle abzutragen. Seinen Dienst verspricht er „*mit treuer, unterthenihgster, vleisiger sorge*" gehorsam zu verrichten und sich nichts zuschulden kommen zu lassen.

## Die Taxierung

Die Beamten geben zu, dass das Flehen und Bitten der Familie sie berührt hat. „*[...][...] So wir also, [...] auf sein und der Seinen inständiges, flehentliches Anhalten, mit zuberühren nicht umbgehen können.*"[97]

Aber ihr Mitgefühl hält sie nicht davon ab, ihren „Befund" ohne Nachsicht zu Papier zu bringen. Den Gesamtwert des Gutes veranschlagen sie „*nach Abzugk davor darauff hafftenden Beschwerungen inclusive des Wohnhaußes und anderer Gebäude*" samt dem Inventar auf eine Kaufsumme von 3207 Gulden und 15 Groschen. Weil aber Landgüter in „*iziger Zeit nicht in solch hohen Werth als vor ezlichen Iahren [...] vorkaufft und erkaufft*" werden können, legen sie nur einen gerichtlichen Taxwert von 3000 Gulden zugrunde, „*sintemal [...] dieses Guth an einem sehr winterreichen Ort lieget und dahero das Getreidigt vorm Jahr alles zurückgeblieben*".

---

97 Dieses und nachfolgende Zitate ebenda

Noch an diesem 9. April 1629 formulieren die Beamten den *„Anschlag auf das Guth Rübenau".* Sie vermerken zwar anerkennend, dass sich der Oehmichen zusätzlich um eine Mühle und ein Brauhaus gekümmert hat, weil die Landwirtschaft da oben schwierig ist, aber das ändert nichts an ihrer Einschätzung. Im Gegenteil, das Gut stufen sie so niedrig wie möglich ein. In ihrer Bestandsaufnahme geben sie das unverblümt zu: *"Und obwohl das Inventarium weit ein Mehreres als 487 Gulden 13 Groschen würdig, so hat mans doch dabei bewenden lassen und aufs Wenigste gesetzet."*[98] So nimmt das Unheil seinen Lauf.

Nicht nur für die Rübenauer von heute dürfte es aufschlussreich sein, was alles zu dem Gut gehörte. Zugleich erhält man eine Vorstellung vom damaligen Alltagsleben. An Gebäuden gab es ein Wohnhaus, mehrere Ställe, eine Mahlmühle mit einem überschlächtigen Gang, ein Brauhaus, ein Backhaus, eine Schmiede, eine Ölmühle, *„welche auch baufällig"*, eine Scheune und einen Schuppen, ferner eine Badstube, ein Wasserhaus, ein Häuschen zum Flachsdörren und einen Keller mit Bierfässern. An Vieh besitzt Hans Oehmichen 12 Kühe, 2 Zugochsen, 4 heurige Kälber („2 Öchslein und 2 Kuhkälblein") und einen zweijährigen Farrochsen (junger Stier), aber kein Pferd. Das konnte er sich nicht leisten.

Danach sind verschiedene Äcker aufgeführt, die *„itzo zu Gras liegen, darauf 137 Streich Haber zu säen".* Streich oder Strich war ein Getreidemaß. Hinzu kam Wiese, worauf *„ein 34 Fuder guts Heu erbauet werden kann. [...] Item vier Acker so heuer mit 94 Strich bessert werden könnten, solche als Getreide und Futterung"* nutzbar ist. Die *„Wintersaat ist auf 3 Strich befunden",* und dann noch Wiesen *„auf 9 Fuder Heu und weniger Grummet, ist ziemlich saurer Boden".* Hinzu kommen *„1 Stück ungestaut Feld oben am Haus, darauf, so es zugerichtet, ein 4 Strich Korn zu säen, wird aber itzo zur Huthweide für die Jungochsen gebraucht."*

Überhaupt scheint es sehr viel Weideland gegeben zu haben, vermutlich Wald oder waldähnliche Flächen, denn zu lesen ist: *„Die Hutweide ist verrainet Land, hat den halben Teil dieses Guts Rübenau in ihrem Refier."* Genannt werden auch fünf Teiche und *„ein Grasgarten am Hause und Stücke dabei, wird zur Gräserei des Viehs gebraucht".*

Danach folgt, *„was zum Inventario Hans Oehmichen an allerhand Hausgerätliches [...] bei solches Gut lassen will."* Das sind vor allem 1 Wagen mit Zubehör, 3 Pflüge, 2 Ochsengeschirre, 2 Ortscheite, 1 Himmelbett, 1 Brotschrank, 1 eichener Tisch mit einem Salzkasten darin und weitere Tische, Holzbänke, 1 Wännlein, 2 Zuber, Backtröge, Futterkästen, 1 kupferne Braupfanne, 4 kupferne Ofentöpfe, 6 irdene Wasserkannen, 3 Braubottiche, 9 Kühlfässer und 13 Bierfässer.

---

98 SHStA Dresden, 10036 Finanzarchiv, Loc. 37315, Rep. 22, Lauterstein, Nr. 0012, Bl. 7 – 13

Am Ende folgt der „*Anschlag jährlicher Nutzung des Gutes Rübenau*" in nackten Zahlen. Pro Jahr halten die Beamten auf dem Gut Rübenau folgende Einnahmen für möglich:

>48 Gulden durch Bierbrauen,
>24 Gulden vom Vieh (Milch, Butter, Quark, Eier u. a.),
>25 Gulden Mühlnutzung,
>4 Gulden aus der Ölmühle,
>50 Gulden für Getreideland u. a. Felderträge,
>3 Gulden Fischnutzung,
>3 Gulden vom Salzmarkt,
>26 Gulden für Viehverkauf u. a. Posten
>summa 216 Gulden 11 Groschen 6 Pfennige.

Hiervon sind die jährlichen Abgaben abzuziehen:
>36 Gulden 12 Groschen für Zinsen und Landsteuer,
>33 Gulden 3 Groschen für Gesindesteuer,
>über 81 Gulden Schulden von und andere finanzielle Verpflichtungen.

„*Bleibt übrig 134 Gulden 17 Groschen 6 Pfennige. [...]*" [99]

Nur 134 Gulden auf der Habenseite, das ist alles, was nach amtlicher Rechnung für Hans Oehmichen und seine Familie jährlich zum Leben bleibt! Wen wundert es da, dass sie aus der Not nicht herauskamen, die alten Schulden nicht vollständig abzahlen konnten, ja sogar neue machen mussten.

**Ein beklemmender Kaufhandel**

Zwanzig Tage später ist wieder Ortstermin in Rübenau. Der Frühling hat sich inzwischen eingestellt, aber die Sonnenstrahlen sind kein Trost für Hans Oehmichen, seine Frau und ihre große Kinderschar. Sie werden an dem Tag ihr Hab und Gut verlieren. Denn nicht genug des bisherigen bitteren Spiels, wird nun der Aufkauf ihre Gutes tatsächlich vollzogen. Ein Kaufbrief wurde ausgestellt. Damit alles seine Richtigkeit hat, wird in ihm der kurfürstliche Ankauf des Gutes noch einmal lapidar in einem trockenen Amtsstil zusammengefasst:

„*Dieweil der Floßmeister Hannß Oehmichen zu Rübenau bei der Abrechnung der Churfürstl. Renth-Cammer 2300 Gulden in Rest verblieben, so hat derselbe zur Tilgung dieser Einforderung besagtes sein Guth Rübenau benebst dem Inventario Fol. 4 Churfürst Johann Georg dem I. vor 3000 Gulden Kauff-Summe ao. 1629 erblich überlassen.*" [100]

---

[99] ebenda
[100] SHStA Dresden, 10036 Finanzarchiv Loc. 37315, Rep. 22, Lauterstein, Nr. 0008, Bl. 1-3

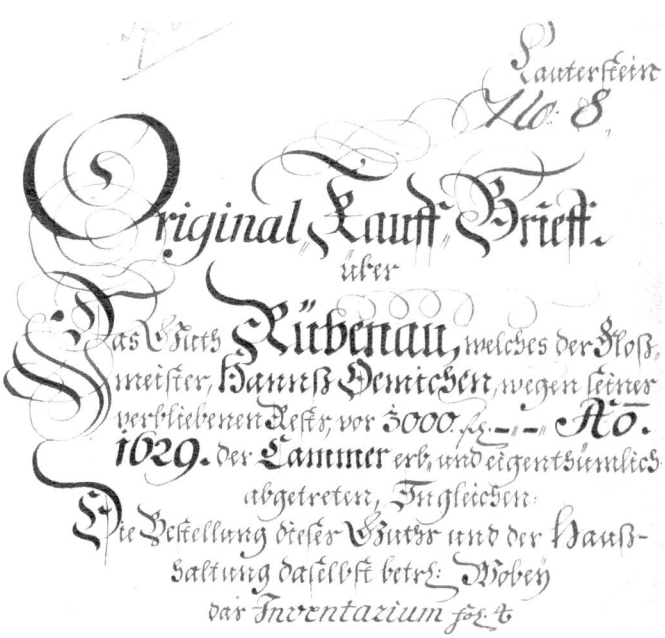

*„Original-Kauff-Brieff über Das Guth Rübenau, welches der Floßmeister Hannß Oemichen, wegen seiner verbliebenen Reste vor 3000 fl. [Gulden] - - Ao. 1629. der Cammer abgetreten [...]"*

Der Kontrakt wird abgeschlossen, und damit wird aus dem Lehngut Rübenau ein kurfürstliches Kammergut. Sogleich beraten die Beamten, was auf dem Kammergut passieren soll. Sie denken auch hierbei rein ökonomisch. Was zahlt sich aus für die kurfürstliche Rentkammer (das damalige ‚Finanzministerium'), und was lässt man lieber bleiben?

Der Schösser ist der Ansicht, man müsse, *„das Gut wieder mit Pferden gnädigst versehen lassen"*[101]. Auch sei die Stelle eines Großknechts und einer Magd zu besetzen. Weil Instandsetzung und Neuanschaffungen aber ziemlich aufwändig sind und die Einnahmen die Ausgaben schwerlich wettmachen, will man sich darin sehr beschränken und favorisiert eine Verpachtung …

Für Hans Oehmichen, den erfahrenen Landwirt und Floßmeister, ist es ein bitteres Ende. 3000 Gulden Kaufsumme minus 2300 Gulden „Rest" – nämlich die Zinsschulden beim Amt Lauterstein – macht 700 Gulden. Noch etwas anderes schlägt für ihn negativ zu Buche: Die Kirche hat einen verzinsbaren Kapitalanteil von 410 Gulden am Rübenauer Gut. Diese Summe muss auch vom Kaufpreis abgezogen werden.

---

[101] a. a. O., Bl. 5 und 12

Und so bleibt ihm als Resultat jahrzehntelanger harter Arbeit eine klägliche dreistellige Summe:

     3000 Gulden
    − 2300 Gulden
    −  400 Gulden
    =  290 Gulden

Nur diese 290 Gulden werden Hans Oehmichen und seiner Familie zugestanden. So geschehen zu Rübenau, Mittwoch nach Jubilate, den 29. Aprilis anno 1629. Aber nicht einmal über diese jämmerlichen 290 Gulden kann die Familie verfügen, wie sie will. Der Kurfürst weist an, dass davon 100 Gulden zu Michaelis 1629, 100 Gulden zu Weihnachten und 90 Gulden zu Ostern 1630 ausgezahlt werden sollen.

In ihrer Situation ist es nur ein schwacher Trost, dass sich – abgesehen von der Kriegssteuer, von Mobilmachungen und Truppendurchzügen – der Dreißigjährige Krieg bis 1629 noch nicht mit Überfällen, Tod und Zerstörung ausgewirkt hat.

### Die letzten Lebenszeichen

Dass die Oehmichens nach dem Verlust des Gutes noch einige Zeit in Rübenau blieben und vielleicht eines der Häuschen neben dem Gut bezogen, ist kaum anzunehmen. Sicherlich empfanden sie ihre persönliche Schmach als groß, und der Aufenthalt war ihnen nun dort verleidet. Im Rübenauer Kirchenbuch werden sie nicht mehr erwähnt.

Rosina, die damals 32-jährige Tochter, hat vermutlich schon nach auswärts geheiratet, denn sie taucht zuvor und danach weder im Kirchenbuch von Rübenau noch von Olbernhau auf. Sophia, die bei der Pfändung des Gutes 18 Jahre alt ist, geht mit einem Georg Mayer aus Schwaben die Ehe ein. Von mehreren anderen Kindern fehlt jede weitere Kunde. Der Sohn Magnus wird bei Kurfürst Johann Georg I. in Dresden geheimer Kammerdiener. Möglicherweise war er ein anstelliger, hübscher Bengel und fiel dem hohen Herrn bei einem von dessen geliebten Jagdvergnügen im Gebirge auf, bei denen er gern in Olbernhau Quartier bezog.

Viele Jahre später, am 30. Oktober 1654, schreibt Magnus in einem Bittbrief an den Kurfürsten einen Satz, mit dem er auf die Heimatverbundenheit seiner Familie hinweist. Das Gütlein Rübenau sei *„über etliche 60 Jahr [das von] meinen seel. lieben Vatter und Groß Eltern gewesen, und ich benebenst meinen anderen Geschwistern an 16 Personnen alda gebohren und gezogen [...]"*.[102]

Dass er damit übertreibt oder sich nicht mehr richtig erinnert, werden wir noch erfahren.

---

[102] SHStA Dresden, 10024 Geheimer Rat, Loc. 09904/21, Bl. 4 - 5

Jonas, Hans und Rosinas ältester Sohn, so benannt nach seinem Großvater, ist seit 1629 am übelsten dran. Für ihn hat sich die Situation seit der Zeit, als er ein Kind und junger Heißsporn war, dramatisch verschlechtert. Als Erstgeborener und künftiger Nachfolger hat er viele Jahre seinem Vater auf dem Gut beigestanden. Seit 1629 ist es für ihn aussichtslos, dort einmal der Herr zu werden, und er muss anderswo sein Auskommen suchen. Eine spätere Nachricht deutet darauf hin, dass er sich, so verbittert wie er sicherlich war, schwer tat, einen gangbaren Weg für sich zu finden. Ein schlimmes Schicksal wartet auf ihn.

Vermutlich am 24. August 1632, dem Bartholomäustag, wird das Dorf und das Gut Rübenau bei einem Überfall der Holckschen Söldnerhaufen geplündert und verwüstet. (Davon wird im folgenden Kapitel die Rede sein.) Rund sieben Jahre darauf, am 7. Mai 1639, eines der schrecklichsten Jahre des Dreißigjährigen Krieges für das Erzgebirge, überfallen schwedische Reiter Olbernhau und bringen dort Tod und Zerstörung.

Auch Jonas Oehmichen verliert im September 1639 mit 39 Jahren sein Leben. Unter welchen Umständen das geschieht, ist nicht überliefert. Der Kirchenbucheintrag des Pfarrers von Olbernhau lässt jedoch ein tragisches Ende des einst so hoffnungsvollen und beliebten jungen Mannes befürchten:

*„Jonas Öhmichen, Hanß Öhmichens Sohn, degener [entartet], impig [unablässig] profang [ungeweiht], blasphemy [offenbar hat er nicht mehr auf den christlichen Glauben vertraut], beim Christoph Horn sich mehrist enthalten [aufhaltend]; der in IX. und mehr iharen weder Kirch noch Sacrament sich gebraucht, stirbt in Buchwaldt [Böhmisch Grünthal]*[103] *gehling [...] auf die Brandau"*[104]

Sein Leben endet demnach plötzlich und unter schlimmen Umständen auf dem böhmischen Gut Buchwald bei Brandau. Dort ist er höchstwahrscheinlich bei dem Verwalter Christoph Horn angestellt gewesen.

Für Rosina Oehmichen muss der Tod ihres Sohnes Jonas furchtbar gewesen sein. Wohl nicht zufällig stirbt sie nur wenige Tage nach ihm. Wie es auch gewesen sein mag, Einzelheiten lassen sich leider nicht mehr nachvollziehen. Gleich unterhalb vom Todeseintrag ihres Sohnes Jonas hält der Pfarrer am 4. Oktober 1639 im Olbernhauer Kirchenbuch fest:

---

103 Böhmisch Grünthal: Dort bestand ein Gut, das im 16. Jh. dem Georg Popel von Lobkowitz gehörte, der am Hof Kaiser Rudolph II. in Ungnade fiel und 1607 enthauptet wurde. Das Gut überließ Kaiser Rudolph gegen einen jährlichen Zins dem Moritz Horn, Amtsverwalter zu Komotau, zur Belohnung für seine Dienste. Zum Gut gehörten 11 Häuser (mit Häuslern), Felder u. Wiesen an der Brandau, Flöha und Natzschung sowie das Recht zum Schenken, Malzen und Schlachten. Christoph Horn dürfte ein Nachkomme dieses Moritz Horn gewesen sein. Quelle: Bohuslav Balbín: Balbín's Liber curialis C. VI. ... Bd. 2. Prag 1812, S. 124f.
104 KB Olbernhau, Begräbnisbuch, Jahr 1639, S. 614

*"Rosina, H. Johann Ömichens, alten Floßmeisters in Ulbernhain eheweib von 56. iahren, stirbet 4. abends, den 10. octob. ein weib die 16. Kinder gehabt: wird auf. Kirchhoff gelegt: Montags eine leich Predigt gehalten; in ihrem eigenen Erbbegräb."*[105]

Obgleich er viel älter ist als sie, überlebt sie ihr Mann Hans um rund zwölf Jahre. Er kann sogar den Aufstieg von Gottfried, seinem Jüngsten, noch erleben. Als Handelsmann und späterer Ratsherr zu Freiberg heiratet dieser mit 24 Jahren Barbara Lange, eine Tochter von Paul Lange, des gewesenen *„furnehmen Burgers und Handelsman in Freyberg"*[106]. Zur Hochzeit ist sein Vater wohl kaum gekommen, denn er ist nun schon über 80 Jahre alt.

Worüber sich Hans Oehmichen aber nicht mehr freuen kann, ist das unglaubliche Glück seines Sohnes Magnus, der 1655 nicht nur ihr einstiges Gut in Rübenau, sondern auch das in Olbernhau von seinem langjährigen kurfürstlichen Herrn Johann Georg I. als großzügige Schenkung erhält. Sein Vater, verstorben mit 84 Jahren am 13. Januar 1651, ruht zu der Zeit schon seit vier Jahren in der Olbernhauer Gruft.

Auf der Trauerfeier des arbeitsamen und kinderreichen einstigen Gutshern von Rübenau sangen sie wohl auch den alten Choral, dessen erste Strophe aus dem Wittenberger Gesangbuch von 1525 er sicherlich oft selbst im Rübenauer Kirchlein angestimmt hat:

*Nun bitten wyr den heyligen geyst*
*umb den rechten glauben aller meyst,*
*das er uns behute an unserm ende,*
*wenn wyr heym farn aus diesem elende.*
　　　　　*Kyrioleys*

---

105 a. a. O., S. 615
106 KB Olbernhau, Traubuch 1633 – 1673, Seite 467

# Ein missliebiges Besitztum
## Kammergut Rübenau 1629 – 1655

*Die folgende Geschichte ist ein Beispiel dafür, wie ein Landgut zwischen den Mühlsteinen von Vernachlässigung und Kriegsgewalt gnadenlos zerrieben wird. Die Opfer sind Geschundene und Rechtlose, die am wenigsten Schuld an dem damaligen grenzenlosen Elend tragen.*

### Bedenken in der Rentkammer

Als am 29. April 1629 der Floßmeister Hans Oehmichen wegen seiner Schulden beim Amt Lauterstein sein Gut an die kurfürstliche Rentkammer abtreten muss, wird, wie schon erwähnt, aus seinem Rübenauer Lehngut ein Kammergut, also eines, über das der Landesherr unmittelbar verfügen kann. Die Erträge aus solchen Gütern dienen in erster Linie dem Bestreiten von Ausgaben für die fürstliche Hofhaltung und besondere Staatsbedürfnisse. Die Verwaltung obliegt der landesherrlichen Kammer zu Dresden. Im Rübenauer Fall betrachten die Herren Finanzbeamten den Zuwachs an Eigentum jedoch mit gemischten Gefühlen. Denn für längere Zeit würde *„der Aufwand schwerlich wieder aus demselben zu nehmen seyn"*. Deshalb will *„man lieber diesfalls auf eine Verpachtung refoziren"*[107]. Weil die Frühjahrsbestellung vor der Tür steht, gilt es dabei keine Zeit zu verlieren.

Schon am 1. Mai 1629 ergeht an das Amt Lauterstein die Anweisung, für ein Jahr einen Vogt anzustellen. Es ist auch schnell einer bei der Hand. 20 Tage später wird angewiesen, dass ein Mann namens Christoph Goldmann anstelle eines Großknechts als Vogt beschäftigt werden soll. Auf dem Gut gab es bisher fast kein Gesinde und auch keine Pferde. Um Geld zu sparen, hat Hans Oehmichen offenbar fast alle Arbeit mit seiner Familie, Dienstbefohlenen und seinen beiden Zugochsen erledigt. Aus Kostengründen wird Goldmanns Frau als Magd eingesetzt. Der jährliche Lohn soll 30 Gulden betragen. Für weniger sind sie nicht dazu bereit, … *„do sie nicht uf ein wenigens zu behandeln"*[108], so wird bedauernd angemerkt.

Nach kurzer Zeit hat das Amt immerhin schon 112 ½ Gulden für ein Pferd, einen Leiterwagen, Zuggeschirr und Getreide aufgewendet. Sie haben noch vor, *„zwo Mägde und einen Jungen selbsten mit Lager und Lohn zu versehen"*[109]. Der Vogt hält auch einen weiteren Knecht für nötig. Ferner begehrt er *„2 Tonnen Kraut"* und *„auch etwas von Rüben"* fürs Gesinde zur Brötung und Kost. Für das Pferd und Rinder muss auch noch Futter besorgt werden. Für die Mahlmühle sind

---

107 SHStA Dresden, 10036 Finanzarchiv, Loc. 37315, Rep. 22, Lauterstein, Nr. 0008, Bl. 1-3
108 SHStA Dresden, 10036 Finanzarchiv, Loc. 37315, Rep. 22, Lauterstein, Nr. 0012, Bl. 16
109 a. a.O., Bl. 21 - 23

neue Mahlsteine fällig. Kosten ohne Ende, vermerkt man missmutig im Amt Lauterstein. Mit diesen Ausgaben hat es noch nicht einmal sein Bewenden, denn es fallen auch die Landsteuer und die Kirchensteuer an. Außerdem gibt der Schösser zu bedenken:

„*Das gesamte Gebäude an Wohnhäuser, Brauhaus, Scheunen und Ställe, auch der Mühlen, ist sehr vorwüstet und muss künftig in notwendige Besserung gebracht werden*"[110].

Kurz und gut, das Amt stöhnt heftig über diesen finanziellen Aderlass. Darum wird nach einem Pächter oder Käufer gesucht. Kurfürst Johann Georg I. weist an, das Gut möge „*auf 5 oder 6 Jahr einer genugsam beseßenen Person [...] verpachtet werden*", die auch für jeden „*Casus fortuitor*" gerade steht. Damit gemeint sind unvorhergesehene Ereignisse wie Brände und andere Vorkommnisse. Diese Person soll zur Übernahme aller Arbeit auf dem Gut bereit sein, ja sogar den bisherigen Aufwand tragen! Also „*gegen Abstattungk derer darauf gewendeten Unkosten*" [111], so verlangt der Kurfürst.

*Eine Vorstellung von den Viehställen dieser Zeit gibt diese 1653 erbaute Stallung im ehemaligen Zisterzienserinnenkloster Anrode im Unstrut-Hainich-Kreis*[112]

---

110 ebenda
111 SHStA Dresden, 10036 Finanzarchiv, Loc. 34002, Rep. 29, Lauterstein, Nr. 0004, Bl. 1
112 Quelle: kloster-anrode.de – Zugriff 02.03.2016

**Eine fragwürdige Pachtübernahme**

Im Oktober 1629 trifft ein Brief aus Lengefeld im Amt ein. Der Schreiber ist ein gewisser Wolff Heinrich von Guntterrode, ehemals Pächter des Vorwerks Geringswalde. *"Weil ich dan in Erfahrung kommen, das höchstgedachter Ihrer Churf. Durchl. gnedigst entschlossen das Gütlein Rübenau, [...] zu verpachten, [bitte ich], sich beim Churf: freundlichst zu verwenden, damit ich dasselbe Gütlein, vor einen anderen, umb billiger Pacht erlangen möge".* Und weiter: *"Weil ich solches Gütlein, mit 2000 Taler bares Geldes, so in Churf. sächß. Cammer vorhanden, bevorstanden will."*[113]

2000 Taler will er haben? O nein, bei solch üppigen Forderungen kann nichts daraus werden. Die Suche geht weiter und ist erfolgreich. Kaum zu glauben, der hochgeschätzte Oberhüttenverwalter Friedrich Lincke (1588 – 1654) bewirbt sich um die Pacht für das Kammergut oben im Gebirge. Der in Marienberg geborene Lincke ist einer der fähigsten Männer in der kurfürstlich-sächsischen Montanindustrie und hat an deren Aufschwung großen Anteil. Er war es, der das neue, für die Freiberger Schmelzhütten und die Stadt nutzbare Flößgrabenwerk wie auch eine Schwefel- und Vitriolhütte in der Bergstadt Geyer gegründet hat. Und nun seine Bewerbung um das kleine Gut! Was auch der Grund dafür sein mag, im Dezember 1629 bekommt er jedenfalls die gewünschte Pachtverschreibung.

Johann Georg I. bekundet, dass *"Wir Unserem Oberhütten-Verwalter zu Freiberg, Friedrich Lincken, auff sein Unterthenigstes Ansuchen und Bitten, das Guth Rübenau [...] neben allen und jeden dessen zugehörigen Pertinentien [Zubehör] ann Gebäuden, Hauß: und Vorrath, auch Gärten, Feldern, Wiesen-wachs, Pferden, Kiehe, Geschirr und andern, was vermöge des Inventary darin vorhanden [...] auf Drey Jahr lang, [...] pachtweise eingetan und vorschrieben".* Er soll es in dieser Zeit *"in gute Beßerung bringen"* und die Gebäude *"in Dach und Fach"* halten.[114]

Warum interessiert sich solch ein vielbeschäftigter Mann für das abgelegene Gütlein? Des Rätsels Lösung ist bald enthüllt. Am 16. Februar 1630 schreibt der Kurfürst an sein Amt Lauterstein, er habe mit Befremden vernommen, dass sich der Oberhüttenverwalter Lincke vorwiegend *"seines daran liegenden Hammerguts halben"*[115] für die Pacht des Gutes Rübenau entschlossen habe. In Einsiedel, später ein Ortsteil von Rübenau, der wie bereits erwähnt, schon 1497 als *"Einsidell auff Gorcker Straße"* erstmals urkundlich genannt wird, besteht seit 1556 ein Gut mit einem Sensenhammer und inzwischen an die zehn Häuser. In den ersten 150 Jahren sind vor allem Sensen geschmiedet worden, später sind es vorwiegend andere Gegenstände aus Eisen, besonders Nägel.

---

113 a. a. O., Bl. 2 - 3
114 a. a. O, Bl. 11 - 12
115 a. a. O, Bl. 19

# Der Sensenschmidt.

*Der Sensenschmidt (Sensenschmied). Kupferstich von Jost Amman. Aus: Hans Sachs und Jost Amman: Eygentliche Beschreibung aller Stände auff Erden. Frankfurt am M. 1568*

Johann Georg I. erteilt dem Friedrich Lincke eine „*Vorwarnung*" [116]. Ein Grund, warum sich die Übernahme durch Lincke verzögert, besteht darin, dass der angesehene Hüttenmann das Gut zu Rübenau „*armselig*"[117] findet und den Kurfürsten bittet, ihm für das erste halbe Jahr das Pachtgeld zu erlassen. Dafür will er die „*wandelbaren*", also baufälligen Gebäude, wieder in einen nutzbaren Zustand versetzen, zunächst vor allem das Brauhaus.

Man vertraut auf die Tüchtigkeit des Oberhüttenverwalters, doch über ein halbes Jahr später hat der Schösser immer noch keine gute Nachricht über den Pächter Lincke. Er hat alle seine Versprechen nicht gehalten; „*ist doch bishero solches von ihm nicht zur Wercke gerichtet worden*", heißt es im Brief an den Kurfürsten.[118].

---

116 ebenda
117 a. a. O, Bl. 25 - 26
118 a. a. O, Bl. 27 - 28

Der selbstsichere Friedrich Lincke beschwert sich seinerseits und bittet erneut, nur die halbe Jahrespacht zahlen zu müssen, also 90 Gulden. Als Grund bringt er vor, das Brauhaus sei ein halbes Jahr lang nicht genutzt worden und die Viehzucht *"den vergangenen Winter aber fast ganz nichts zu genießen gewesen"*. Auch um das Getreide stehe es *„armselig"*[119] – das ist sein Lieblingswort für Rübenau.

Hans Oehmichen, der das Gut abgeben musste, lag dessen Gedeihen trotz all seiner Schwierigkeiten am Herzen, er hatte getan, was ihm bei seinen geringen Mitteln möglich war. Ganz anders dagegen Lincke. Er hat einen viel längeren Arm, ausreichend Mittel, und das kurfürstliche Amt ist ihm gegenüber zuvorkommend. Er könnte er das Gut in die Höhe bringen. Das große Manko ist jedoch, dass ihm das Wohl und Wehe des Gutes so ziemlich egal ist, er hat ganz andere Inter-essen und Anliegen.

Im Sommer 1630 erscheint eines Tages ein Böhme namens Paul von Werzesowiz (dessen Name auch als Werschwitz auftaucht) auf der Burg Lauterstein und sagt, Lincke hätte sich einzig und allein für die Pacht des Gutes beworben, weil er hier eine Holzverkohlung einrichten wollte. Da ihm das aber nicht gelang, habe er ihn, Werzesowiz, gebeten, als *„After-Pachtmann"* einzuspringen. Der Schösser ist froh, wenn sich überhaupt etwas tut oben in Rübenau, und lässt sich auf das Angebot ein.

Linckes Pachtzeit endet zu Michaelis 1632, aber er kann keinen Ruhm ernten für seine halbherzigen Bemühungen um das Gut. Auch hat er weder das Pachtgeld von 180 Gulden noch die Steuern ordentlich bezahlt. Daran ändert sich auch trotz mehrerer Mahnungen noch lange nichts.

### Zaghafte Versuche der Gegenwehr

Die Untertanen von Rübenau haben unter Frondiensten und Steuerlast stark zu leiden. An Arbeit wird ihnen Unerträgliches aufgebürdet. Aber so viel sie auch schuften, bei ihrem geringen Einfluss können sie nicht wettmachen, was eine erfahrene leitende Hand bei der Gutswirtschaft versäumt.

Bis Mitte des 17. Jahrhunderts bildet sich die Gutsuntertänigkeit heraus, die den Landbewohnern die Freizügigkeit nimmt und ihnen hohe und häufig unbeschränkte Frondienste auferlegt.[120] Der Historiker Carl Czok schreibt:

*„Es ist bemerkenswert, daß der Kurfürst auf seinen Kammergütern den Gesindezwangsdienst bereits 1568 einführte, während dieser für ganz Kursachsen erst 1651 verbindlich wurde. Die kursächsischen Kammergüter haben demnach die Gutswirtschaft im großen konsequent durchsetzen helfen. [...] Die Verwaltung der*

---

119 Beides a. a. O., Bl. 30
120 Vgl. Kaak, Heinrich: Die Gutsherrschaft: Theoriegeschichtliche Untersuchungen zum Agrarwesen im ostelbischen Raum. W. de Gruyter Berlin, New York 1991. S. 3

*Kammergüter oblag anfangs den Amtsschössern, doch da zu viel Betrug und Unordnung sich ausbreitete, setzte der Kurfürst ab 1568 spezielle Beamte dafür ein.*"[121]

So betrieb beispielsweise ein für 15 Vorwerke zuständiges Ehepaar einen schwunghaften Handel mit landwirtschaftlichen und gärtnerischen Produkten. Bei Rübenau liegt dergleichen nicht vor, stattdessen lässt hier der Pächter Lincke die Dinge schleifen und das Gut verlottern.

Im Oktober 1630, nur ein Jahr, seit Hans Oehmichen als Gutsherr in Rübenau nichts mehr zu sagen hat, setzen sich geplagte Untertanen aus mehreren Ortschaften zusammen und beratschlagen, wie sie auf erlaubte Weise Abhilfe für ihre Nöte schaffen können. Der Grund: Seit das Gut in kurfürstlicher Hand ist, müssen sie ständig unentgeltlich Knochenarbeit aller Art leisten. Am 28. Oktober 1630 schreiben sie einen Beschwerdebrief an den Kurfürsten in Dresden:

---

[121] Czok, Karl: Die Entwicklung des kursächsischen Territorialstaates im Spätfeudalismus, von der Mitte des 16. Jahrhunderts bis um 1790. Sächsische Heimatblätter 28(1982) 6, S. 241 – 254

*„Gnedigster Churfürst unndt Herr [...] geben wier deroselben Unterthanen des Ambts Lautersteins hiermit klagende zuerkennen, Wie das wier armen Leuthe, die baudienste mit fuhren undt handtlangung Zur Rübenaw, in des dort gewe߬enen Floßmeisters Hanßen Öhmichens Guth, So E. Churf. Durchl. Kauflichen an sich gebracht, ohne entgeldt thun undt Vorrichten sollen, Undt E. Churf. Durchl. Ambtschößer Zum Lauterstein Herr Dam Müller von Berneck uns arme leuthe, ohne E. Churf. Durchl. gnedigsten befehlich nicht erlassen, noch lohnen wil, Wann uns Armen leuthen dann solche baufuhren undt handtlangung nicht allein weit entlegen, sondern auch Zuvorhin mit gnungksahmen Fröhnen: Zinnß, Diensten undt andern beschwerungen, Auch mit Kohlfuhren beleget, Dahero uns unmüglichen solche zu leisten [...]"*

Außer den Baudiensten und Handlangungen, von denen die Rede ist, müssen sie Fuhren von Holz von den Floßplätzen bis zu den Sammelplätzen bei Blumenau und Gersdorf oder noch weiter entfernt übernehmen. Solche Dienste werden willkürlich auf den *„unvorhaften fall"* gefordert, und öfters sind sie *„weit entlegen"* zu verrichten, wie sie schreiben. Hinzu kommt, dass sie kaum einem Pfennig in der Tasche haben, aber trotzdem zu Steuern und Zinsen für ihr Häuschen und ihre kleine Landfläche verdonnert sind.

*„So gelanget an E. Churf. Durchl. unßer unterthenigstes gehorsambstes undt hoch flehentliches suchen undt bitten, E. Churf. Durchl. geruhen gnedigst deroselben Ambtschößer [...] gnedigst zubefehlen, Das er uns solche baufuhren und handtdienste gebuhrlichen, welches nicht unbillich geschieht, vorlassen [erlassen soll]."*[122]

In Lauterstein kommt eine Anfrage aus Dresden an, was es denn mit diesen Diensten auf sich habe. Der neu eingesetzte Schösser Christian Person schreibt am 7. Dezember 1630 nach Dresden, dass die Baudienste tatsächlich ohne Entgelt verrichtet werden müssen, entweder *„mit der Hand"*[123] oder *„den Geschirren"*. Er wisse nicht, ob sie sich auch auf die *„neuen zum Amte gebrachten Gebäude erstrecken"* und ob die Untertanen durch seinen Vorgänger dazu *„durch Zwang angehalten worden"*.

Er wartet auf eine Anordnung aus Dresden, ob den Untertanen eine Entschädigung oder Vergütung zugebilligt wird. Zweifelhaft bleibt, dass sie je eine bekamen, denn die Rede ist davon nirgends mehr. Es existiert auch kein Bericht, ob auf ihr unterwürfiges Bitten ihre Dienste verringert wurden. Wie zu allen Zeiten war es ein Leichtes, die Beschwerden und Nöte einflussloser Menschen unter den Teppich zu kehren. Sollen sie sich nur plagen, was schadet das schon ...

---

122 SHStA Dresden, 10036 Finanzarchiv, Loc. 34002, Rep. 29, Lauterstein, Nr. 0004, Bl. 32
123 Alle Teilzitate des Abschnitts a. a. O, Bl. 33

*Hans Sebald Beham: „Das schadet nit". Kupferstich*

Immerhin wird von kurfürstlicher Seite der vorherige Schösser Dam Müller von Berneck um Auskunft ersucht, denn am 25. Februar 1631 antwortet er aus Altenberg dem Kurfürsten: *"[...] weil aber die mehrenteils dieses Ortes wandelbaren Gebäude auf E. Churf. Durchl. gnädigsten Befehlich für den annahenden Winter unverzüglich repariert und gebauet worden muss[ten]",* habe er die Untertanen zur Verrichtung dieser Baudienste anhalten müssen, ihnen aber freigestellt, sich *„nach Verrichtung derselben"* wegen ihrer damals geforderten Entlohnung mit einem Bittgesuch an E. Churf. Durchl. zu wenden.[124]

Ein Bittgesuch wurde ihnen erlaubt! Noch eines? Keines ist eine Lösung und erst recht keine Befreiung aus der Knechtschaft. Es bleibt ein bitteres Los für jene, die keine Rechte haben.

---

[124] a. a. O, Bl. 34

Der Herrschaft steht es frei, Dienstleistungen nach willkürlichem Ermessen zu fordern. Das betrifft auch die Häusler und Hausgenossen. Jeder Häusler muss jährlich 3 Schragen Brennholz für die Herrschaft schlagen und erhält dafür je Schragen nur 7 Groschen. Alle Untertanen sind gehalten, ihre Kinder bei der Herrschaft in Dienst zu stellen, ehe sie sich anderswo verdingen dürfen.

Was dafür gezahlt wird, ist minimal: für einen Tag Hafer- oder Grashauen 4 Groschen, für einen Tag Getreidebinden 3 Groschen, für Rechen, Flachsjäten oder -brechen 1 Groschen 6 Pfennige, für Fischdienste 3 Groschen und 6 Pfennigen pro Tag. Hinzu kommt jährlich in der Erntezeit für Mann und Frau ein Arbeitstag ohne Kost. Die oft tagelangen Jagddienste sind völlig unentgeltlich zu leisten.

**Folgen eines Fenstersturzes**

Inzwischen hat sich in Prag ein für Europa folgenschwerer Zwischenfall ereignet. Am 23. Mai 1618 stürmen Vertreter der protestantischen Stände Böhmens aus Protest gegen die Einschränkung der Religionsfreiheit die böhmische Hofkanzlei in der Prager Burg und werfen zwei königliche Statthalter und einen Kanzleisekretär aus dem Fenster. Alle drei Opfer überleben den Sturz und können flüchten, aber dieses Ereignis markiert den Beginn der Auflehnung böhmischer Protestanten gegen die katholische Habsburgermonarchie und gilt als Auslöser des Dreißigjährigen Krieges.

Im sächsischen Erzgebirge sind bis 1629 noch kaum Kriegsereignisse bekannt. Die entscheidende Wende kommt 1630, als die evangelischen Reichsfürsten, unter ihnen der sächsische Kurfürst Johann Georg I., sich mit den Schweden gegen den Kaiser verbünden. Um zu verhindern, dass die Gebirgspässe nach Böhmen als „Heerstraßen" benutzt werden, müssen die Untertanen die Pässe 1631 mit übereinander gelegten Bäumen „verhauen". Aber nun können Korn, Salz, Mehl und andere Güter auch nur noch unter großen Mühen gehandelt und transportiert werden. Es ist der Beginn von schier endlosen Jahren voller Schrecken und Tod, Hunger und Not. Als 1632 auf Befehl des Kurfürsten jeder zehnte Mann mobilisiert wird und die Kriegsbanden von Wallensteins Feldmarschall Heinrich Holck im Gebirge zu brandschatzen, plündern und morden beginnen, bricht auch über das obere Erzgebirge eine Zeit unermesslichen Kriegselends herein.

Im Amt Lauterstein beobachtet man währenddessen mit Sorge, dass es auf dem Gut in Rübenau nicht vorangeht. Zu der deshalb angeordneten Besichtigung kommt es aber vorerst nicht mehr, weil die Holckschen Horden auch in Rübenau einfallen.

## Es lieget der Ort ganz wüst

Am Bartholomäustag 1632, dem 24. August, wird das Dorf Rübenau bei einem Überfall der Holckschen Söldnerhaufen geplündert und verwüstet. Der Amtsschösser Christian Person berichtet dem Kurfürsten zweimal ausführlich über diese schwere Zeit. Durch ihn ist überliefert, was damals dort passierte.

Sinngemäß schreibt er:

'Was ich zuvörderst sah, waren die elenden Reste der schon zuvor sehr baufälligen Mühle. Sie war ganz in sich zusammengesunken. Überhaupt lieget alles im Argen. Der Oberhüttenverwalter Friedrich Lincke ist schon zu Michaelis 1631 von dannen gezogen. Er und sein Pachtmann Paul von Werschowitz haben sich zerstritten und nichts angewiesen. Lincke ist wieder in Freiberg und Werschowitz über alle Berge. Er hat einen Vogt zurückgelassen, der sich um das Vieh kümmert. Der Vogt hat etliche Male bei Lincke in Freiberg Ansuchung tun lassen, wie er sich verhalten soll. Es ist ihm aber niemals ein anderer Bescheid zuteil worden als dieser Spruch: Weil er ihn nicht in seine Stellung hineingesetzt habe, so wolle er ihn auch nicht wieder herausnehmen. Dem Vogt ist zugute zu halten, dass er sich nicht verhalten hat wie seine beiden Herren, sondern dageblieben ist und von der Nutzung des Viehs dem Gesinde Brötung und anderes Nötige gekaufet hat.

Als die feindlichen Horden nahten, fürchteten die Rübenauer um ihr Leben, flüchteten mitsamt dem Vieh in den Wald und harrten dort tagelang aus. Regen und kaltes Wetter machten ihnen da arg zu schaffen. Im Walde haben die Söldner den Vogt tot gehauen und zwei starke Ziehe-Ochsen, dreizehn Kühe, zwei Ochsenkälber und einen jungen Bullen davongetrieben. Wie viele Menschen in Rübenau in diesen Tagen noch ums Leben gekommen sind und was alles zerstört und geraubt wurde, kann keiner sagen.

Den Sommer über hat der Dorfrichter daselbst geholfen, an die 24 Fuder Heu einzubringen. Davon mögen ungefähr noch acht Fuder vorhanden sein. Der Floßholzanweiser Hanns Neuber hat berichtet, als er mit seinem armen Weibe und den Kindern und ein paar Stück gerettetem Vieh aus dem Wald zurückkam, fand er sein ganzes Haus samt Scheune und Stall niedergebrannt. Deshalb hat er mit den Seinen im Gut Zuflucht gesuchet. Weil alles Hofvieh weg war, hat er sein eignes Vieh mit dem Heu des Hofes gefüttert. Er ist auch itzo noch darinnen, und das kommet dem Amt bei den einreißenden Plünderungen ganz gut zupass. Mit ezlichen ihm als Wache zugeordneten Musketieren hat er schon viel Unglück verhütet. An die Gutsgebäude wurde zu dreien Malen Feuer geleget, und er hat geholfen, es zu löschen. Die Bauwerke sind aber schwer beschädigt und ohne alle Öfen und Fenster. Was das vertane Heufutter anbelanget, so hat der Hanns Neuber um gnädigste Erlassung oder Wiedererstattung angesuchet.

*Hans Ulrich Franck: Der geharnischte Reiter. 1643. Radierung, Blatt 13 aus der Kriegsfolge. Germanisches Nationalmuseum Nürnberg*

Der Oberaufseher Wolff Diettrich von Arraß hat berichtet, dass auch ihm, als er nicht in seinem Wohnort war, durch das Kriegsvolk das Haus abgebrannt und gänzlich ausgeplündert wurde. Er weiß nicht, wo er sich nebst den Seinigen aufhalten soll, und bittet, ihm zu gestatten, dass er mit Weib und Kindern weiter in Rübenau bleiben darf.'[125]

Soweit der Schösser in seinen ersten beiden Berichten. Doch der Feind fällt aufs Neue ins Erzgebirge ein. Die nahegelegene Reitzenhainer Schanze wird besetzt. Nicht zuletzt macht den Menschen der lange strenge Winter zu schaffen. Dann wird es nach großer Verzögerung am 19. August 1635 tatsächlich Ernst mit der angekündigten Entsendung einer Kommission nach Rübenau. Kurz darauf erstattet der Schösser dem Kurfürsten ausführlich Bericht, was inzwischen dort passiert ist:

‚Nach mehreren Überfällen und Raubzügen lieget der Ort ganz wüst. Die Gebäude fand ich so zerstört oder baufällig, wie es fast nicht zu erdenken ist. Auch sind itzo keine Leute da, sie wieder aufzubauen. Vom Inventar ist nur noch das

---

[125] Loc. 34002, Rep. 29, Lauterstein, Nr. 0004, Bl. 39 – 42, 45, 54 – 58, Berichte des Schössers von 1633 und 1635

Wenigste vorhanden. Ein einziges zum Gut gehörendes Haus, die Schenke genannt, steht noch. Darin schenket itzo der Richter, der da seine Wohnung hat, herbeigeschafftes fremdes Bier aus.

Allenthalben kann man sehen, dass an diesem rauen, kalten Orte das Getreidicht gar schlecht gedeihet. Wie hiesige Leute berichten, ist es schon ezliche Jahr nacheinander umgeschlagen und erfroren. Nach meiner bescheidenen Meinung könnte man es da oben mit einer gewissen Viehnutzung versuchen. Aber der Wald reichet fast bis ins Dorf. Von dem, was dennoch auf den Feldern gewachsen ist, hat das Wild das Beste aufgefressen. Itzo muss man sehen, dass allda nicht alles verwildert und auf den Fluren wieder Holz ausschlägt. Es mangelt dem Gut nicht allein an Vieh, sondern auch an Heu, Winterkorn, Weiß- und Brauhafer. Gebraucht werden zudem allerhand Leute für Hand- und Spanndienste.

Nun folgt, was schon weiter oben erwähnt wurde: Vordessen, als die Flößerei noch stark betrieben wurde, haben sich in der Mühle die Holzschläger täglich in ziemlicher Anzahl ihr Brot geholet. Auch ist wöchentlich daselbst immer etwas an Bier abgegangen, sonderlichen des Sonnabends, wenn der Floßmeister, der vorige Besitzer Hans Oehmichen, und zuvor sein Vater, Lohntage gehalten und die Arbeiter ausgezahlet haben. Da ist keiner ungetrunken von dannen gegangen.

Doch mittlerweile ist das Brauhaus samt aller Zugehörigungen bis uffn Stumpf weggebrannt, so dass fast nicht zu sehen ist, wo es einstens gestanden. Es wird sich heutzutage schwerlich lohnen, wieder eines hinzusetzen. Bei itziger Verarmung der Leute wollen Handel und Wandel nicht gedeihen. Nunmehro einzig und allein für die durchwandernden Fußgänger ein Brauhaus aufzurichten, wäre nach meinem einfältigen Bedenken nicht zu raten. Uffm Kriegwalde vorm baufälligen Haus des Försters Christian Groß wäre es wohl passender, ein Wirtshaus anzurichten. Auf der nach Komotau in Böhmen gehenden Fuhr- und Landstraße werden künftig wieder Fuhrwerke vorbeiziehen.'

Soweit der Schösser mit seiner deprimierenden Schilderung. Über Einsiedel berichtet er nichts, weil das Gut Privateigentum ist und nicht zum kurfürstlichen Amt Lauterstein gehört.

Zehn Tage lang bleiben die marodierenden Haufen des Generals Holck in der Marienberger Gegend, ehe sie weiter gen Freiberg ziehen, um schließlich von der Pest „besiegt" zu werden. Weil der Krieg immer wieder das Erzgebirge heimsucht, sind die kurfürstlichen Beamten inzwischen aus dem Schloss geflüchtet und ins Jagdhaus gezogen, das Herzog Heinrich nach dem großen Brand von Marienberg dort neu auffführen ließ. Es bleibt bis 1684 ihr neuer Amtssitz. Von dort aus erleben sie am 14. März 1639 die Einäscherung des Schlosses durch die Schweden.

## Die Pest im Gefolge[126]

Über das Schicksal der Menschen in den eng beieinander liegenden Orten Rübenau, Einsiedel und in den späteren Ortsteilen Ober- und Niedernatzschung auf deutscher Seite sowie südlich davon im angrenzenden Kallich auf böhmischer Seite gibt das Sterberegister des Rübenauer Kirchenbuches traurige Auskunft.

Am 22. Januar 1632 verzeichnet Pfarrer Theophilus Schumann: „*Paul Beyer Weib Magdalene*" als verstorben. Danach folgt ohne Datum: „*Der alte Oelschläger Christoph Richter genannt erschlagen worden*". Die Eintragungen beginnen dann erst wieder am 3. März 1633. Am Rande dieser Lücke steht nur das Wort „*Einfall*", gemeint ist der Überfall der Holckschen Truppen von 1632. Dann folgt nach einem leeren Raum „*Jacob Beer erschossen*". Am 9. April 1633 macht Schumann seine letzte Eintragung, danach ist von ihm nichts mehr zu sehen und zu hören. Die Dorfleute befürchten, dass er tot ist. Um diese Zeit beginnen offenbar die Pesttoten, denn am Rand, etwas tiefer, steht im Kirchenbuch das Wort „*peste*".

*Hans Ulrich Franck: Radierung aus „Szenen aus dem Dreißigjährigen Krieg"*

---

126 Quelle: Ihle, Kurt, Rübenau - Chronik eines erzgebirg. Grenzdorfes. Marienberg 1998. S. 34f. (Rechtschreibung korrigiert.)

Die kurzen Eintragungen im Kirchenbuch können nur noch eine leise Ahnung von dem grenzenlosen Leid und Elend vermitteln, das diese Jahre hervorbringen. Der Holzanweiser Hanns Neuber und seine Frau verlieren gleich fünf Kinder: die zwölfjährige Rosina, den zehnjährigen Johannes, die fünfjährige Veronika, die vier Monate alte kleine Maria und zwei Jahre darauf auch noch ihre Tochter Regina. Am 1. Juli 1633 stirbt der kleine Johannes, der Sohn von Georg Rebentisch im neuen Teichhaus. Drei Monate später, am 28. September, ist der Sohn Daniel von Christoph Freyer unter den Toten. Gleich danach ist vermerkt: *„u. Maria Rangk, so den 27. des Monats verbrannten"*. Es ist anzunehmen, dass sie alle Pesttote waren. Wann ihre Gebeine zur letzten Ruhe gebettet werden konnten, weiß keiner. Es gibt zu dieser Zeit keinen Pfarrer, der sich um die christliche Bestattung der vielen Toten kümmert. Alles normale Leben ist total auf den Kopf gestellt. Ganz drastisch zeigt es sich z. B. daran, dass Rosina, eine Tochter von Christoph Freyer, aus Mitleid und Erbarmen das tote Töchterlein Sophia von Georg Doberer in die Erde bettet.

Theophilus Schumann hat als erster Pfarrer von Rübenau seit 1607 den Bau der Kirchen, Schulen und des Pfarrhauses in Rübenau und im nahegelegenen Kühnhaide miterlebt und 1609 im zwei Jahre alten Kirchlein die Jungfrau Barbara, eine Tochter des Michael Neuber, geheiratet. Seine letzte Eintragung im Rübenauer Sterberegister stammt vom 1. April 1633. Es sind nur zwei Worte: *„Michael Schmiedel"*. Was ist danach mit dem Pfarrer geschehen? Hat man ihn erschlagen, oder ist auch er ein Opfer der Pest geworden?

Erst seit 1998 wissen wir: 1633 ging Theophilus Schumann als Pfarrer nach Großhartmannsdorf. Dort raffte ihn nur drei Monate später ein plötzlicher Tod dahin. Vermutlich ist er auch an der Pest gestorben. Nach Rübenau kommt noch mitten in der Pestzeit Georg Üblich als nächster Pfarrer. Die Leichenpredigten für die Pesttoten werden erst am 9. und 23. Februar 1640 gehalten, ein untrügliches Zeichen, was für ein entsetzliches Chaos noch lange Zeit herrschte.

**Hoffnung auf bessere Zeiten**

Die letzte Nachricht aus Rübenau vor dem Ende des Dreißigjährigen Krieges stammt vom 17. März 1645. Der neue Amtsschösser Cornelius Richter schreibt, die zerstörten sechs Häuser seien wieder hergerichtet und anno 1643 eine Mahlmühle mit einem oberschlächtigen Gang neu aufgebaut worden. Teiche und Bäche würden jetzt auch wieder befischt und in Ordnung gehalten. Aber die Felder und Wiesen lägen noch ganz ungenutzt und wüst.

Als Finanzbeamter vergisst er nicht zu vermelden, dass es auch mit den Einnahmen aus Rübenau wieder nicht gut bestellt ist. Es stehen Schulden an für Landsteuer, Erbzins und Pacht. Weder hat der Pfarrer die ihm zustehenden 4 Gulden

8 Groschen Jahressold bekommen noch der Schulmeister seinen kläglichen Sold von einen Gulden für ein ganzes Jahr.[127]

Das so arg heruntergekommene Gut bleibt noch über dreiundzwanzig Jahre in kurfürstlichem Besitz – bis Magnus Oehmichen, ein Sohn von Hans Oehmichen, es als Schenkung erhält und ab 1656 gelegentlich im Gutshaus wohnt.

Der Bartholomäustag, der 24. August, erinnert an den gleichnamigen Apostel. Der Legende nach soll der heilige Bartholomäus, eine Jünger Jesu, an einem solchen Augusttag in Armenien gefangen genommen und kopfunter gekreuzigt worden sein. Andere Quellen berichten von seiner Enthauptung.

Wenn dieser Tag, an dem die Menschen in Rübenau 1632 litten wie nie zuvor, für sie Bedeutung hat, dann vor allem als ein Gleichnis. Für uns Heutige ist er ein Beispiel und eine Mahnung dafür, was Menschen anderen Menschen immer wieder anzutun imstande sind, einst wie jetzt.

*Aris Kalaizis: Das Martyrium des hl. Bartholomäus oder das doppelte Martyrium. Gemälde, 2014/15*

---

127 a. a. O., Bl. 64

# Ein Kammerdiener als Gutsherr
## Magnus Oehmichen – 1656 bis 1680

*Als Zwölfjähriger war Magnus Oehmichen bei der beschämenden Taxierung des Gutes seiner Eltern dabei. Die Familie seines Großvater Jonas hatte 12 Jahre und seine Eltern haben 30 Jahre lang auf ihm gelebt. Dass sein Vater Hans mitsamt seiner Familie tagtäglich schwer arbeiten musste, aber dennoch sein Gut verlor, ist eine Tatsache, die Magnus Oehmichen zeit seines Lebens prägt. Sein beharrliches Streben nach Besitztum mag hierin seine Wurzeln haben.*

### Ein Rübenauer am Dresdner Hof

Am 30. Dezember 1654 bittet Magnus Oehmichen seinen Dienstherrn, Kurfürst Johann Georg I., in einem Bittbrief zum dritten Mal, ihn mit dem Gut in Rübenau zu begnaden:

„*Welcher gestalt E. Churf. Durchl. Ich unlengsten zur Moritzburgk ümb das hirbevor meinen seel. lieben Vatter Johannes Öhmichen, als deroselben in die 42. Jahr der Gebürgischen Flößen treubedienten Floßmeistern eigenthümlich zustandig gewesene Güttlein Rübenau, so Er Anno 1628 an einem wegen seines Vattern uff sich genommenen schuldigen Floß Rest abgetretten, und zu dehm Ampt Lauterstein geschlagen worden, in Zwischen aber und Zwart Anno 1636. Von denen domahl feindseelig schwedischen Krieges Volckern an Gebeuden bis uff etliche kleine Hauserlein, worinnen sich iezo arme Leute und Holzhacker uffenthalten thun, gänzlichen in die Asche geleget, und bis dato annoch öde und wüste zu befinden, mich ümb meiner bis anhero treu geleisteten Dienste willen, domit sonderbahr zubegnaden [...]*"[128]

Seine Erinnerung täuscht ihn: Seine Eltern verloren ihr Anwesen im Jahr 1629, und das Gut selbst ist nicht 1636, sondern schon 1632 verwüstet worden. Das geht aus mehreren amtlichen Schreiben eindeutig hervor.[129] Er beendet sein Gesuch mit der Bitte, Kurfürst solle dem Amtsschösser zu Lauterstein befehlen, ihm „*solches uhralte vätterliche Güttlein sambtt dessen Zubehörungen und Freyheiten, allermaßen es vor diesen mein seel. lieber Vatter in Besiz gehabt*", aus besonderen Gnaden oder zu einen leidlichen Kaufpreis zu übergeben.

Als Magnus Oehmichen diesen Brief schreibt, ist er schon seit Jahr und Tag ein geheimer Kammerdiener von Johann Georg I. In dieser Rolle hat er unter den niederen Hofbedienten den ersten Rang inne. „Geheim" ist gemeint im Sinne von „nahe beim Fürsten" und in dessen private Angelegenheiten eingeweiht. Er ist als Diener vor allem in den herrschaftlichen Privatgemächern tätig und übernimmt für Ihro Gnaden private Verrichtungen. Übt ein geheimer Kammerdiener so ein Amt über längere Zeit aus, dann steht er oftmals auf vertrautem Fuß mit seinem Herrn. Dann kann er es auch wagen, eine so große Bitte vorzubringen, wie es Magnus Oehmichen wegen des Gutes in Rübenau mehrmals unverdrossen tut.

Inwieweit er mit seinen Bittbriefen die Frömmigkeit, Duldsamkeit und Gutgläubigkeit von Johann Georg I. ausnutzte, ist eine interessante Frage. Historische Angaben unterstützen die Vermutung, dass Magnus Oehmichen nicht der einzige war, der sich geschickt auf das Wesen und die Eigenheiten seines Herrn einzustellen verstand.

Eine Enzyklopädie von 1842 urteilt so über diesen Wettiner:

---

128 SHStA Dresden, 10024 Geheimer Rat, Loc. 09904/21, Bl. 4 - 5
129 SHStA Dresden, 10036 Finanzarchiv, Loc. 34002, Rep. 29, Lauterstein, Nr. 0004, Bl. 39, v. 8.2.1633: „umb solches Guths beschehener Vorwüstungen", ferner auf Bl. 40: „bei dem feindlichen Einfall umb Bartholomaj" (24. August), sowie SHStA Dresden, 10024 Geheimer Rat, Loc. 09904/21, Bl. 8 – 11, v. 19.1.1655

*"Seine standhafte, ohne sorgfältige Prüfung geleitete Treue wurde von Freunden und Dienern gemisbraucht; Letztere machten ihn theilweise sogar abhängig von sich, oder benutzten seine Guthmütigkeit und Vertraulichkeit zu mancherlei Ränken und verdächtigen oder verdrießlichen Handlungen. So sehr er auch strenge Sittlichkeit liebte, so brach doch nicht selten unter seinen Hofleuten Rohheit, bis zur Völlerei getriebene Unmäßigkeit, Spielsucht und verschwenderische Prunksucht aus [...]"*[130]

Das Anliegen seines Kammerdieners Magnus ist dem Kurfürsten schon zur Genüge, ja bis zum Überdruss bekannt. Erst unlängst ist er ihm auf Schloss Moritzburg wieder damit auf die Netven gegangen. Wenn der Diener seine Bitte auch noch schriftlich einreicht, gibt er dem Ganzen noch mehr Nachdruck. Und zugegeben, er hat eine triftige Begründung: Das Gut war ein langjähriger Familienbesitz. Er selbst und alle seine Geschwister wurden dort geboren.

### Olbernhauer Vorgeschichte: Kriegsnot auf dem Gut

In einem anderen Bittbrief erwähnt der Kammerdiener, dass das Lehnrichtergut Olbernhau schon *„biß in die 150 Jahr allen Zeit bei dem Geschlechte der Öhmichen gewesen"*[131]. Die nun folgenden Ereignisse werden geschildert, damit der Leser das spätere Verhalten des Dieners Magnus bewerten kann.

Der 7. Mai 1639 ist ein Schreckenstag für Olbernhau. Kirche, Pfarre, Schule, Lehngut, Jägerhaus – etwa die Hälfte aller Häuser – werden von den Schweden niedergebrannt. Deshalb kann Christoph Oehmichen der Jüngere[132], Gutsherr seit 1619, die Zinsen und Steuern nicht mehr aufbringen. Das Amt Lauterstein belegt daraufhin sein Erblehngut mit Arrest. Dies bedeutet das Pfänden von Vermögenswerten, um die Geldforderung abzusichern. 1648 wendet er sich als *„armer abgebrandter Lehnrichter"* hilfesuchend an den Kurfürsten, schildert seine Not und bittet, ihm die angelaufenen Schulden gnädigst zu erlassen:

*„[...] mir armen alten 60jährigen Mann, auch meinen 4 Kindern"* wurde *„mein kostbahres Hauß undt Hoff, Ställen, Scheunen, Brauhauß, Mahlmüle und einen Forwerksgebäude, mit allen Vorrats, als ich mit den meinigen inn der Flucht sein muste, durch eine vom Schwedischen Gen. Banner commandierte Parthey [...] erbärmlich in die Aschen geleget."*

Wie ungeheuerlich die Kriegsgräuel sind, zeige sich daran, dass sein *„alter lieber 84-jähriger Vater Abraham Öhmichen, von den Kayserl. Völckern, damals unversehens gefangen, sehr jämmer- unnd erbärmlichen gepeiniget, gerättelt, unnd alßbalden unter ihren Händen zu Ende gemartert"*[133] wurde.

---

130 Allgemeine Encyclopädie der Wissenschaften und Künste ... Brockhaus Leipzig 1842. S. 204
131 SHStA Dresden, 10036 Finanzarchiv, Loc. 37770, Rep. 43, Nr. 0013, Bl. 97 (26.1.1652)
132 Dessen Großvater Christoph Oehmichen (geb. 1510) wird als Besitzer des Lehnguts und erster Floßmeister der Familie Oehmichen urkundlich erwähnt.
133 SHStA Dresden, 10036 Finanzarchiv, Loc. 37770, Rep. 43, Lauterstein, Nr. 0013, Bl. 3 + 8

*Hans Ulrich Franck: Szene aus dem Dreißigjährigen Krieg.
Eisenradierung. Stiftsmuseum Xanten*

Zwei Bittbriefe von Christoph Oehmichen bleiben erfolglos. Das Olbernhauer Lehngut wird taxiert und soll für 2500 Gulden feilgeboten werden. Am 5. Oktober 1649 gibt er daraufhin eine von vier Schöppen unterschriebene Erklärung ab. Es sei ihm unmöglich, das Gut länger zu erhalten, und seine drei Söhne hätten keine Mittel dazu. Deshalb will er es seinem *„lieben Bruder und nechsten Lehnsvolgern, Abraham Öhmichen"*[134] übergeben.

Am 10. Dezember 1649 gesteht Kurfürst Johann Georg I. dem zwei Jahre jüngeren Bruder das Vorkaufsrecht zu. Für 3200 Gulden wechselt das Gut in einer freiwilligen, zwischen den Brüdern vereinbarten Transaktion den Besitzer:

*„Befehlen dir hiermit, du wollest besagten Abrahamb Öhmichen nunmehr erwehntes Lehn Richter Guth sambt dessen pertinentien umb die anerbothenen 3200 R. käufflich zurschlagen".*[135]

Es gibt noch mehr Grund zum Aufatmen: Die angelaufenen Steuern und Holzgelder, mehr als 1495 Gulden, erlässt ihnen der Kurfürst. Ebenso gnädig verhält er sich gegenüber den Schulden der zum Gut gehörigen kleinen Häusler, die ihre im Krieg abgebrannten Hütten notdürftig wieder aufgebaut haben.[136]

---

134 a.a.O., Bl. 46 - 48
135 SHStA Dresden, 10024 Geheimer Rat, Loc. 09897/18, Bl. 3- 4
136 SHStA Dresden, 10036 Finanzarchiv, Loc. 37770, Rep. 43, Lauterstein, Nr. 0013, Bl. 59 - 60

## Lehrstück, wie man sich zwei Güter erbettelt

Nun kommt Magnus Oehmichen, der Kammerdiener, ins Spiel. Nicht nur das Rübenauer Gut möchte er haben, nein, auch auf das in Olbernhau hat er ein Auge geworfen. Mit der Absicht, sich alle beide Güter zu sichern, bedrängt er den Kurfürsten mit einem Gesuch nach dem anderen. Verstärkung holt er sich bei seinen sieben Jahre jüngeren Bruder Gottfried, der in Freiberg Handelsmann ist. Um sein Ziel zu erreichen, benutzt er in seinen Bittbriefen verschiedene Kniffe. Er kennt seinen Herrn gut!

Die folgenden Auszüge aus den Bittgesuchen des Dieners Magnus und die damit schlau vorhergesehenen Reaktionen des Kurfürsten zeigen, dass er nicht frei ist von Hinterlist und Habgier:

1. Bittbrief: 10.12.1651 – Um Chancen auf das Gut zu haben (obwohl er gar keine Mittel für den Kauf hat), will Magnus Oehmichen als bevorzugter Käufer auftreten. Dazu muss ihn der Kurfürst erheben. Als Begründung führt er in herabsetzender Weise das Alter seines Cousins Abraham ins Feld. Es könne *„umb der schlechten Anstalt und [...] Haushaltung willen, dießes Lehn Richter Guth von Unßern Vetter als einen alten 60jährigen betagten Mann schwerlich behauptet werden, sondern wohl ehr man verhoffet ganz in frembde Hände gerathen"*[137]

30.12.1651 – Kurfürst Johann Georg I. diktiert einen Brief an den Schösser Cornelius Richter: *„Wir haben unseren geheimen Cammerdiener Magno: und seinen Bruder Gotfried Öhmichen aus besonderer Gnaden den Vorkaufff ihres Vetters Abraham Öhmichens LehenRichter-Guth zum Olbernhau, wenn etwa vorselbiger es nicht behaubten konnte und über kurz oder langk davon abstehen müste, oder als ein ohne Leibes Erben schon betagter Mann versterben würde, bewilligt."*[138] Es hat also geklappt wie gewünscht!

2. Bittbrief: 26.1.1652 – Der Kammerdiener bewirbt sich um das Gut, obwohl er weiß, dass er weder jetzt noch später das Geld hat, es auf normalem Wege zu erwerben. Darum bittet er ohne Schamgefühl um finanzielle Hilfe:
*„Wiewohl nun gnädigster Herr, bey mihr noch zur Zeit die geringsten Mittel nicht vorhanden, dass ich alß ein gnädigst admittirter Vorkauffer [...] dieses Guth ohne E. Churf. Durchl. gnädigsten Hülffe anzunehmen [...] mich unterfangen könnte [...]"*[139].

---

137 SHStA Dresden, 10024 Geheimer Rat, Loc. 09897/18, Bl. 2 + 5
138 SHStA Dresden, 10036 Finanzarchiv, Loc. 37770, Rep. 43, Lauterstein, Nr. 0013, Bl. 90
139 a. a. O., Bl. 96

26.2.1652 – Der verständnisvolle Kurfürst reagiert wiederum wunschgemäß. Er weist an, dass die Kaufsumme von 3200 Gulden, die Abraham Oehmichen für das Gut aufbringen muss, seinem Diener Magnus ausgehändigt wird, damit er mit diesem Geld als Käufer auftreten kann. Ja, noch mehr als das: Die Gelder, Steuern und Abgaben, die das Gut Olbernhau schuldig ist, sollen abgeschrieben, also dem Kammerdiener gewissermaßen geschenkt werden. Man ist geneigt anzunehmen, dass der Kurfürst so großzügig handelt, damit er endlich von weiteren Bittbriefen des Dieners verschont bleibt, denn er fügt hinzu: „*Wir auch von demselben derohalber ferner nicht angelanget werden mögen*"[140]. Doch die Sache beschäftigt ihn, auch wird ihn sein Kammerdiener weiter genervt haben, denn eines Tages befiehlt er seinem Steuerschreiber, er solle von den ausstehenden Steuern so viel wie möglich eintreiben und dem Oehmichen gegen Quittung auszahlen, „*damit er unsere ihme dieserhalb gethanenen Begnadigung würklichen genießen, und wir herunter weiter unbehelliget verbleiben mögen*"[141]. Ohne Zweifel, der Kurfürst handelt auch so, damit endlich Schluss ist mit den aufdringlichen Bittgesuchen seines Kammerdieners.

*Bildnis Kurfürst Johann Georg I. von Sachsen von Daniel Bretschneider d. J. Miniaturgemälde. Ausschnitt. Um 1650. Rüstkammer Dresden*

---

140 Alles a. a. O., Bl. 103
141 SHStA Dresden, 10024 Geheimer Rat, Loc. 09904/21, Bl. 22

Um zu begreifen, wieso Johann Georg I. immer wieder so bereitwillig auf die Wünsche seines Dieners eingeht, ist es hilfreich, sich ein Bild von den Wesenszügen dieses Kurfürsten zu verschaffen. In ihrem Buch „The Thirty Years War" lässt die englische Historikerin C. V. Wedgwood den sächsischen Monarchen als Mensch vor uns erstehen. Sie schreibt:

*„Johann Georg, Kurfürst von Sachsen, [...], blond, breitschultrig, mit einem rötlichen offenen Gesicht, war in seinen Ansichten konservativ und patriotisch. Er trug einen Bart nach Landesart, hatte kurzgeschorene Haare und verstand kein Wort Französisch. Seine Kleidung war gediegen, einfach und von gutem Geschmack, wie sie einem Fürsten ziemte, der auch ein guter Christ und Familienvater war. Seine Tafel war reichlich mit heimischen Wild, Obst und Bier besetzt. Dreimal wöchentlich erschien er mit seinem gesamten Hofstaat, um eine Predigt zu hören und das Abendmahl nach lutherischem Brauch zu nehmen. Im Rahmen seiner Intelligenz lebte er seinen Grundsätzen gemäß ein makelloses Privatleben in einer bedrückend hausbackenen Atmosphäre. Obwohl er von der Jagdleidenschaft besessen war, mangelte es ihm nicht an Kultur [...]"*[142]

Sie erwähnt hier nicht, dass Kursachsen in dieser Zeit viel von der unter seinem Vater Kurfürst August errungenen Bedeutung und Wirtschaftskraft einbüßte, wenn auch nicht zuletzt infolge des Dreißigjährigen Krieges.

3. **Bittbrief: 30.10.1654** – Magnus Oehmichen schreibt den eingangs erwähnten Brief, in dem er den Kurfürsten ersucht, ihm das Gut Rübenau zu verkaufen oder – besser noch – gnädigst zu schenken. Seine Durchlaucht ist sehr fromm und schon 69 Jahre alt, und auch das nutzt Magnus O. aus, wenn er den Brief mit der Floskel *„mit andächtigen Gebeth vor dero beständig gute Gesundheit, langes Leben und alles anderer churf. Wohlergehen"* beendet.
Abgesehen davon, Verkauf oder Schenkung – beides läuft auf dasselbe hinaus: Wenn er das Gut Rübenau „kauft", tut er es ja mit dem vom Kurfürsten geschenktem Geld! Geht er als Kammerdiener nicht zu weit mit seinem anmaßenden Begehr? Sein Sohn Johann Georg wird sich später damit brüsten, dass sein Vater die Güter zurückgekauft hat – von Schenkung kein Wort.

13.1.1655 – Wie wird sich sein Gönner nun verhalten? Der Kurfürst will Nägel mit Köpfen machen und erkundigt sich beim Amt Lauterstein:
*„Es ist uns zu wissen von nöthen, wie es mit dem Güthlein Rübenau [...] iziger Zeit eigendlich beschaffen"*[143].

---

142 Zit. nach http://www.koni.onlinehome.de/ausfuehrliche-biographien/johann-georg-frames.htm - Zugriff 09.03.2016
143 SHStA Dresden, 10024 Geheimer Rat, Loc. 09904/21, Bl. 6

19.1.1655 – Die Antwort des Schössers ist ein guter Überblick über das damalige Gut und sei darum ausführlich zitiert:
1629 bestand „*dieses Guth, mit sambt drey damahls erbauten Häuseln, Scheunen und Ställen, der Mahl: und Öhlmühle und dem Brauhauße und eines ziemblichen Inventario"*, *[...] bis es folgendts Anno 1632 bey damahligen Kayserlichen feindlichen Einfall an Wohngebäudte, Ställen, Scheunen, Mühlen, Brauhauß und sämbtlichen Vorrath oder Inventarien stücken also ruiniret, ausgeplündert und zu Grunde eingeäschert worden, daß auch iziger Zeit allda mehr nicht als 10 kleiner Häußel, worvon dreye zum Guthe gehörig von Holzhauern bewohnet, und einer Mahlmühle, so mit einen überschlächtigen Gang Anno 1643 ganz von neuen erbauet [...].*
*Hierüber auch die zugehörigen Felder, an Ackern und Wiesen [...] wüste liegen. Die vier zugehörigen Teichel aber, so gleichsfalls zeithero zu Sumpf gelegen, sind anno 1654 [...] wiederumb fast ganz von neuen [...] repariret, [...] und werden nebenst den Bächen all davon Ambtsfischer gefischet"*[144]

4. Bittbrief: 28.1.1655 – Mehr als drei Jahre sind seit dem ersten Gesuch vergangen. Bisher hat Magnus O. weder das Rübenauer noch das Olbernhauer Gut bekommen. Also setzt er, hartnäckig wie eh und je, einen weiteren Bittbrief an seinen kurfürstlichen Herrn auf. Wiederum geht es um die gewünschte Begnadung mit dem Rübenauer Gut. Dessen Wert spielt er bewusst herunter, wenn er schreibt, dass es jetzt „*mehr Schaden den Nuzen*"[145] bringe.

3.3.1655 – Der Kurfürst lässt den Kaufwert des Gutes und die mögliche Einnahmen aus ihm genau prüfen. Das Resultat ist auch heute noch aufschlussreich:
1. „*anizo eilff bewohnete und noch ein wüstes Erb-Häußlein, worunter dreye*" Zins zahlen müssen, „*Summa 148 Gulden 7 Groschen,*"
2. „*Untterthanen geben taxiert anizo 4 Gülden Trifftgeldt*[146]*, der von der Künhaida, kömmet auch manchmahl wohl was wenigers höher [...] 80 Gulden*"
3. „*ein neuerbautes Mühlgen [...] 400 R. Kaufgeldt*"
4. „*freybrauen, schenken, schlachtens, [...] und ein Salzmarkt [...]. Ob es nun zwart gar im Walde und weit von den Leuten, außer den wenigen eingebaueten, lieget, so gehet doch eine ziemblich starke Landtstrase aus Böhmen vorbey*"
5. „*An Gehölzen gehöret nichts, außer waß zeithero wüst stehens, uf den Feldern dem Güthlein.*"

---

144 a. a. O., Bl. 8 - 11
145 a. a. O., Bl. 12 + 15
146 Geld, das für das Recht bezahlt werden musste, sein Vieh über den Grund und Boden des Gutes auf die Weide zu treiben.

6. *"Befinden sich auch alda 4 angerichtete [...] Teiche, nebenst einem kleinen Bächlein, die Rübenau genant, welcher voriger Besizer von Rübenauer Teich an, biß an das vorige Wohnhauß und dessen Mühle zu fischen Macht gehabt. [...] 100 Gulden",* so dafür die geschätzte Kaufsumme.

7. *"Grundt und Boden aber endliches an Wiesenwachs und Feldern, in dem sonsten das darauf gebauet gewesene Wohn-, Brauhauß, Scheunen und Ställe ganz hinnweg. Auch das Mauerwergk biß auf einen Keller, so doch noch sehr mangelhafft, ganz eingangen [...]. Weil es windereich im Walde lieget, und öffters der Ansage nach der Hafer nicht allzuwohl reif werden wollen, hat bey disem Zustandt [...] höher nicht alß vor 500 Gulden Kauf Summa gewürdigt werden können."*

*"Summa der Würdigung des Güthleins Rübenau, izigen befundenen Zustande nach, [...] 1528 Gulden 7 Groschen."*

Aber jedes Jahr gehen davon 988 Gulden 7 Groschen ab, nämlich die Steuern und Zinsen für das Amt Lauterstein, Zinsen für das Darlehen der Kirche, dazu die Besoldung von Pfarrer und Schulmeister.

*"Bliebe dergestaldt Kaufgeldt baar zu bezahlen: 540 Gulden".*[147]

5. Bittbrief: 8.6.1655 – Magnus Oehmichen hat von der Schätzung erfahren und findet, das Gut sei *"in einen ziemlich hohen Anschlag [...] gebracht worden"*. Zudem führt er jetzt wieder sentimentale Gründe an, zugleich verspricht er, dort alles bestens wieder in Gang zu bringen:

*"Dieweil es aber [...] von meinem seel. lieben Vatter herrühren thut, auch dieser Ort meine und meiner sämtl. Geschwister Geburthsstadt ist und die meisten derselben, benebenst meiner seel. lieben Mutter nach dem gnädigen Willen Gottes wieder alda verstorben und beerdigt sind, so hatte ich dennoch mir bestendig vorgenommen, beruhrtes Güthlein [...] mit Hülffe und Vorschub guter Leutte künfftig wieder aufzubauen und gangbahr zu machen."*

Dass er mit den Angaben über seine Familie mehrfach die Unwahrheit schreibt, dürfte ihm bewusst gewesen sein, aber wer würde das in Dresden schon nachprüfen! Denn weder sein Vater noch seine Mutter sind in Rübenau gestorben und begraben worden und von seinen Geschwistern nur das Baby Elisabeth.

Die Schenkung allein genügt ihm nicht, und so bittet er, dass er auf dem Gut sechs Jahre lang mit Steuer-und Zinsforderungen *"verschonet bleiben möge"*[148].

Die Gelder für die Kirche und die geringe Besoldung des Pfarrers und Schulmeisters kann er schwerlich vom Amt verlangen, und so ist er großzügigerweise bereit, sie auf sich zu nehmen.

---

147 a. a. O., Bl. 15
148 a. a. O., Bl. 19 – 20

6.12.1655 Kurz vor der Schenkung setzt der Landesherr seiner Großzügigkeit die Krone auf, indem er beim Schösser von Lauterstein einen Rezess[149] anordnet. Dieser rechtliche Vergleich bedeutet für Magnus Oehmichen, dass ihm auch die 540 Gulden Kaufgeld erlassen werden:

*"[...] seiner treuen Dienste willen und damit er seinen beyden jungen Söhne künfftig desto besser zum Studieren halten könne, [...] so ist unser gndster Befehlich hiermit, du wollest solche 540 Gulden gänzlich abschreiben, Öhmichen darüber beglaubten Schein ertheilen, und ihme oder seiner Erben darumb weiter nicht belangen."*[150]

### Freie Hand über zwei Güter

Am 4. Januar 1656 wird Magnus Oehmichen als Schenkung das Lehngut Olbernhau samt Dorf, Beigütern und sämtlichen Diensten übergeben, ebenso das einstige väterliche Gut in Rübenau mit dem ganzen Dorf.

Nun hat er das erreicht, was er seit Jahren angestrebt hat: „*Daß Wir in Unßeres Vettern Recht gesezet*"[151] Mit unausgesetzten, hartnäckigen Bitten hat er dank seiner Nähe zum Kurfürsten seinen Cousins Christoph und Abraham das Gut Olbernhau abgenommen – ohne selbst auch nur einen einzigen Gulden für den Kauf aufgewendet zu haben.

Das viel kleinere Gut in Rübenau kann er nun getrost als Draufgabe betrachten. So lautet die entscheidende Stelle in dem betreffenden Dokument:

*„Und nachdehme auch offtermelder Magnus Oehmichen, das wüste Guth Rübenau, so hiebevor seinem Vater zugestanden, sambt denen darzu gehörigen Unterthanen, mit Zinßen und Diensten verwand und zugethan unlängsten käufflichen an sich gebracht; Dieweil aber solches Guth Rübenau, um des nahe darbey liegenden Holtzes und dahero erfolgenden Unfruchtbarkeit willen, nicht mit Nuz wiederum auf- und auszubauen, [...]"*

Der Wortlaut *„käufflichen an sich gebracht"* ist eine damals übliche Formulierung, denn eindeutig bekam er beide Güter geschenkt. Wenn später er selbst oder sein Sohn Johann Georg davon sprechen, er habe sie gekauft, so bildet das, so sei nochmals betont, letzten Endes eine Verdrehung der Tatsachen.

Weiter heißt es in der Schenkungsurkunde:

---

149 siehe Glossar
150 SHStA Dresden, 10036 Finanzarchiv, Loc. 37681, Rep. 43, Gen. Nr. 0017a, Bl. 497
151 SHStA Dresden, 10024 Geheimer Rat, Loc. 09897/18, Bl. 2 + 5

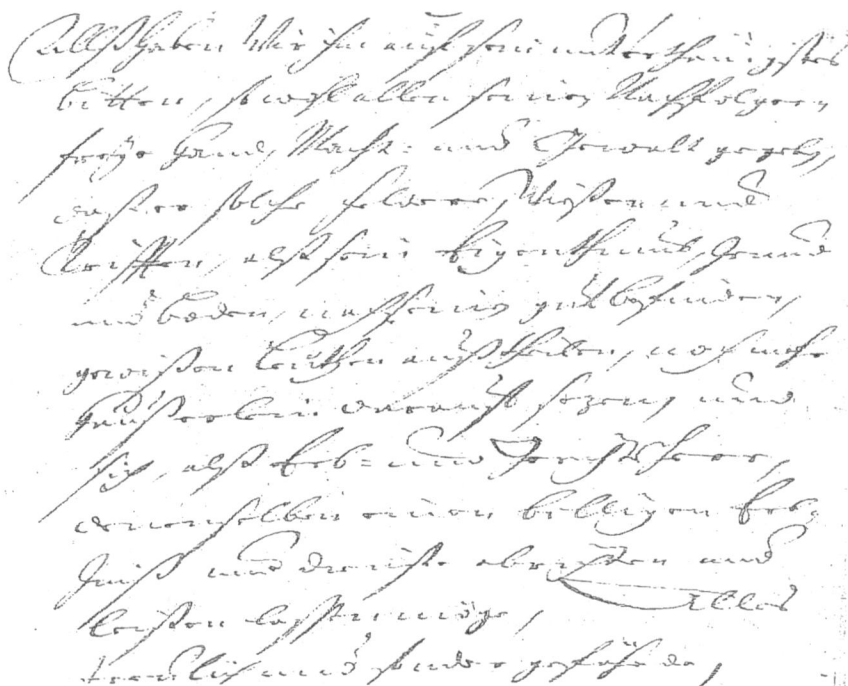

„[...] *Allß haben Wir ihm auf sein unterthänigstes Bitten, sowohl allen seinen Nachfolgern, freye Hand, Macht und Gewalt gegeben, daß er solche Felder, Wießen und Trifften, alß sein Eigenthumb, Grund und Boden, nach seinen gutbefinden, gewißen Leuthen außtheilen, noch mehr Häußerlein darauf sezen, und sich, alß Erb= und Gerichtsherr, denenselben einen billigen Erb-Zinß und Dienste abrichten und leisten lassen möge, Alles treulich und sonder gefährde"*[152]

### Rübenau wird zur Nebensache

Wie würde sich der neugebackene Gutsherr verhalten, seit er dank dem geschenkten Landbesitzes und der ihm verliehenen Rechte mit Macht und Gewalt ausgestattet ist? Aufgewachsen im ländlichen Milieu von Rübenau, vermutlich früh gezwungen, auf dem väterlichen Gut mit Hand anzulegen, jahrelang in Dresden in dienender, untertäniger Stellung – das sind ja vollkommen andere Ansprüche als jene, die ihn jetzt erwarten.

Wird Magnus Oehmichen sich bemühen, seine Stellung als Gutsherr über Rübenau und Olbernhau, seine Erlaubnis, neue Häuser zu bauen und an interessierte Siedler zu vergeben, aber auch seine Macht, als Gerichtsherr Recht zu sprechen, zum Besten der dort lebenden Menschen ausüben? Oder wird er seine Herrschaft

---

152 SHStA Dresden, 10036 Finanzarchiv, Loc. 37681, Rep. 43, Gen. Nr. 0017a, Bl. 503 - 504

vorrangig zum Vorteil für seinen Geldbeutel, sein persönliches Wohlleben und seine Geltung ausnutzen?

Klar wird alsbald, Magnus Oehmichen konzentriert sich seit der Übernahme der beiden Güter auf sein „*Mann=Lehn=Richter=Guth*" in Olbernhau. Mit dessen Beigütern – die Poppischen, Frizsch- und Fischerischen Güter u. a. – hat er dort alles in allem an die 100 Hektar in Besitz. Das Gut ist ihm mit der Erbgerichtsbarkeit und dem ganzen Dorf Olbernhau übergeben worden.

Verfügen kann er auch über „*die sämmtlichen Dienste* [die bisher die Untertanen für das Amt Lauterstein leisten mussten], *Amts=Gefälle, Lehen= Pferde= Geld= und Steuer=Schocke*[153]*, welche solch Guth Olbernhau, sammt denen darzu gestosenen Bey=Güthern [...], benebst darauf befindlichen Mahl= Oehl= und Breth=Mühlen [...], Item ein Stück Fisch=Wasser an der Flöhe an dem Mühlenwehr zu Blumenau, und durch das Dorff Olbernhau hinauf, bis an das Hammer=Wehr zur Saiger=Hütten Grünthal.*".[154]

Wer wird da sagen, dass das keine großzügige Schenkung war!

So gut die Bittbriefe des Dieners Magnus überliefert sind, so lückenhaft ist belegt, was sich während seiner Gutsherrschaft in Rübenau abspielt. Der Grund dafür ist einfach, dass vieles, was sich da oben ereignet, für das zuständige Amt Lauterstein als regionale kurfürstliche Behörde wenig von Belang ist, solange dort nicht Nennenswertes passiert, das den Lauf der Amtsgeschäfte stört.

Die Mühe, das Rübenauer Gut zu bewirtschaften, wie es seine Eltern taten, nimmt Magnus Oehmichen nicht auf sich. Er verpachtet es, und zwar wahrscheinlich schon, seit er es 1656 übernimmt. Zunächst ist für die Gutsangelegenheiten in Rübenau acht Jahre ein Georg Uhlich, Fuhrmann aus Zöblitz, zuständig, später stellt er einen Pachtmann namens Müller ein. Oehmichen nennt diesen Müller in seinem Antrag an Kurfürst Johann Georg II. von 1671. Höchstwahrscheinlich hat er als Nichtlandwirt auch in Olbernhau einen Pächter oder Vogt zur Seite.

In Oehmichens Schreiben über sein Gut Rübenau – immer in Olbernhau verfasst – geht es vor allem um die Abgaben an das Amt und die Dienste der Untertanen. Es ist genau festgelegt, was jeder Untertan im Dörflein Rübenau an Zug- und Handdiensten zu leisten hat: je 6 Tage „*Gräßerey*", Haferhauen, Stauen (wohl das Anstauen von Wasser für die Flöße), Haferrechen, „*Flachsgethen*" (Flachsjäten), Brechen, Kornbinden. Erfasst sind auch alle Dienste, die von den Insassen der drei Häuschen erbracht werden müssen, die zum Gut gehören. Die fünf anderen kleinen Häuselbewohner mit etwas Land, die Häusler, sind nicht frei und unabhängig; auch sie müssen Dienste leisten, weil sie dem Lehnrecht unterstehen.

---

153 Eine nach Schock (60 Stück) gezählte Abgabe
154 SHStA Dresden, 10036 Finanzarchiv, Loc. 37681, Rep. 43, Gen. Nr. 0017a, Bl. 503

Was sich im Einzelnen abspielte, wird wohl niemals ausreichend erkundet werden können. Wie das Leben der „kleinen Leute" aussah, ihr Alltag, ihr Fest- und Feiertage, ihre großen und kleinen Sorgen und vieles mehr, darüber sind nur Rückschlüsse aus anderen Zeitzeugnissen möglich. Was sonst noch aus der Zeit von Magnus Oehmichen aus Rübenau vorliegt, sind vor allem Einzelheiten über seinen Salzmarkt wie auch die dortigen Grenzzoll-, Geleits- und Akzise-Einnahmen.

## Salzschmuggel nach Böhmen

Da Salz für die Ernährung wie auch für die Konservierung unentbehrlich war, begann man im Mittelalter, Salz aus Solequellen zu gewinnen. Von Halle aus, das zum mitteldeutschen Zentrum für die Salzproduktion geworden war, vollzog sich mit Fuhrwerken der mühsame und teure Fernhandel zwischen den Salinen und den Gegenden ohne Salz (vgl. Seite 10f.). Nur besonders begehrte Waren, darunter auch Silber, Seide und Gewürze, wurden so transportiert. Unterwegs musste das Salz in bestimmten Städten „niedergelegt", d. h. zum Verkauf angeboten werden. Zusätzlich verlangten diese Städte Zölle und Abgaben. Zu den bekannten alten Salzrouten zählten die schon erwähnten 'Böhmische Steige', die vor der Besiedlung des Erzgebirges entstanden waren und das Gebirge über verschiedene Pässe querten, von denen einer auch Rübenau berührte.

Durch eine Salzsteuer verteuerte sich das kostbare Salz noch mehr. Salz wurde deshalb lange Zeit hauptsächlich nur an Fürstenhöfen verwendet. Die einfachen Leute nutzten überwiegend Pflanzenasche als Salzersatz. Mit dem Entstehen der europäischen Territorialstaaten wurde die Salzsteuer als eine Art Verbrauchssteuer zu einem Monopol („Regal") des Landesherrn, der Bevorzugten das schon erwähnte Recht einräumte, im kleinen Maßstab mit Salz zu handeln.

Als 1629 das Gut von Hans Oehmichen bewertet wurde, kamen zum Schätzpreis drei Gulden für die jährliche Salzmarktnutzung[155] hinzu. Sein Sohn Magnus besitzt seit dem 29.9.1656 wieder das Recht zu einem Salzschank. Weil er das Gut verpachtet, hat nun sein Pächter Georg Uhlich dieses Recht. Zu spät merkt Oehmichen, welchen Fehler er damit gemacht hat, dass der Pächter Salz verkaufen darf. Den großen Ärger, den er sich damit einhandelte, konnte er nicht ahnen.

Eine Nachricht des Schössers vom 6. Oktober 1671 an den Kurfürsten verrät Näheres:

*„Aber soviel das Salz Licent[156] anbelanget, So ist Supplicant Magno Öhmichen wegen deß zu Rübenau besitzenden Erbgerichts mit dem Salzschanck daselbst befreyet, welchen Salzschanck vor etliche Jahr [...] seinen Pachtmann George Uhli-*

---

155 SHStA Dresden, 10036 Finanzarchiv, Loc. 37315, Rep. 22, Lauterstein, Nr. 0012, Bl. 7 - 13
156 Licent war ein Zollbetrag, der für Export- oder Import von Gütern entrichtet werden musste.

*chen [...] mit verpachtet. Ermelter Uhlich aber hat nicht allein in diesem Dörfflein, sondern auch sehr viel in Böhmen Salz verkauffet und dem Einnehmer daselbst Jährlich mehr nicht als 4, 5, 6 bis höchstens 8 Gulden Salz Licent entrichtet, do doch, dem Vorlaut nach, obgedachter Pachter George Uhlich nebst seinem Bruder Christian Uhlichen zu Zöblitz, welche beyde selbst Fuhrleute seynd, wohl etliche [...] Fuder Hällisches Salz Jährlichen dahin geführet, worvon kaum das Dörfflein Rübenau ein Fuder verbrauchet*"[157].

Das meiste Salz sei nach Böhmen geschmuggelt worden, schreibt der Schösser Johann David Pietsch. Aber trotz allen Bemühens können die Pascher nicht ertappt werden, weil sie das Salz nicht etwa am helllichten Tage auffällig mit Fuhrwerken über die Grenze bringen, sondern böhmische Untertanen es heimlich zu nächtlicher Zeit in Tragekörben und Schieböcken nach Böhmen schmuggeln. Dem Amt ist daran gelegen, dass der legale, bezahlte Umsatz von Salz steigt, damit sich die Einnahmen erhöhen. Aber die Situation ist unübersichtlich, weil schwer zu kontrollieren ist, wie viel Salz nach Rübenau und Einsiedel gelangt und wohin es von dort aus verkauft wird. Dem „Paschhandel" mit Böhmen ist an der einsamen Natzschung Tür und Tor geöffnet.

Der Pächter Uhlich lacht sich ins Fäustchen. Er moniert sogar, dass ihn sein Pachtherr beim Amthauptmann Georg Carl von Carlowitz rechtlich belangt hat. Will der Oehmichen ihm etwa das Salzschankrecht streitig machen? Das Amt Lauterstein kann lange nicht herausbekommen, wie viel Salz dieses Schlitzohr Uhlich nach Rübenau einführt und wo er es wieder verkauft, weil er sich nicht mehr in Rübenau, sondern auf seinem Gütlein in Einsiedel aufhält, wo er für das Amt nicht greifbar ist und für seinen strafbaren Salzhandel „*allerhand Schleichwege suchet*"[158].

*Eine einspännige Sturzkarre als Fudermaß*[159]*.
Abgeleitet ist das Fuder als Gewichtseinheit von der "Fuhre", die ein ein- oder zweispänniger Wagen laden konnte.*

---

157 SHStA Dresden, 10036 Finanzarchiv, Loc. 34002, Rep. 29, Lauterstein, Nr. 0005, Bl. 4 - 6
158 ebenda
159 Encyclopédie ou Dictionnaire raisonné des sciences, des arts et des métiers. 1751 - 1780.

*Denkmal der Sächsischen Salzstraße in Zschopau mit der Inschrift „Zschap mei Geeß" („Zschopau, mein Jesus") als Ausdruck für die Erleichterung der Fuhrleute, dass sie den Erzgebirgskamm überwunden und die Furt von Zschopau erreicht hatten. Foto: H. Graebner*

### Scharmützel um Salz bis aufs Blut

Magnus Oehmichen und sein ehemaliger Pachtmann sind sich spinnefeind geworden. Keiner der beiden will zurückstecken, eine gütliche Einigung ist undenkbar. Georg Uhlich hat inzwischen um einen Salzschank auf seinem Gut zu Einsiedel nachgesucht[160].

Das er damit Glück hat, darf nicht geschehen, sagt sich Oehmichen und geht in die Offensive. Er verfasst einen langen Brief an Kurfürst Johann Georg II., in dem er sich auf seine Vorfahren beruft. Schon 1604 sei seinem Großvater Jonas auf dem Gütlein Rübenau ein Salzschank genehmigt worden. Da irrt er sich nicht, das Salzschankrecht wurde Jonas Oehmichen tatsächlich am 15. August 1604 erteilt. Sein Großvater habe auch zur Förderung des Berg- und Hüttenwesens und zur *„Versorgung der armen Holzhauer"* beigetragen, bringt dann sein Enkel Magnus vor. Als ob das etwas mit dem Salzverkauf zu tun hätte!

---

160 SHStA Dresden, 10036 Finanzarchiv, Loc. 37770, Rep. 43, Lauterstein, Nr. 0007, Bl. 30 - 31

Niemand habe sich bisher unterstanden, sein Salzrecht anzufechten, bis sein gewesener Pachtmann Christoph Uhlich[161] sich herausgenommen habe, auf dem erkauften Kammergütlein zum Einsiedel auch einen Salzhandel anzufangen. Das findet er völlig unhaltbar, weil dieses Gut *„keine ¼ Meile"* vom nächsten Salzschank – seinem eigenen – entfernt liegt, ganz zu schweigen von einer ganzen Meile, wie es Vorschrift ist. Deshalb bittet er, die Beamten anzuweisen, nur ihm allein im Umkreis *„AUF EINE MEILE WEGES"*[162] – das schreibt er in Großbuchstaben – das Recht dazu einräumen.

Er ist ziemlich siegessicher. Der Kurfürst und der Amtmann zu Lauterstein werden die Anmaßung des Uhlich bestimmt nicht zulassen und ihm allein das Privileg zum Salzmarkt in Rübenau bestätigen. Er wartet gespannt auf seinen Triumph. Doch er muss eine Enttäuschung verkraften. Das Amt kann *„zur Zeit nicht [...] befinden, daß denen Besitzern des Gütleins Rübenau* [also dem Oehmichen] *einziges Jus prohibendi"*[163] zusteht. Gemeint ist ein Vetorecht gegen den Salzhandel vom Uhlich.

Der Streithammel Magnus Oehmichen geht die Sache verbissen an wie eh und je, er gibt nicht klein bei und scheut auch fragwürdigen Argumente nicht. In einem erneuten Schreiben führt er an, was er selbst doch inzwischen alles geleistet habe: *„[...] vermittelst großer Geld Spesen dero gestalt an nothdürftigen Gebäuden und sonsten wiederumb angebauet"*, nicht zu vergessen die *„Land- und Tranck Steüer, auch Erbzinßen, so sich jährlich auf ein Zimbliches betragen"*[164].

Wenn der Uhlich eine Salzerlaubnis bekäme, so würde sein eigener *„wohl befugter Salz Schank zu Rübenau hierdurch in ernstesten Ruin gesezet"* und er *„den größten Schaden"* erleiden, schreibt er. Der Kurfürst solle seinen Salzmarkt zu Rübenau schützen, der ihn *„ein großes an Geld gekostet"*, und den Uhlich *„gäntzlich abweisen"*[165]. Denn niemand habe an seinem Salzrecht gerüttelt, bis sich vor etlichen Jahren *„mein bißherig gewesen achtjähriger Pachtmann zu besagten Rübenau nahmens Christoph Uhlich, sonst ein Land Fuhrmann zum Ansprungk [...] zum Einsiedel vermittelst eines daselbst an sich käufflich erhandeltes Güthlein anseßig gemachet"* und einen öffentlichen Salzschank angefangen hat.

Aber vorerst erreicht er sein Ziel nicht, den Uhlich auszubooten. Der nächste Abschnitt über den Grenzzoll wird zeigen, wie Oehmichen auf seine Weise die Salz-Pascherei und seinen Getreidebedarf in den Griff zu bekommen versucht.

---

161 Laut dem weiter oben zitierten Brief des Schössers hieß der Pächter Georg Uhlich. Zu klären bleibt, ob dessen Bruder die Pacht übernommen hatte.
162 7,42 km
163 a. a. O., Bl. 30 - 31
164 Dieses und die folgenden Teilzitate aus dem Brief v. 6. 12.1672 siehe a. a. O., Bl. 28-29
165 ebenda

## „Streithändel" um den Zoll

Am 15. März 1671 stirbt in Rübenau im Alter von 78 Jahren der Schulmeister Michael Zöppel. Als Nachfolger des ersten Rübenauer Lehrers Hans Beyer ist er 52 lange Jahre dem Dorf als Schulmeister treu geblieben[166]. Er hat hier geheiratet und laut Kirchenbuch zwei Söhne. Als Familienvater und bei einer Besoldung von nur 1 Gulden im Jahr ist er für jeden Groschen zusätzlich dankbar und hat deshalb – vermutlich ab 1645 – sicherlich gern die Geleit-, Licent- und Acciss-Einnahme an der Rübenauer Grenze zu Böhmen übernommen. Ober- und Niedernatzschung haben ihre eigene Zolleinnahme. Im Zollhaus Obernatzschung ist Sebastian Güntzel und danach dessen Sohn Einnehmer.

Man meint dazumal Geleit, wenn jemand, der das Land verlässt oder einreist, für seine Sicherheit zu zahlen hat, man spricht von Licent oder Zoll, wenn für Export- oder Import-Güter ein Geldbetrag fällig ist, und man sagt Accise, wenn für Lebens- und Genussmittel, Vieh o. a. ein Zoll bezahlt werden muss.

Dies alles möchte nach dem Tod des Schulmeisters nun Magnus Oehmichen übernehmen. Warum will er sich als wohlhabender Gutsherr damit belasten? In seinem Antrag vom 26. Juli 1671 an Kurfürst Johann Georg II., ihm die Einnahme vier Jahre lang für einen billigen Zins einzuräumen, gibt er als Grund an:

Weil „*solche Zollstädte ohne diß uf meinen grund und boden liegen thut*" und „*weil unlengst der Gleith Einnehmer und Schulmeister diß orths hohen Alters halber verstorben und [...] unverzüglich wieder ersezet werden muß*".

Der Hauptgrund für seine Bewerbung um die Zolleinnahme dürfte aber dieser gewesen sein: Für die Mahlmühle auf seinem Gut in Rübenau lässt er wöchentlich Getreide aus Böhmen kaufen. Dabei ist es zwischen dem Geleit-Einnehmer Zöppel und seinem Pachtmann Müller zu „*allerhand Wiederwerthigkeiten*" gekommen. Entweder sei „*zu wenig an Getreyde angegeben*" oder „*zu viel am Gelde gefordert*" worden. Schließlich ist sogar gegen Oehmichen geklagt worden, wodurch ihm „*große Ungelegenheit*" entstanden sei, gibt er an. Er hofft, „*dergleichen Streithändel und bis anhero vorgelauffener unzimblicher Verdacht fürohin darmit gänzlich abzuschaffen*"[167], wenn er selbst der Zollherr von Rübenau ist.

Da mag er Recht haben! Als Zolleinnehmer kann er böhmisches Getreide nach Belieben einhandeln. Selbstverständlich sitzt er nicht selbst im Zollhaus, sondern beauftragt damit Untergebene, zunächst seinen Haushälter Georg Hesse und später seinen Pächter Georg Uhlich – bis er sich mit dem überwirft. Als Aufseher über den Zoll könnte es ihm doch auch gelingen, den verhassten Uhlich bei seinen Salzpaschereien zu erwischen, mag er denken, doch das erwähnt er nicht.

---

166 Künzel, Ernst Johann: Die Parochie Rübenau. In: Die Ephorie Marienberg. Leipzig 1908. S. 666
167 SHStA Dresden, 10036 Finanzarchiv, Loc. 34002, Rep. 29, Lauterstein, Nr. 0005. 1 – 2

Am 7. September 1671 ergeht der kurfürstliche Befehl, ihm die erbetene Pacht für die Geleits-, Lizenz- und Acciss-Einnahme anzuvertrauen. Es handelt sich dabei in der Tat vorwiegend um böhmisches Getreide. Die im Februar 1672 folgende Pachtverschreibung räumt Oehmichen die Zolleinnahme drei Jahre lang für jährlich 60 Gulden Pachtgeld ein. Er wird aufgefordert, *„fleißige Auffsicht zu haben"*[168] und niemanden von den Gebühren auszunehmen.

Er akzeptiert das Pachtgeld, obwohl etwas hinzukommt, das ihm gar nicht gefällt: Er soll *„Straßen, Wege und Stege in guter Beßerung"*[169] halten. In seinem Antrag hat er geschrieben, die Landstraße von Zöblitz nach Böhmen sei *„sehr unwegsam"* und werde meistens *„von den Schiebeböckeren"*, den Mehl- und Kornträgern aus der Nachbarschaft befahren. Fremde Fuhrmänner wären dort nicht anzutreffen, die benutzten alle die *„angelegenen hohen Landtstraßen [, die] der Natzschka zugehen thun"*[170].

Straßen und Wege in Ordnung halten – Magnus Oehmichen denkt gar nicht daran. Er wendet sich deswegen zweimal an den Kurfürsten. In seinem zweiten Gesuch schreibt er, laut Kontrakt habe der Amtmann zu Lauterstein die Straßen, Wege und Stege *„in gute Beßerung bringen"* und ihm dann *„verbeßert zu meiner fernerweitigen baulichen Unterhaltung"*[171] zu übergeben. Es ist fraglich, ob das stimmt; im überlieferten Verpachtungsschreiben steht es nicht. Aber Oehmichen beruft sich darauf: *„Weil aber dergleichen Beßerung nicht erfolget*[172]*"*, seien auch die Einnahmen gering. Er habe die Nachteile zu tragen, unterm Strich bliebe fast nichts für seine Mühe übrig, schreibt er. Darum bittet er den Kurfürsten, das jährliche Zoll-Pachtgeld so lange von 60 auf 40 Gulden zu verringern, bis die Straßen, Wege und Stege durch das Amt instand gesetzt sind, oder bleibend auf 50 Gulden im Jahr anzusetzen. Die Ausbesserung der Fahrwege usw. durch Untertanen zu veranlassen übernimmt die folgenden Jahre tatsächlich weiter das Amt.

Noch etwas bringt Oehmichen vor: Der Salzzoll werde *„absonderlich"* vom Amt eingenommen. Den Vorwurf muss er loswerden, denn dass er dies nicht zugesprochen bekommen hat, wurmt ihn.

Am 21. März 1675 wird dann seinem Sohn Johann Georg *„das Gleith zu Rübenau [...] auff 6 Jahr gegen Entrichtung jährlichen 60 Gulden Pachtgelder"*[173] übergeben, und 1687 wird die Pacht der Zolleinnahme auf dessen Bitten noch einmal bis 1693 verlängert. Es muss also recht vorteilhaft gewesen sein, die Einnahme von Zöllen unter sich zu haben!

---

168 a. a. O., Bl. 8
169 ebenda
170 a. a. O., Bl. 1 - 2
171 SHStA Dresden, 10036 Finanzarchiv, Loc. 37770, Rep. 43, Lauterstein, Nr. 0007, Bl. 36-38
172 ebenda
173 SHStA Dresden, 10036 Finanzarchiv, Loc. 34002, Rep. 29, Lauterstein, Nr. 0006, Bl. 2

**Vater von elf Kindern**

Mit seiner Familie lebt Magnus Oehmichen auf dem Olbernhauer Gut. Seine Frau und zwei Söhne hat er aus Dresden mitgebracht. Dass er diese beiden schon als Kammerdiener zeugte, geht aus dem Brief des Kurfürsten vom Dezember 1655 hervor, in dem er als Grund für seine Gnade angibt: *„damit er seinen beyden jungen Söhne künfftig desto besser zum Studieren halten könne"*[174]

Oehmichen erwähnt drei Jahre zuvor in einem Bittbrief eine *„mit Gott angefangene Christliche Ehrensache"*. Der nächste Satz klingt geheimnisvoll: *„[...] sobaldt ich das innige Schreiben, welches meine Liebste an ihrer Frau Mutter in Hollstein abgehen lassen erwünschte erklehrung wie ich hoffe erfolgen würde"*[175].

Was könnte gemeint sein? Da 1652 in der Dresdner Kreuzkirche laut Läuteregister eine Brautmesse für Magnus Oehmichen stattfand, hat er damals wohl die Mutter seiner Söhne, Sophia Margaretha, Tochter von Georg Pussy, Leibmedicus aus der Grafschaft Holstein, zum Traualtar geführt. Johann Georg I. als frommer Schirmherr des Luthertums wird befriedigt vermerkt haben, dass er nun endlich tat, was er ihm schon lange ans Herz gelegt hatte.

Dem Olbernhauer Kirchenbuch ist zu entnehmen, dass Magnus Oehmichen und seine Frau von 1658 bis 1672 nach den beiden Ältesten Johann Georg und Friedrich August noch neun Kinder hatten: Caspar Gottfried, Sophia Hedwig, dann Johann Ernestus, Anna Sophia und Sophia Elisabeth, die alle drei schon als kleine Kinder starben, darauf Sophia Dorothea, Friedrich Gottlieb, August Ehrenfried und zuletzt einen totgeborenen Sohn.

**Nur sechs Häuseln mehr ...**

Wie erwähnt, erhielt Magnus Oehmichen 1656 bei der Übernahme der Güter in Rübenau und Olbernhau *„freye Hand, [...] noch mehr Häußerlein darauff sezen"*[176] zu lassen. 1655 gab es in Rübenau *„eilff bewohnete [...] Erb-Häußlein"*[177], wovon drei zum Gut gehörten und von Holzhauern bewohnt wurden, ferner eine 1643 neu erbaute Mahlmühle. Alle anderen Gebäude waren im Dreißigjährigen Krieg zerstört oder niedergebrannt worden – Wohnhäuser, Ställe, Scheune, das Brauhaus, die alte Mahlmühle und anderes.

Was hat der ehemalige Kammerdiener in den 24 Jahren seiner Herrschaft über Rübenau unternommen, um die Verwüstungen des langen Krieges wett zu machen? Er hängt doch so an dem Dorf und dem heimatlichen Gut, wie er immer

---

174 SHStA Dresden, 10036 Finanzarchiv, Loc. 37681, Rep. 43, Gen. Nr. 0017a, Bl. 497
175 SHStA Dresden, 10036 Finanzarchiv, Loc. 37770, Rep. 43, Nr. 0013, Bl. 97
176 SHStA Dresden, 10036 Finanzarchiv, Loc. 37681, Rep. 43, Gen. Nr. 0017a, Bl. 503, Rückseite
177 SHStA Dresden, 10024 Geheimer Rat, Loc. 09904/21, Bl. 15

wieder versichert hat. Hat er sich deshalb besonders bemüht, Rübenau voranzubringen?

Er selbst gibt darüber in seinen Briefen keinerlei Auskunft. Was dazu bekannt ist, stammt aus dem erwähnten Schreiben des Amtes Lauterstein von 1671, nach dem inzwischen im Dorf „*16 Holzhauer Häuserlein*"[178] stehen. Es sind demnach in fünfzehn Jahren – seit Magnus Oehmichen das Gut übernommen hat – nur fünf Häuschen hinzugekommen – keine berauschende Zunahme. Ob er wohl in Rübenau jemals solch ein kleines Haus betreten und mit den Bewohnern gesprochen hat?

Es existiert in Dresdner Archiven auch kein Nachweis, dass er in Rübenau etwas Neues ins Leben gerufen hat, etwa ein Hammerwerk oder eine Brettmühle. Und was die abgebrannte Mahlmühle betrifft, sie hatte ja schon zuvor das Amt neu aufbauen lassen. Holzbestellungen und -lieferungen könnten indirekt Auskunft geben, was er vielleicht in Gang gesetzt hat, aber nichts dergleichen ist überliefert.

Es findet sich lediglich ein Schreiben von 1671, in dem er an das Holz erinnert, das er ein Jahr zuvor für ein Küchengewölbe in seinem Olbernhauer Gutshaus beantragt hat.[179] Die letzte Nachricht aus seiner Hand stammt von 1678. Es ist ein Gesuch um einen Stockraum am Hainberg in Olbernhau.

Mit 62 Jahren übergibt Magnus Oehmichen alle seine Besitztümer seinem Erstgeborenen Johann Georg. Bald darauf geht seine Lebenszeit zu Ende. Der Pfarrer zu Olbernhau hält 1679 im Kirchenbuch fest, was sich ereignet hat:

„*Der Weyland Edle, Hochachtbahre und Wohlweise H Magny Öhmichen, Sr. Churf. Durchl. zu Sachsen gewesener Wohlbestalter Geheimder Cammerdiener u. Floßmeister der Görsdorfer u. Blumenauischen Flösen auch Erb und Lehngerichts H. [Herr] alhier zu Olbernhau u. Rübenau, gehet den 26 August war Dienstag zu Abend frisch und gesund zu bette, als aber früh gegen 4 Uhr es gekommen ist, ist er von einem schlagfluß überfallen und alsbald todes verblichen, welches ist gesch. den 27 darauf. Sein erblaßter Körper ist den 31 Aug. zu Abends um 8 Uhr in sein Erbbegräbnüß beygesezet worden.*"

Der wohlbestallte Kammerdiener hat als Gutsbesitzer wenig mit wertvollen Ideen und Taten imponiert, sondern in Streitigkeiten viel Kraft vergeudet. Wie wird das Rüstzeug beschaffen sein, das er seinen Söhnen vererbt hat? Werden es Weitsicht und Tatkraft sein?

---

178 SHStA Dresden, 10036 Finanzarchiv, Loc. 34002, Rep. 29, Lauterstein, Nr. 0005, Bl. 4, Schösser J. D. Pietsch am 6.10.1671
179 a. a. O., Bl. 26

*Der Kammerdiener.*
*Radierung von Abraham Bosse von 1635*

# Der gewitzte Unternehmer

*1679 übernimmt der Oberfloßmeister Johann Georg Oehmichen von seinem Vater die beiden Landgüter Olbernhau und Rübenau. Er bleibt nicht nur Gutsbesitzer und Floßmeister, sondern wird auch Rohrhammer-, Brettmühlen- und Glashüttenbesitzer, Pottaschesieder, Gerichtsherr und dazu Jäger aus Passion. Er ist ein aktiver und ideenreicher Mann. Kann er dank dieser Eigenschaften als ein Glücksfall für das Obererzgebirge gelten?*

## Die Geschwister ausgezahlt

Als ein Herrenkind wird Johann Georg Oehmichen in eine angesehene Familie hineingeboren. Im Alter von etwa 30 Jahren ist er schon Oberfloßmeister der Görsdorfer und Blumenauer Flöße, Miterbe der Erb-Lehn-Güter in Olbernhau und Rübenau. Letzteres verlor sein Großvater Hans durch unglückliche Umstände. Weil dank der Schenkung des Kurfürsten Johann Georg I. beide Güter mit erweiterten Rechten in den Besitz seines Vaters Magnus kamen, ist er ein gemachter Mann. Die Welt steht im offen.

Kurz vor dem Tod seines Vaters wird Johann Georg Oehmichen zwar 1679 Herr über das Gut Rübenau und das ganze Dorf, aber erst fünf Jahre später ist er der alleinige Nutzer. Der Gutskauf ist hinausgezögert worden, bis alle Geschwister die Volljährigkeit erreicht hatten. Die Mutter ist 1683 verstorben.

Am 23. April 1685 ist es soweit, der Advokat Braun fertigt den Kaufbrief aus. Johann Georg als Erstgeborener muss drei Brüder und zwei Schwestern auszahlen. Das sind Caspar Gottfried, damals Medizinstudent, Sophia Hedwig verheiratete Rothe, Friedrich Gottlieb, Sophia Dorothea und Augustus Ehrenfried. Drei Geschwister sind jung gestorben.

Bisher haben sie *„sämmtlich in Commun alles innen gehabt, genutzet, gebrauchet"*[180]. Aber nun ändert sich das grundlegend. *„Es verkauffen nämlich wohldachte Öhmichische Geschwister [...] das väterliche Guth Rübenau mit allem Würden, Freyheiten, so nicht allein von Alters darauf gehaftet, sondern auch Ihr lieber seel. Vater tit. Herr Magnus Öhmichen [...] darauf gebracht".*

Außer dem Wohnhaus und den Stallgebäuden werden in Rübenau eine Mahlmühle, eine Ölmühle, ein Backhaus, ein Brauhaus, eine Schenke mit dem Recht zum freien Malzen und zum Bierausschank inner- und außerhalb des Dorfes erwähnt, ebenso das Recht zum freien Schlachten und ein Salzmarkt. Hinzu kommt die niedere Gerichtsbarkeit über Dorf und Gut.

---

180 Bis Seitenende: SHStA Dresden, Bestand 10080 Lehnhof Dresden O 07830, Bl. 5–9 (beglaubigte Kopie)

Laut Kaufbrief bekommt er das Gut mit allen dazu *"gehörigen Unterthanen, Derenselben Zinnßen und Diensten, allermaßen solche in denen vorhandenen und ao: 1658 aufgerichteten Erbregister zu befinden, item Ackern, Wiesen, Gärten, Teichen, Teichstädten, Mahlmühlen, Mühlenstädten, Waßern, Waßerläuften, Fischbächen, Triften, Hüthung, Büschen, und Gehöltzen und in Summa mit allen andern Pertinentien, Nuz- und Beschwerungen, nichts im geringsten davon ausgeschlossen".*

Die *"Haupt- und Kauff-Summa"* beträgt 3000 Gulden. Als Erbgeld muss Johann Georg Oehmichen seinen Geschwistern jährlich 70 Gulden aushändigen. (Zum Vergleich: Sein Großvater Hans musste im Jahr 200 Gulden abzahlen.) Bis zur endgültigen Bezahlung verbleibt ihnen das Gut Rübenau *„pro Hypotheca".* Sie haben sich *„an diesen abgehandelten Kauf [...] unverbrüchlichen zu halten, einander mit Hand gegebener Treue zu gesaget".* Für den Fall, dass ihr Bruder es wieder verkaufen will, haben sie sich ausdrücklich das Vorkaufsrecht ausbedungen.

### Bis an die böhmische Grenze

Johann Georg Oehmichen hat mehr als 43 Hektar von seinem Vater übernommen, aber das ist ihm zu wenig. Und so stellt er acht Jahre lang beim Kurfürsten immer wieder Gesuche auf zusätzliche Flächen in und um Rübenau. Diese Landübereignungen vermitteln eine Vorstellung, wie es einst in Rübenau aussah und wie sich die Waldflächen in und um Rübenau allmählich verringerten:

1684: Damit er seine Viehzucht nicht ganz „*zu unterlassen gezwungen werde*"[181], ersucht Oehmichen um zusätzliches Weideland. Es ist ein Stück „*morastigen Bodens*", das schon sein Vater als Hutweide für das Vieh genutzt hat. Die Weide wird ihm für „*einen leidlichen Zins*" als Eigentum zuerkannt.

1685: Ein von ihm gewünschter Stockraum verläuft entlang der Rainung des Einsiedler Gutes und dann in westlicher Richtung (etwa parallel zum jetzigen Kammweg) bis nahe der Quelle des Heidenbächels und von dort wieder in nördlicher Richtung über die Dorfbach hinweg bis zur alten Grenze des Gutes. Damals befand sich diese Fläche zunächst in einer „*unfruchtbar- und entlegenen Situation*"[182].

1686: Der genannte Stockraum wird ihm überlassen, als die Bäume darauf für die Flößerei abgeholzt und im Beisein des Oberförsters Hans Rinck, des Landrichters und weiterer Personen beraint und berechnet sind. Von nun an können „*er und alle seine Nachkommen und künfftigen Besitzer solchen Platz und Refier [...] aufs beste nutzen und gebrauchen, wieder an andere verkauffen oder vertauschen*"[183].

1689: Auf sein Gesuch bekommt er einen weiteren Stockraum mit Flächen, die „*vom Zöblitzer Heckentor an [...] seine Felder stoßen und mit dem Vieh betrieben werden, auf selbigen aber kein Wiederwachs*[184] *zu hoffen, weniger mit Holz bewachsen, also deßen Vererbung der Wildbahn unnachteilig seyn soll*".[185] Verlangt wird also, dass sich das Wild unbehindert bewegen kann. Da Jagdvergnügen bei den Herrschenden hoch im Kurs stehen, wird darauf streng geachtet.

1690: In das Jahr fällt Oehmichens größter Landerwerb. Es ist eine Flur, die den sogenannten Hradschin einschließt und geeignet für neue Häuser ist. Auf diesem Stockraum wächst kein Nutzholz mehr, dort stehen nur noch einige struppige Fichten und Buschwerk. Doch Wiesen und Felder müssen da erst noch geschaffen werden. Mit dieser Flur darf er wieder „*nach eigenen Willen und Gefallen*"[186] umgehen, aber er soll sie wegen der freien Wildbahn nur mit Stangen abgrenzen.

1692: Trotz der beträchtlichen Flächenerweiterung klagt Oehmichen wiederum über „*ziemlichen Mangel*" an „*Hutung und Wiederwachs*". Auch kämen „*unterschiedliche Leute an, allda sich niederzulaßen und anzubauen*". Er habe aber keinen Platz zum Ansiedeln für sie, bringt er vor. Darum ersucht er um einen

---

181 ebenda
182 a. a. O., Bl. 9, und Loc. 37770, Rep. 43, Lauterstein, Nr. 0010, Bl.
183 SHStA Dresden, 10036 Finanzarchiv, Loc. 37770, Rep. 43, Lauterstein, Nr. 0008, Bl. 10 – 12
184 Wiederwuchs, erneutes Wachstum, Nachhaltigkeit
185 a. a. O., Bl. 18
186 SHStA Dresden, 10080 Lehnhof Dresden, O 07830, Rübenau, Rittergurts-Documente, Bl. 57-60

weiteren Raum. Diesmal ist es die heutige Flur von Ober- und Niedernatzschung. Oehmichen schreibt an den Kurfürsten, es sei ein Stockraum, der *„von Holze mehren Teils abgetrieben, und des Orths in geringsten nicht zunüzen ist"*. Diese Flächen reichen von seinem Gut am *„Rübenauer Wege biß an die Commothauer Straße, von dar ans Waßer der Nazschung, unter das sogenannte Nazschunger Grenz Zoll Hauß, sodann [187]von diesem Waßer hinunter bis an den Einsiedel und von dar wiederum an die Reinung"* seines Gutes. Für diese riesige, damals gering geschätzte Fläche zahlt er jährlich nur 20 Gulden Erbzins. Zugleich bittet er um ein Deputat an Wild – und auch das bekommt er.

Im gleichen Jahr werden auf dieser Flur die Rainsteine gesetzt. Der erste wird über dem damaligen Dorf Rübenau auf der Höhe des Berges eingegraben, der zweite beim Stockraum des privaten Gutes von Johann George Uhlig (Uhlich), die nächsten bei dessen Rainung hinter dem Einsiedler Weg bis an die Natzschung, ihr entlang bis zur Kallicher Brettmühle und dem oberen Grenzzollhaus. Oehmichens bekommt das Recht, diesen Raum *„erblich zu besitzen, zu genüßen und zu verbrauchen, selbigen auch zu vertauschen, zu verpfänden und sonst Ihres Gefallens als ein wohlerlangtes Eigenthum damit umzugehen, freye Macht und Gewalt"*. [188] Und weiter unten heißt es:

*„So wird nun mehro [...] Ihme solcher Raum, benebst denen Ober- und Erbgerichten erb- und eigenthümlich eingeräumet und dergestalt übergeben, daß Er, seine Erben und Nachkommen, von nun an erblich zu besitzen, zu genüßen und zu verbrauchen, selbigen auch zu vertauschen, zu verpfänden und sonst Ihres Gefallens als ein wohlerlangtes Eigenthum damit umzugehen, freye Macht und Gewalt geben."[189]*

Als ihm mit dem obigen Bescheid diese ausgedehnten Flächen zugesprochen werden, entsteht eine bemerkenswerte Zeichnung, die vermutlich von Johann Georg Oehmichen selbst stammt. Diese gut erhaltene Rarität entdeckte die Verfasserin im Hauptstaatsarchiv Dresden mitten unter den vergilbten Archivalien.

*Vermutlich eigenhändige Skizze Johann Georg Oehmichens mit dem ungefähren Umfang seines Rübenauer Gutes im Jahre 1692* [190]

– siehe nächste Seite!

---

187 SHStA Dresden, 10036 Finanzarchiv, Loc. 37770, Rep. 43, Lauterstein, Nr. 0008, Bl. 20 - 21
188 SHStA Dresden, 10080 Lehnhof Dresden O 07830, Rübenau, Ritterguts-Documente, Bl. 51-54
189 SHStA Dresden, 10080 Lehnhof Dresden, O 07830, Rübenau, Ritterguts-Documente, Bl. 54
190 SHStA Dresden, 10036 Finanzarchiv, Loc. 37770, Rep. 43, Lauterstein, Nr. 0008, Bl. 25

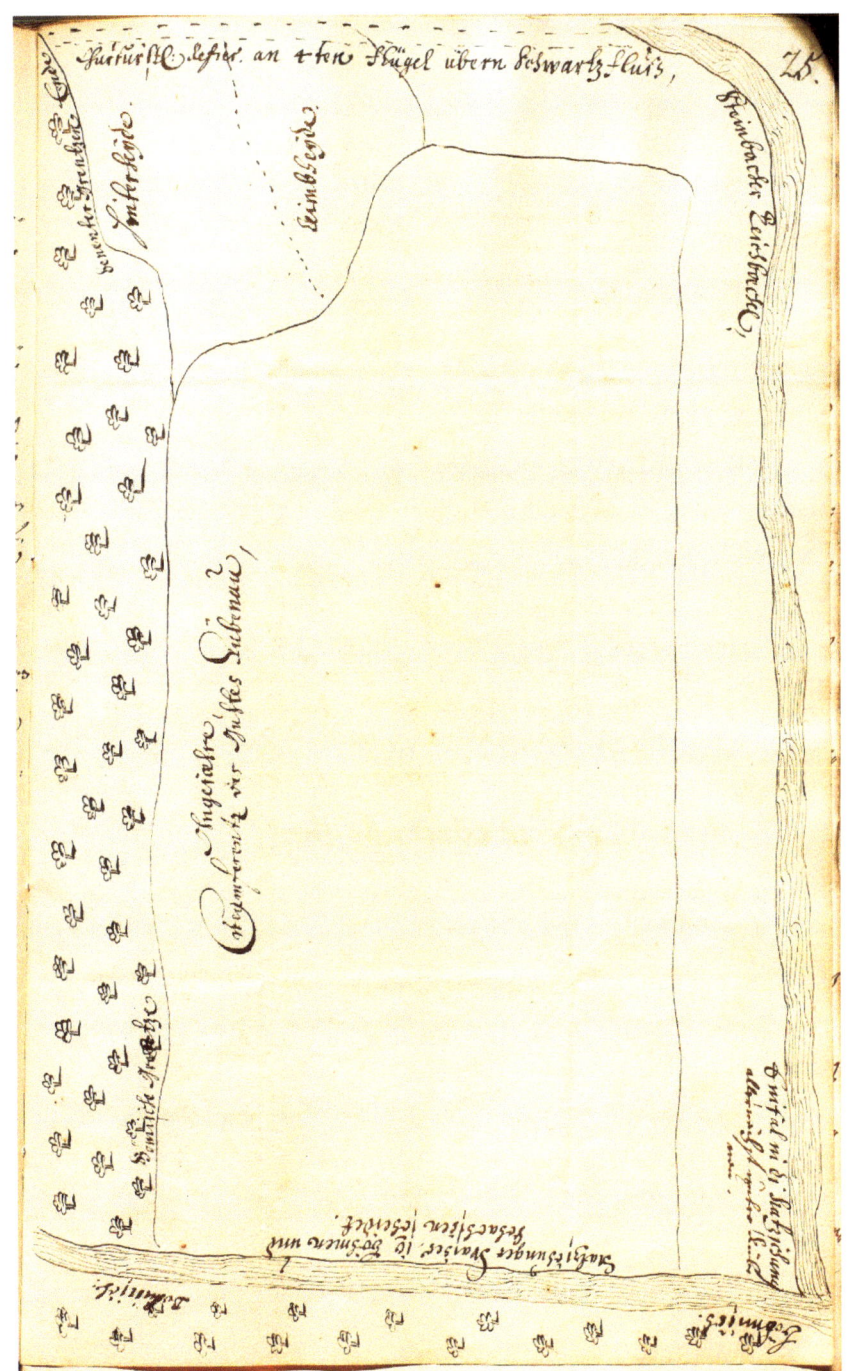

Der Text auf der Zeichnung:

  links: *Böhmisch*                          *Böhmisch*
            *Natzschunger Waßer io Böhmen und Sachßen scheidet.*
  oben: *Bömische Grentze*          *benenter Grentzen Ende*
  Mitte oben: *Angefahre Circumferentz des Guthes Rubenau*
  rechts:   *Churfürstl. Refier an 4ten Flügel übern Schwartzfluß*
                                          *Hinterheyde*

Wie damals üblich, liegt Süden oben.

**Begehrte Grenzzoll-Einnahme**

Obwohl der Ansturm von Fuhrleuten und Passanten am Zollhaus an der Natzschung überschaubar ist, spricht viel dafür, dass die Zolleinnahme, wie bereits angedeutet, für den Pächter ein vorteilhafter Posten gewesen sein muss. Schon dem Vater Magnus lag daran, ihn zu übernehmen. 1675, als sein Vater noch Gutsbesitzer ist, wird dann Johann Georg Oehmichen auf kurfürstliche Weisung die Pacht für die Grenzzoll-, Geleits- und Akzise-Einnahmen von Rübenau auf sechs Jahre übergeben. Warum hat er sie so viele Jahre behalten?

Die Antwort ist naheliegend: Die Oehmichens haben dadurch zweifelsohne einen amtlich nicht kontrollierbaren Zugang zu böhmischem Getreide und gefragten Raritäten. Zwar sind von 1675 bis 1681 jährlich 60 Gulden Pachtgeld zu zahlen, außerdem ist ein zuverlässiger Mann vonnöten, der ständig im Zollhaus sitzt, die Kassierung übernimmt und genau aufschreibt, was täglich eingenommen wird. Und was außerhalb seiner Amtszeiten geschieht, weiß er nicht. Die wenigen Groschen, die diese Person dafür bekommt, fallen gegenüber dem Nutzen und Gewinn durch die Zolleinnahme offenbar kaum ins Gewicht. Welche ehrgeizigen Vorhaben Johann Georg Öhmichen auch beschäftigen, an der Zolleinnahme hält er unausgesetzt fest.

Im Jahre 1687 bekommt er die Pacht über den Geleits- und Grenz-Zoll von Rübenau für weitere sechs Jahre übertragen. Das Pachtgeld hat sich auf 130 Gulden im Jahr erhöht – gewiss nicht ohne Grund!

           URKUNDE über die Pachtverschreibung
     über die Geleits- und Grenzzolleinnahme vom 16. Februar 1687

                - Faksimile siehe folgende Seite -

„Demnach der Durchlauchtigste des Heiligen Römischen Reichs Erz Marschall und Churfürst zu Sachßen [...] Mir Endes benanten die Geleits- und Gränz Zoll Einnahme zu Rübenau unterm Ambte Lauterstein auf Sechs Jahr als Von 1. January dieses instehenden Jahres an, bis wieder dahin, wann mann geliebts Gott 1693 schreiben wird, gegen *Einhundert Dreyßig Gülden* an Meißnerischer Wehrung Verpachten, und mir darüber unterm 15. February einen schrifftlichen Pacht Brief aus antworten laßen. Alß gelobe und Versprcche ich krafft dieser meiner eigenhändigen Unterschrifft und Vorgedruckten Petschafft solcher Pacht Verschreibung in allen Puncten und Clausuln mich gemäß zu bezeigen und auf 130 R: Gülden sicher und annehmliche Caution in das Ambt Lauterstein zu bestellen, Signatum Olbernhau den 16 February 1687.*

*Johann George Öhmichen*"[191]

---

[191] a. a. O., Bl. 7

In den kurfürstlichen Ämtern kennt man allerdings seine Pappenheimer. Die Vorschriften für die Zolleinnahme sind deshalb bis ins Kleinste ausgeklügelt. Es ist den Schössern wichtig, dass sich die Einnahmen auf „*keinerlei Weise noch Wege*" verringern und sie „*in ihrer Würde erhalten*" bleiben. Nachdrücklich betont wird, es sei darauf zu sehen, dass kein Straßenbenutzer Zoll- und Geleitgeld schuldig bleibt und sich unziemliche Vorteile verschafft. Überführte Betrüger und verdächtiges „Gesindel" sind aufzuhalten und „*nicht wieder abhanden kommen zu lassen*". Aber wer konnte schon kontrollieren, was sich tags und erst recht nachts zwischen den einsamen Grenzpfählen an der Natzschung abspielte.

Auch in der neuen Verschreibung gibt es einen Passus, der schon Oehmichens Vater missfiel: Er soll „*die Straßen, Zäune, Brücken, Steg und Wege, wie sie bishero diesorts aus unserem Amte Lauterstein gebessert und erhalten worden, auf seine eigenen Kosten*" instand halten. Das dazu benötigte Holz kann er sich unentgeltlich aus den Amts-Gehölzen anweisen lassen.

Eine gewisse Vorstellung von der Höhe der Geleit-Gelder in Rübenau, die Reisende für die ihnen versprochene Sicherheit zu bezahlen hatten, geben diese Angaben aus dem Amt Lauterstein von 1687:

| | | |
|---|---|---|
| 1668 | 16 Gulden, | 1 Groschen, 7 Pfennige |
| 1669 | 8 Gulden, | 8 Groschen, 9 Pfennige |
| 1670 | 9 Gulden, | 7 Groschen, 2 Pfennige |
| 1671 | 16 Gulden, | 5 Groschen, 1 Pfennig |
| 1683 | 25 Gulden, | 17 Groschen, 1 Pfennig |
| 1684 | 15 Gulden, | 20 Groschen, 3 Pfennige[192] |

*Beispiel für eine damalige Quittung für Geleitgeld. Sie stammt aus Roßach im Allgäu.*[193]

---

192 SHStA Dresden, 10036 Finanzarchiv, Loc. 34002, Rep. 29, Lauterstein, Nr. 0006, Bl. 9
193 Quelle: www.synagoge-memmelsdorf.de

## In der Welt der Rittergutsbesitzer

Ab Mai 1690 darf Johann Georg Oehmichen seinen Besitz in Rübenau ein Rittergut nennen. Das bestätigt das *„Decret, des Ritterguths Rübenau Schriftsässigkeit betreffend"*, das er im Mai 1690 in Empfang nimmt und mit dem er in Rübenau eine größere Unabhängigkeit und Selbständigkeit erreicht.

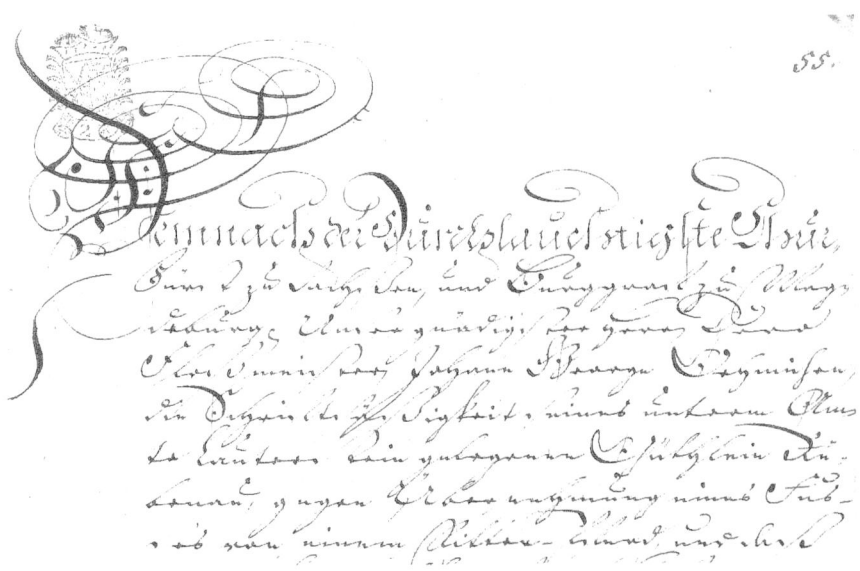

*„Demnach der Durchlauchtigste Churfürst zu Sachsen [...] Dero Floßmeistern, Johann George Oehmichen, die Schriftsäßigkeit seines unterm Amte Lauterstein gelegenen Güthlein Rübenau, gegen Übernehmung eines Fußes von einem Ritter-Pferd, und daß weder er noch künfftige Besitzer dessen zu Land-Tägen und andern dergleichen Versammlungen verschrieben werden, noch daher einige Auslösungen zu gewarten haben, auch die Onera [Abgaben an den Staat] und Praestationes jedes Orts [Abgaben, Leistungen], dahin sie gehören, vor wie nach tragen und leisten sollen, aus Gnaden bewilligt; Als ist zu solchem Ende nicht allein dem Amte Lauterstein über besagtes Güthlein Rübenau aller fernern Amts-Bothmäßigkeit sich zu enthalten Befehl ertheilet, sondern auch solches der Canzley-Matricul alhier also einverleibet [...] worden. Sign. Dreßden am Ersten May 1690. [...]"*[194]

---

194 Hering, Carl W.: Geschichte des sächsischen Hochlandes... Bd. 3. Barth Leipzig 1847. S. 119

Die *„Übernehmung eines Fusses von einem Ritter-Pferd"* wird von ihm verlangt. Diese sonderbare Forderung hat einen historischen Hintergrund. Im Mittelalter bis in die frühe Neuzeit hatten die Gutsherren bei kriegerischen Auseinandersetzungen Ritterdienste zu leisten. Je nach Größe ihres Gutes mussten sie ein oder mehrere Pferde samt Reiter und Ausrüstung stellen. 1563 führte Kurfürst August stattdessen die sogenannten Ritterpferdgelder ein. Seitdem ist der Rittergutsbesitzer verpflichtet, Geld in einer Höhe zu zahlen, die der zuvor von ihm zu stellenden Ritterpferden entspricht. Ein Rittergut wird mit einem ganzen, halben oder einem Viertel Ritterpferd (dem sogenannten Fuß) und große Güter mit mehreren Ritterpferden belastet.

Die Gnade der Erhebung zum Rittergut und die Verleihung der Schriftsässigkeit sind zugleich ein Zeichen für die Geltung eines Gutsherrn in den Augen des Landesvaters. Wer die Schriftsässigkeit bekommt, genießt Vorteile. Seit Oehmichen sie besitzt, ist er der Herrschaft und Macht des Amtmanns, also der *„Amts-Botmäßigkeit"*, entzogen. Er untersteht stattdessen ebenso wie der Pächter seines Gutes direkt den landesherrlichen Zentralbehörden und nicht mehr den kursächsischen Zwischeninstanzen. Die neue gesellschaftliche Stellung bringt ihm mehr als eine beachtliche Zunahme an Selbständigkeit, denn: *„Die Schriftsässigkeit bedeutete nicht nur einen Ehrenrang durch die nähere Stellung zum Fürsten, sie gewährte auch materielle Vorteile und rechtliche Vorzüge."*[195]

Abgesehen davon kann Johann Georg Oehmichen seit 1690 auch Landflächen an seine Untertanen verkaufen, ein Recht, von dem besonders im 19. Jahrhundert die Rübenauer Gutsbesitzer reichlich Gebrauch machen.

1690 wird in der Dorfmitte das repräsentative Herrenhaus erbaut, das sich derzeit leider in einem desolaten Zustand befindet. Diese Jahreszahl stand am Schlussstein des Hintereinganges. Das große Gebäude war auch der Ort für die Ausübung der Gerichtsbarkeit. So ist beispielsweise 1746 in einem Schreiben zu lesen, dass die Verhandlungen *„auf dem [...] Herren Hauß unten auf der Erden beym Eintritt rechter Hand in der Gerichtsstube"*[196] stattfanden.

### Richter über seine Untertanen

Die mit dem Besitz eines Gutes (Patrimonium) verbundene niedere Gerichtsbarkeit oder Patrimonialgerichtsbarkeit hat Johann Georg Oehmichen wie zuvor sein Vater schon inne, seit er Gutsbesitzer ist. Sie ist vorteilhaft für ihn, weil er dadurch in erster Instanz bei Vergehen wie Diebstahl, Betrug und Nachbarschaftsstreitigkeiten Recht sprechen kann. Gegen seine Schiedssprüche sind seine Untertanen so gut wie machtlos, da er in seiner Stellung auch ökonomischen Zwang ausüben

---

195 Flügel, Axel: Bürgerliche Rittergüter. Verlag Vandenhoeck & Ruprecht Göttingen 2000. S. 89
196 SHStA Dresden, Bestand 10080 Lehnhof Dresden, 07827, Bl. 25f.

kann und über polizeiliche Gewalt verfügt. Subjektiver Willkür und Ungerechtigkeiten sind damit Tür und Tor öffnet.

Ein weiterer Machtfaktor, der für ihn jetzt in Reichweite rückt, ist die Obergerichtsbarkeit, d. h. die Rechtssprechung bei schweren Straftaten seiner Untertanen. Als er 1692 um einen Stockraum an der böhmischen Grenze ansucht, bittet er gleichzeitig den Kurfürsten:

*„Sie geruhen die hohe Gnade mir zu erweisen, diesen Stock Raum nebenst der dabey bedeuteten Refier wie auch den Ober- und Erbgerichten erb- und eigenthümblich zuschlagen zulassen".* [197]

Er bekommt die gewünschte Obergerichtsbarkeit, aber umsonst ist sie nicht zu haben. Die kurfürstlichen Behörden sehen wie stets darauf, dass ihre Einnahmen stimmen. In einer Akte aus dem Amt Lauterstein wird die hohe Summe für ihren Erwerb genannt:

*„Ist Ao. 1692 gegen 5000 [Gulden] sicherer Steuer Capital mit Ober- und Erb-Gerichten [...] an Johann George Öhmigen verkauft worden."*[198]

Damit erreicht er eine Stellung, die ihn rechtlich weitgehend den Ämtern gleichstellt. Das hebt sein Selbstbewusstsein und Machtgefühl mit Sicherheit noch einmal beträchtlich. Die einfachen Dorfleute hinterm Pflug, im Stall oder am Butterfass haben allerdings keinen Vorteil davon. Sie können sich weder der Verfügungsgewalt des Gutsherrn noch der des Amtes entziehen.

*„Für die Bauern und Dienstleute war es gleichgültig, ob ihr Herr in amts- oder schriftsässiger Stellung stand, ob der Rittergutsbesitzer Adliger, Bürger, eine Stadt oder Fürstenschule war; denn sie unterstanden der Patrimonialgerichtsbarkeit und so der gutsherrlichen Polizeigewalt. Allerdings bedeutete diese nicht, daß der Grundherr einen frondienstverweigernden Bauern oder Häusler nach eigenem Gutdünken gerichtlich verurteilen konnte."*[199]

Wenn sich Untergebene von Johann Georg Oehmichen ungerecht behandelt fühlen, können sie beim Amt oder sogar beim Landesherrn Klage gegen ihn einreichen. Aber die Not musste schon unerträglich groß sein und die Untertanen sich nicht mehr anders zu helfen wissen, damit sie sich zusammensetzen, um eine kämpferische Bittschrift zu verfassen. Das taten nur einige besonders Mutige.

---

197 SHStA Dresden, 10036 Finanzarchiv, Loc. 37770, Rep. 43, Lauterstein, Nr. 0008, Bl. 20 - 21
198 SHStA Dresden, 10036 Finanzarchiv, Loc. 37770, Rep. 43, Lauterstein, Nr. 0010, Bl. 12
199 Czok, Karl: Die Entwicklung des kursächs. Territorialstaates im Spätfeudalismus ... Sächs. Heimatblätter 28(1982) 5, S. 235ff.

## Von Holznot und Waldasche

Hans Carl von Carlowitz, Oberberghauptmann und Zeitgenosse von Johann Georg Oehmichen, bemerkt auf seinen Reisen durch Europa, in welchem Maße das wertvolle Holz der Wälder ein rarer Rohstoff zu werden beginnt. „Holznot" bricht an, wozu auch das Bevölkerungswachstum beiträgt.

Als Leiter des Oberbergamtes Freiberg liegt auch die Holzversorgung der Erzgruben und Schmelzhütten in seiner Verantwortung. Carlowitz tut den ersten Schritt zu einer geregelten Waldwirtschaft und legt seine Erkenntnisse in einem Buch nieder, in seiner „Sylvicultura Oeconomica", dem ersten grundlegenden deutschen Werk zur Forstwirtschaft. Darin kritisiert er den Raubbau der Wälder und befasst sich mit günstigen Methoden, Holz sinnvoll zu nutzen.

Was heute hochaktuell ist, hat er schon 1713 gefordert: respektvoller Umgang mit der Natur und ihren Rohstoffen. Obwohl das Wort „ n a c h h a l t e n d " in seinem Buch nur einmal vorkommt, gilt Carlowitz heute als Schöpfer des Begriffes „Nachhaltigkeit"[200].

> Aber da der unterste Theil der Erden sich an Ertzten durch so viel Mühe und Unkosten hat offenbahr machen lassen/ da will nun Mangel vorfallen an Holtz und Kohlen dieselbe gut zu machen; Wird derhalben die gröste Kunst/Wissenschafft/Fleiß/ und Einrichtung hiesiger Lande darinnen beruhen/ wie eine sothane Conservation und Anbau des Holtzes anzustellen/ daß es eine continuirliche beständige und nachhaltende Nutzung gebe/ weiln es eine unentberliche Sache ist/ ohne welche das Land in seinem Esse nicht bleiben mag.

*Schlüsselsatz über „nachhaltende Nutzung" auf Seite 105 des Buches „Sylvicultura Oeconomica – Anweisung zur wilden Baumzucht" von Hans Carl von Carlowitz, erschienen 1713. Foto: Technische Universität Freiberg*

Auch Johann Georg Oehmichen hat gewiss gesehen, wie es damals um die Erzgebirgswälder infolge des Holzraubbaus stand. Als geschäftstüchtiger Unternehmer greift er die Methode auf, das nach dem Fällen und Flößen von Bäumen übrig gebliebene Restholz durch „Äschern" zu verwerten. Er hätte damit wohl nicht angefangen, wenn es nicht zu seinem Vorteil gewesen wäre, aber er hat sich informiert. Er weiß, dass der Bedarf der Glashütten an Holz sehr groß ist, gedenkt er doch, bald selbst eine aufbauen zu lassen. Die aus der Waldasche gewonnene Pottasche kommt ihm dabei sehr gelegen.

---

200 Das betraf die Landwirtschaft, aber angesichts des damaligen Holzraubbaus auch schon die Forstwirtschaft. So schrieb Carl von Carlowitz 1713, bei der Rodung von Wäldern müsse man *„bedenken [...] wo ihre Nachkommen Holz hernehmen sollen"* (Carlowitz „Sylvicultura economica", Reprint, S. 76).

Er hat den richtigen Riecher und wittert eine gute Gelegenheit, hier seinen Schnitt zu machen und für sein Vorhaben über genug Pottasche zu verfügen. Wie gut ihm das gelingt und wie einträglich das für ihn ist, zeigt später beispielsweise der reiche Schatz an kostbarem Geschmeide, den seine Frau hinterlässt.

*So stellte ein Zeichner um 1700 die erzgebirgischen Wälder nach dem Holzraubbau dar. Alles ist abgeholzt, nur die Stöcke sind übrig geblieben ...*
*Vignette aus dem Buch des Carl von Carlowitz.  Foto: TU Freiberg*

Das Äschern nach einem Text von 1833: „*Man ging nach der Beschreibung des von Carlowitz in die Wälder, suchte faule, hohle Bäume auf, die schon Öffnungen hatten, oder entdeckte sie durch Anschlagen und ihren dumpfen Ton, machte oben und unten Löcher herein, bildete sie zu Zugöfen eigener Art, brannte sie aus und sammelte die Asche zu Potasche et., welches die beste Waldasche war.*"[201]

Eine andere Methode wirkt einleuchtender: „*Für den Verbrennungsprozess wurde an einem Bergabhang eine etwa vier Meter lange und 2,5 Meter breite Erdgrube ausgehoben und innen mit Feldsteinen oder einer Lehmschicht ausgekleidet. Eine Seite blieb offen. In dieser trogartigen Mulde wurden Holz, Strauchwerk und Kräuter verbrannt.*"[202]

Die Gewinnung von Waldasche setzt das Verbrennen riesiger Mengen an Holz voraus. Um darauf aus der Waldasche Pottasche herzustellen, sind noch einmal aufwändige Arbeitsgänge vonnöten. Mit dem Wort *Pottasche* wird schon deren Herstellung angedeutet. Sie geschieht durch Auswaschen des gewonnenen Materials mit Wasser und anschließendes Eindampfen in „Pötten" (Töpfen). Erst dann

---

201 Allgemeine Forst- und Jagdzeitung, Band 2, 1833, S. 43
202 Von Heidereitern, Waldfrauen und Zapfenpflückern. Potsdam 2014, S. 22

kann daraus die Pottasche gewonnen werden. Chemisch betrachtet, handelt es sich dabei um Kaliumcarbonat ($K_2CO_3$).

Der Aufwand ist erheblich und die Ausbeute gering: 4000 Pfund Nadelholz ergeben nur 17 Pfund Rohasche und lediglich 1 Pfund gereinigte Pottasche.[203] Laubholz, vor allem die Rotbuche, liefert bis fünfmal mehr Pottasche als Nadelholz.

Was die Glashütten an Holz benötigen, übertrifft alle Vermutungen Unkundiger. So rechnet man für einen Weinkelch mit 3 Raummetern Holz. Dabei wird der kleinere Teil als Holz für die Glasschmelze und der größere für die Pottaschegewinnung gebraucht – ein Grund, weshalb Glas lange sehr kostbar und teuer bleibt.

Auch andere Berufe sind damals von Pottasche abhängig, so die Seifensieder, Färber, Bleicher, Töpfer und Tuchhersteller.

Oehmichens erstes Gesuch zum Waldäschern und Pottaschesieden stammt vom September 1684. Ein wenig unbeholfen beschreibt er in seinem Schreiben an Johann Georg III., was er vorhat:

„*Ew. Churf. Durchl. geruhen gnädigst sich hinterbringen zu laßen, welcher gestalt in dero Frauen- und Lautersteinischen Ambtswäldern überauß viel morsches durch die starcken Winder und sonst umbgebrochenes Holz zu befinden, welches weill es nicht sonderlich zu Nuzen, vollents faull wird und verdirbet. Dehme aber vor zu seyn, gelanget an Ew. Churf. Durchl. mein unterthänigstes Bitten, Sie geruhen, daß ich dergleichen Hölzer zu Asche brennen, solche alß fortt zum Bothasch-Fluß außsieden laßen, und so dann denselben entweder zu denen Blauenfarbenwercken, oder wenn er daselbst nicht verlanget wird, anderweiths verkauffen möge, mir in gnaden zu verstatten [...].*"[204]

Er bietet an, dafür zwei Groschen Waldzins in die beiden Ämter abzustatten. Gewisse Schwierigkeiten sieht er voraus, weil auch die Seifensieder zu Freiberg jährlich ein Quantum Pottasche an die Schmelzhütten liefern. Sie besitzen ein Privileg, das sie befugt, Ofenasche aufzukaufen. Oehmichen hofft jedoch, „*durch Entziehung der ihnen dienlichen Ofenasche in keinerley Wege hinderlich zu seyn*".

Die Sache geht offensichtlich nicht so recht voran, denn im Februar 1685 erinnert er in einem erneuten Gesuch den Kurfürsten an seinen „*gewissen Vorschlagk*". Er möchte „*in denen Altenbergischen, Frauen- Lauter- und Wolckensteinischen auch Augustusburgischen Ambts Wäldern, sowohl in denen dero Oberforst- und Wildtmeistern zu Schlettau gnädigst anvertrauten refieren auff 10 Jahr lang das Äschern an solchen faulen und sonst zum gebrauch untüchtigen Holze gegen einen gewissen Zinnß nebst dem Bothaschsieden*"[205] übernehmen.

---

203 Hangartner, Adam (Guido H.): Waldethik. Herbert-Utz-Verlag München 2002. S. 70
204 SHStA Dresden, 10036 Finanzarchiv, Loc. 36089, Rep. 09, Sect. 1, Nr. 1024, Bl. 1, Groß-und Kleinschreibung modernisiert
205 a. a. O., Bl. 2-3

Es liegt ihm so viel daran, die Genehmigung zum Äschern zu bekommen, dass er bereit ist, *„uff 100 Thl. caution zur willkürlichen straffe"* sich zu verpflichten, keine zum Seifensieden dienliche Ofenasche einzukaufen, sondern sich auf Waldasche zu beschränken.

Das Äscher-Geschäft ist demnach recht lohnend, sonst würde er kaum so einen Aufwand betreiben. Als Gegenleistung ist er bereit, in jedes Amt jährlich 10 Taler oder stattdessen für jeden Zentner Pottasche den üblichen Preis von 3 Groschen und 6 Pfennigen zu entrichten. Auch bietet er an, den nächstgelegenen *„Farbe Mühlen"* so viel Pottasche zu liefern, wie verlangt wird. Johann Georg III. fragt bei den Amtsleuten und dem Oberhüttenverwalter zu Freiberg an, ob bei den Plänen von dem Oberfloßmeister Oehmichen *„etwas Bedenklichzes dabey"*[206] sei.

Am 6. Juli 1685 antworten sie ihm, durch den starken Schneefall und Wind sei allerhand gebrochenes, untüchtiges Holz vorhanden, *„und zwart meistens an morast- und brüchrichten Orthen, auch tieffen Gründen"*. Weil solches Holz oft sehr entlegen herumliege, könne es weder zu einer Försterei und wegen der weiten Anfahrt auch nicht an die Flöße gebracht werden, also sei es nicht *„uf andrer Arth als durch die Äscherung zu Nuz zu bringen"*. Deshalb haben sie nichts dagegen, dem Oehmichen das Äschern und Pottaschesieden *„gar wohl zu gestatten"*[207]. Er soll aber durch die Forstbedienten eingewiesen werden. Auch darf er weder den Seifensiedern noch dem Schmelzwesen zu Freiberg dadurch schaden, noch durch Feuer in den Wäldern Unheil anrichten. Zweck soll einzig und allein sein, für die erzgebirgischen Blaufarbenwerke Pottasche zu erzeugen. Es folgen elf Unterschriften führender Beamter.

So weit, so gut. Aber Oehmichen macht sich auch Feinde. Am 10. August 1685 kommt ein heftiger Protest der Glasmeister Elias Preußler und Caspar Strauß aus der Glashütte in Heidelbach bei Seiffen. Sie führen an, wenn der Herr Oehmichen zu Olbernhau in sämtlichen erzgebirgischen Amtswäldern das Äschern pachte, wüssten sie nicht mehr, wo sie für ihre Glashütte künftig die Waldasche hernehmen sollen. Und dann ein vielsagender Nachsatz über die Geschäfte des gewitzten Oehmichen: *„zumahl da auch besagter Herr Floßmeister die böhmischen Wälder an sich gebracht"*. Der Kurfürst solle gnädigst den *„nicht geringen Schaden"* berücksichtigen, der für die Existenz der Glashütte angerichtet werde, aber auch ihrer *„höchsten Armuth"* und der *„theils noch unerzogenen Kinder"* von *„uns arme Supplicanten"* gedenken. Abschließend bitten sie den Kurfürsten:

*„Sie geruhen doch gnädigst [...] obgemelte Äscherung, wo nicht in allen, jedoch nur in den Frauenstein- und Altenbergl. Ämttern"* zu gestatten.[208]

---

206 a. a. O., Bl. 5
207 a. a. O., Bl. 9
208 a. a. O., Bl. 6

Aber dieses dringliche Anliegen der Glasbläser wird nicht berücksichtigt. Vielmehr erhält Oehmichen nach weiterem Hin und Her im Februar 1686 das Privilegium über das Waldäschern und Pottaschesieden, und zwar wunschgemäß für die Wälder von fünf Ämtern: Frauenstein, Lauterstein, Wolkenstein, Altenberg, Augustusburg und das Revier des Oberforst- und Wildmeisters Christoph Rudolph von Carlowitz zu Schlettau. Wie groß mögen wohl die Scharen von Untertanen gewesen sein, die Oehmichen danach in die Wälder geschickt hat?

Nachdrücklich wird ihm befohlen, die erzeugte Pottasche vor allem an das Oberschlemische Blaufarbenwerk zu liefern, an niemanden sonst im In- und Ausland. In dieser kurfürstlichen Produktionsstätte entstand aus kobalthaltigem Erz unter Zusatz von Pottasche das kostbare Kobaltblau, damals ‚Schmalte' oder ‚Smalte' genannt. Dieses leuchtende Blau ist besonders begehrt für Delfter Kacheln, Meißner Porzellan und böhmisches Glas. Durch das Werk in Oberschlema beherrschen die sächsischen Kurfürsten für längere Zeit einen Großteil der europäischen Erzeugung von Kobaltblau.

*Kunstvolle Darstellung des historischen Blaufarbenwerks Oberschlema in der Erzgebirgsgemeinde Bad Schlema. Foto: Aagnverglaser, 2012*

Was Oehmichen vorhat, muss von der Dimension her ungewöhnlich gewesen sein. Warum sonst hätten mehrere Personen mit Einblick in dieses Metier seine Geschäftstüchtigkeit mit kritischen Augen betrachtet! Sie teilen ihre Bedenken dem Kurfürste mit. So missfällt es den Seifensiedern gehörig, *„wenn gedachter*

*Floßmeister Öhmichen sich etwa wieder Verboth unterstehen sollte, einige Ofenasche aufzukauffen"* [209].

Die Heidelbacher Glasmeister Elias Preißler und Caspar Strauß klagen später sogar gegen ihn. Sie erreichen, dass er ihnen das Äschern in den Wäldern der Ämter Frauenstein und Lauterstein abgeben muss.[210] Dadurch ist zumindest in dieser Hinsicht vorläufig die weitere Existenz der Heidelbacher Glashütte gesichert.

## Die eigene Brettmühle

Wo viel Holz wächst und gut verfügbar ist, liegt der Gedanke nahe, sich damit preiswert selbst zu versorgen. Bretter, Bohlen und Balken preiswert aus der eigenen Mühle sind eine verlockende Vorstellung für Johann Georg Oehmichen. Er wäre nicht der gewiefte und findige Unternehmer, der er ist, wenn er diese Gelegenheit nicht beim Schopf gefasst hätte. Er stellt einen Antrag, und tatsächlich erteilt ihm Kurfürst Johann Georg III. am 3. Juni 1691 die Genehmigung, in Rübenau eine Brettmühle zu errichten.

Hier an der äußersten Grenze existiert bis dahin auf deutscher Seite noch keine Brettmühle. Die nächste liegt im benachbarten Kallich jenseits der Natzschung. Dort hat man aber kein Einspruchsrecht gegen eine Brettmühle in Rübenau. Oehmichen wird genehmigt, eine zu bauen, weil sie für andere Mühlen nicht nachteilig ist, *„doch mit diesem ausdrücklichen Reservat, daß er [...] kein böhmisch Holtz herüber schaffen und darauf verschneiden laßen, sondern sich deßen einig und allein aus Unsern Amts Gehölzen erhohlen, verstatten, drüber schrifftliche Concession ausstellen, darauf jährlich Drey Gulden Erbzinß verschreiben [...] Dresden, am 3. Junii anno 1691."*[211]

Sie entstand vermutlich neben einer Ölmühle am Ende der heutigen Ziegengasse. Beide sind zu sehen auf einer Karte von Rübenau aus der Zeit um 1700 (s. S. 185). Später, als die Holzverarbeitung im Dorf eine große Rolle spielt, entstehen weitere Brettmühlen. Sie verweisen in den Zeiten der steigenden Einwohnerzahl auf den hohen Bedarf an Holz als vielseitigen, nachwachsenden Rohstoff für Bauwerke und Gegenstände aller Art.

---

209 a. a. O., Bl. 8: Brief von Abraham von Schönberg und Johann Jacob Wollner, Oberberghauptmann und Oberhüttenverwalter zu Freiberg
210 SHStA Dresden, 10036 Finanzarchiv, Loc. 36089, Rep. 09, Sect. 1, Nr. 1022
211 SHStA Dresden, 10080 Lehnhof Dresden O 07830, Rübenau, Rittterguts-Documente, Bl. 10f.

## Gute Gelegenheit für eine Glashütte

Seit längerem hegt Hans Georg Oehmichen einen weiteren kühnen Plan. Im November 1691 ist für ihn der passende Zeitpunkt gekommen, für die Verwirklichung eine Bittschrift an Kurfürst Johann Georg IV. zu richten:

*„Eure Churf. Durchl. geruhen gnädigst zu vernehmen, wie auff meinen Guthe zu Rübenau ich solche gute Gelegenheit finde, auff meinen Grund und Boden eine Glaßhütte aufzubauen".*[212]

Er schreibt, dass er bereits etliche begabte Glasarbeiter an der Hand habe, die gewöhnliches Glas, aber auch Kristallglas und allerhand andere rare Glasware zu verfertigen wüssten. Nun fehle ihm nur noch die kurfürstliche Konzession, eine solche Glashütte aufbauen zu dürfen. Er schmeichelt dem jungen Kurfürsten wegen dessen Liebe zur Förderung der Künste und der aufblühenden sächsischen *„Fabriquen"*. Auch sei die Konzession sehr zum Wohle der Öffentlichkeit – *„pro bono publico"*, so schreibt er.

Es möge ihm erlaubt werden, *„daß ich auf meinen Guthe zu Rübenau auf meinen Grund und Boden ein Glasshütte frey und ungehindert auffbauen, und darauf nach befinden so wohl gemein als Cristallinen und alle ander Arten Gläser verfertigen laßen möge, auch das benöthigte Holz jährlich von dero Lauterstein-ischen Wäldern gegen baare Bezahlung abfolgen laßen, und darüber ein gnädigstes Privilegium ertheilen, Wofür ich, wenn es nicht anders seyn kann, allenfalls jährlich einen Erbzinß von Zwanzig Gulden abstatten, und lebenslang dafür verharren will."*[213]

Johann Georg IV. hält viel von ihm. Zu der Zeit hat er ihn bereits zu seinem Münzinspektor berufen, wovon noch die Rede sein wird. Ohne Einwände erteilt er ihm am 2. Januar 1692 die großzügige Konzession für eine Glashütte zu Rübenau:

*„Wir Johann Georg, der Vierte [...] bestatten demnach und concediren* [erlauben] *Wir aus Landes Fürstl. Macht und Gewalt hiermit, und krafft dieses, dass vorermelter Öhmichen zu Rübenau auf seinem Grundt und Boden, jedoch gegen Erstattung eines Jährlichen Erbzinses auf Fünff und Zwanzig Gülden auf seine Uncosten solcher Glaashütte aufbauen, Er, seine Erben und Nachkommen, auch künfftige Besitzer bemelten Guths Rübenau, darinnen ohne männliches Hindernüß und Contradiction alle und jede, sowohl gemeine als crystalline Gläser und anderer Geschirr, item Fenster Scheiben, Spiegel=Gläßer an allerhandt Sorten, und was auf derdergleichen Güttern fabriciret werden kann, verfertigen, blasen, treiben, schneiden und schleiffen zu laßen, Fug und Macht haben soll [...]"*[214]

---

212 SHStA Dresden, 10036 Finanzarchiv, Loc. 36089, Rep. 09, Sect. 1, Nr. 1023
213 ebenda
214 ebenda

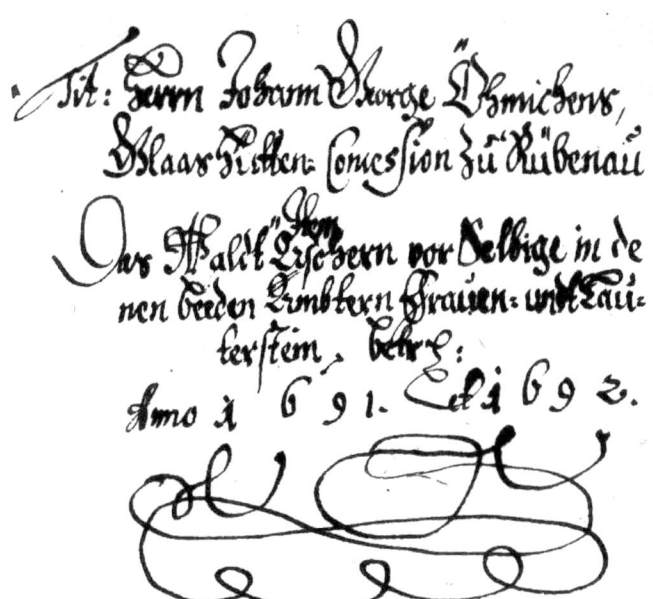

*„Tit: Herrn Johann George Öhmichens, Glaashütten=Conces-sion zu Rübenau Item Das Waldt=Äschern vor Selbige in denen beiden Ämbtern Frauen= und Lauterstein, betr. Anno 1691. et 1692."*[215]

Glas besteht hauptsächlich aus Quarzsand. Als Kieselsäure (Siliziumoxid) geht er fast vollständig in die geschmolzene Masse ein. Der Schmelzpunkt von Quarzsand liegt mit 1700 bis 1800°C sehr hoch. Um ihn zu senken, werden sogenannte Flussmittel benötigt. Eines davon ist Pottasche. Deshalb ist das Waldäschern auf dem obigen Titelblatt hervorgehoben. Auch heute wird für Glas noch immer Pottasche benötigt. In Kristallglas sind z. B. 14 % davon enthalten.

Der junge Kurfürst gesteht Oehmichen sogar zu, sich mit der Bezahlung des Holzes Zeit zu lassen, und das kommt diesem sehr gelegen.

*„Die von Unserem Floß Meister Johann George Oehmichen [...] bis Neu Jahr 1692 erbetene Gestundung der schuldigen Wald Zinsen und Holtzgelder wird krafft dieses bis zum Michaelis Marckt nechstkunfftig bewilligt [...] Dreßden den 18. Aug. 1691."*[216]

Es wird nun unerlässlich, dass Rübenauer oder Olbernhauer Untertanen immer wieder für die Glashütte in die Wälder ziehen und dort Waldasche fabrizieren.

---

215 Loc. 36089, Sect. 09, Nr. 1023, S. 1 (ohne Zählung)
216 SHStA Dresden, 10036 Finanzarchiv, Loc. 37770, Rep. 43, Lauterstein, Nr. 0008, Bl. 19

Im März 1692 ersucht Johann Georg Oehmichen um die Verlängerung seiner Genehmigung zum Waldäschern auf zwanzig Jahre:
*„Gleichwohl ich die mir concedirte Glaaßhütte, wenn ich selbige gleich anrichte und erhebe, ohne Asche nicht treiben lassen kann, darzu mir dan Dero Wälder in beiden Ämbtern Frau- und Lauterstein begelanget an bestens gelegen. Alß gelanget an Eure Churf. Durchl. mein unterthänigstes Suchen und Bitten, mir auch die Churfürstl. Gnade Zu erweißen, und das Äschern in beniemten beiden Ambts Wäldern vor berührte meine Glaaßhütte uff zwanzig Jahr, kegen Erlegung Zwantzig Gülden, in iedes Amt überhaubt Zum Wald= und Äscher=Zinß einräumen, gnädigst verstatten und der Einweißung halber gehörige Orths Befehl ertheilen zu laßen".*[217]

Schon 14 Tage später gibt Johann Georg IV. ihm die Erlaubnis *„des Ascherns in Unsern beiden Ambts Wäldern Frauen= und Lauterstein, Kegen Erlegung Zwantzig Gülden iährlichen in iedes solch Ambt zum Wald= und Äscherungs Zinß"*[218] Er verlangt aber, die Blaufarbenwerksbesitzer zu befragen, ob das Äschern dem besagten Oehmichen pachtweise überlassen werden sollte, und einen Bericht darüber.

Das notwendige Holz kann Oehmichen in der Nähe schlagen lassen, aber darf auch, was ihm zuvor nicht erlaubt war: es sich auch aus entfernteren Wäldern beschaffen, falls das für ihn günstig ist. Jetzt auf einmal sogar aus Böhmen! Das hat er Schwarz auf Weiß, denn der Kurfürst hat verfügt: *„Was die benöthigten Hölzer betrifft, mag er sich derselben erholen, wo er will"* – mit einer einzigen Einschränkung: *„Jedoch daß dadurch Unserer Sayger Hütte, wie auch der Weißeriz oder anderen Flöße gegen Dreßden an ihren Bedürfnüs kein Abbruch geschehe"*[219].

Als Standort ist Rübenau ideal, weil Böhmen mit seinen erfahrenen Glasmachern ganz nahe liegt und es rundum ausgedehnte Waldungen gibt, dessen Holz der Bergbau noch nicht für sich beansprucht hat. Die dortige Glashütte ist keine Wanderhütte mehr wie frühere, die dem Holz hinterherzogen. Sie befindet sich im Dorf und behält diesen Platz rund zwanzig Jahre lang.

Wo sich in Rübenau die Glashütte befand, war nicht herauszufinden. Vielleicht stand sie am Rand vom Kriegwald oder in Obernatzschung, weil sich dort sowohl viel Wald wie auch böhmische Glaskultur in der Nähe befanden. Aber sogar bei solch guten Voraussetzungen ist ein Wald nach 20 bis 30 Jahren im näheren Umkreis aufgebraucht, und die Anfahrwege für das Holz werden immer länger.[220]

---

217 SHStA Dresden, 10036 Finanzarchiv, Loc. 36089, Rep. 09, Sect. 1, Nr. 1023. Anlegung einer Glashütte in Rübenau (Faszikel)
218 10036 Finanzarchiv Loc. 37770, Rep. 43, Lauterstein, Nr. 0008, Bl. 22-23
219 ebenda
220 Vgl. Kirsche, Alfred: Zisterzienser, Glasmacher und Drechsler. Waxmann Münster 2005. S. 65f.

*Glasherstellung 1682*

Johann Georg Oehmichen ist nur der Kapitalgeber. In seinem Gesuch zum Waldäschern spricht er von „*mir und Consorten*" und bei der Glashütte von „*treiben lassen*". Für die praktische Arbeit, insbesondere die Glasherstellung selbst, hat er fachkundige Mitstreiter an der Seite.

„*Da hier vor allem Kristallglas in hoher Qualität produziert werden sollte, rief er Fachkräfte aus Böhmen, wo zu dieser Zeit das beste Glas produziert wurde. Vielleicht kamen auch Glasmacher aus dem benachbarten [Böhmisch] Natzschung, wo kurz vorher eine Glashütte ihren Betrieb einstellte. [...] In den sächsischen Glashütten, so auch in Heidelbach, Rübenau und Weiters, wurde zwar Glas auf böhmische Art hergestellt, jedoch erreichten sie weder die Produktionskapazität noch die Qualität des Glases und der Veredlung.*"[221]

Während die Glasbläser in der Hütte am glühend heißen Ofen arbeiten, üben die Veredler (Glasschleifer, -gravierer, -maler und -ätzer) ihr Handwerk in ihren Wohnungen aus. Oehmichen hat zwar versichert, es würden „*viele Arbeits Leute darbey gebraucht werden*", aber die Beschäftigung von einheimischen Untertanen beschränkt sich meist auf Hilfsarbeiten beim Waldäschern und den Holztransport.

---

221 ebenda, S. 66 und 106

In den Strudel folgenschwerer Ereignisse gerissen, geht 1698 auch die Rübenauer Glashütte in den Besitz von Carl Gottlob von Leubnitz über. Als er das kurz zuvor erworbene Gut Rübenau weiterverkauft, will er das auf zwanzig Jahre begrenzte Privileg für die Glashütte erneuern lassen und es auf sein Olbernhauer Gut übertragen. Dafür bekommt er aber keine Genehmigung, und die Rübenauer Glashütte muss dichtmachen. Meister ihres Fachs wie Heinrich Mitheiß, Christoph Siegert und andere, die an der Rübenauer Hütte tätig waren, gravieren später Gewehre für die Olbernhauer Gewehrmanufaktur und werden so vom Glasschneider zum Stahlschneider.

## Das Hammer-Werck zu Rübenau

*Zainhammer. Kupferstich von Jost Amman (1539 - 1591) im Ständebuch*

Mit seinen beiden Gütern, dem Äschern und der Glashütte ist Oehmichens Unternehmergeist noch nicht erschöpft. Hintergrund ist die sich verändernde Waffenausrüstung. Bei den damaligen stehenden Heeren werden Feuergewehre die gängige

Ausstattung. Daher floriert deren Herstellung immer mehr, somit ist die Zeit günstig für einen Rohrhammer. Oehmichens Motivation ist noch besser zu verstehen, wenn man erfährt, dass in den Hammerwerken auch viele andere unentbehrliche Gegenstände geschmiedet werden:

In einem R o h r h a m m e r stellen Schmiede an schnell schlagenden Hämmern aus Platinen (Eisenplatten) Eisenrohre her, vor allem für Flinten, aber auch für Wasserleitungen.

Ein Z a i n h a m m e r ist ein Eisenhammer, in dem Zaine geschmiedet werden. Ein *Zain* oder *Zein* (mittelhochdt. *zein* = Stab) ist ein meist stangenförmiger Metallrohling. Hauptabnehmer von Zaineisen sind Schmiede, die daraus Sensen, Löffel, Nägel usw. fertigten.

Zaine sind auch das Ausgangsmaterial für die Prägung von Münzen. Ob Oehmichen sich sogar daran versucht hat, gilt es noch herauszufinden!

Ein S c h a a r h a m m e r dient zum Herstellen von Blechen für Dächer und Verkleidungen, kann jedoch auch Bestandteil von Bergwerksanlagen sein.

Im kurfürstlichen Konzessionssystem hängt das Wohl und Wehe aller Gewerbe letzten Endes vom Landesherrn ab. Für einen Rohrhammer in Olbernhau stellte Oehmichen schon 1680 ein Gesuch. Er schrieb, es habe sich „*ein Rohrschmied von Sola*" (Suhl) an ihn gewendet und gebeten, „*ihme ein Plätzlein auff meinen Grund und Boden zu seinem Handwerk [...] einzuräumen*"[222]. Der Kurfürst findet daran nichts Bedenkliches und erteilt ihm die Konzession.

Sieben Jahre später ersucht Oehmichen um die Erlaubnis, in Rübenau einen Waffen-, Schar- und Zainhammer einzurichten. Dafür hat er einen triftigen Grund. In Olbernhau gibt es damals auch ein Schleif- und Bohrwerk, das ebenfalls Eisen und Wasser braucht. Das Eisen für seine Rohrschmiede muss Oehmichen daher „*mit großem Beschwer und vielen Unkosten*" aus „*weit entlegenen Hammerwerken*" beschaffen, und zwar aus dem böhmischen Platten (Horní Blatná). So kommt er auf die Idee, einem Waffen-, Schar- und Zainhammer in Rübenau aufzubauen. Dort steht auch ausreichend Wasser zur Verfügung.

Im Juli 1687 schreibt Oehmichen in seinem Gesuch, er habe da „*auch andren Bedürffnüs halber gute Gelegenheit*", ein Zain-Hammerwerk einzurichten. Auch wäre das von Vorteil für seine Majestät, weil dann „*mehr als bishero geschehen [...] auch Er. Churf. Durchl. Zeughäuser mit benöthigten Gewehr versehen werden können*"[223]. Offenbar rechnet er mit einem hohen Gewinn.

---

222 SHStA Dresden, 10036 Finanzarchiv, Loc. 36074, Rep. 09, Sect. 1, Nr. 0551
223 a. a. O., Nr. 0552

Es dauert zwei Jahre bis zur Erlaubnis, denn 1688 erheben Angehörige von Hammerwerken in Elterlein, Mittweida, Frohnau und anderen Orten Einwände gegen den geplanten Rohrhammer[224]. Sie fürchten, dass sie durch das zusätzliche Werk *„gänzlich ruiniert"* werden könnten.

Dennoch ist die kurfürstliche Behörde dem Vorhaben nicht gänzlich abgeneigt. Im Juni 1789 teilt Kurfürst Johann Georg III. dem Amt Lauterstein mit, dass Oehmichen ein kurfürstliches *„Hammer Secret"* beurkundet werden soll.[225] Der Floßmeister habe vor, für das benötigte Holz besonders gebrochene und *„winddürre"* Bäume aus den hiesigen Wäldern heranschaffen zu lassen. Das ist ein zusätzliches Plus für die Zustimmung aus Dresden. Genau einen Monat später liegt die Konzession vor, und der Bau des Hammers kann beginnen. Die Zainhammerbesitzer der Ämter Schwarzenberg und Crottendorf haben keine Einwände. Auch befindet sich das Rübenauer Hammerwerk etliche Meilen von dort entfernt und kann ihnen deshalb kaum hinderlich sein.[226]

Die Konzession ist ein Beispiel dafür, was die neue Reichszunftordnung von 1672 klar ausdrückt: Dem Landesherrn und nicht mehr den Zünften steht nun alle Macht zur Regelung der Gewerbe zu. Das Zunftrecht ist zu einem Privileg verwandelt worden, das der Landesherr verfügt und mit dem er nach Belieben umgehen kann. Wie es den absolutistischen Tendenzen der Zeit und dem Merkantilismus entspricht, kann er zum eifrigen Förderer oder – im negativen Fall – auch zum Hemmschuh der gewerblichen Entwicklung werden.

### Ein Wildschwein im Visier

Johann Georg Oehmichen steht 1692 aim Zenit seiner Karriere. Da mag ihn die Lust geritten haben, sich verstärkt in höchsten Kreisen zu bewegen und an der Jagd als einem noblen Gesellschaftsvergnügen teilzuhaben.

Auf einem ergötzlichen alten Bild schießt ein Jäger, der hinter einer kleinen Fichte kauert, mutig auf einen mächtigen Keiler. So kurz vor dem Lauf der Flinte hat das Wildschwein kaum eine Chance, dem tödlichen Schuss des unerschrockenen Waidmanns zu entkommen. Oehmichen könnte eine Szene wie die auf diesem bayerischen Bild vor Augen gestanden haben, als er Kurfürst Johann Georg IV. im März 1692 sein Jagdinteresse kundtut:

*„Sie geruhen gndgst [gnädigst], mich auf dem Guthe Olbernhaw und dahin gehörigen Dorfrefieren auch mit der Mitteljagt, auf dem Guthe Rübenaw aber von der sogenannten Hütten-und Leimbheyde biß an die böhmischen Grenze und an*

---

224 ebenda
225 SHStA Dresden, 10036 Finanzarchiv, Loc. 37770, Rep. 43, Lauterstein, Nr. 0010, Bl. 14
226 SHStA Dresden, 10036 Finanzarchiv, Loc 36144, Rep. 09, Sect. 1, Nr. 2420, sowie Loc. 37770, Rep. 43, Nr. 0010, Bl. 13

*den Waßer der Natzschka herunter biß zu den Einfall des Weißflußes, dann über die Hirsch Suhle hinauf zum Ende des Schwarzflusses, welche Refier um und um an mein Guth reinet, mit der Mittel- und Niederjagt nebst einen Deputat von vier Stücken Wildt in meine Haußhaltung zu begnadigen".* [227]

*Wildschweinjagd im Revier der Rüd von Kollenberg. Aquarellierte Darstellung von 1612*[228]

Das genehmigt zu bekommen ist ihm so viel wert, dass er dafür 200 Gulden *„baar Geldt"* als sicheres Pfand im Amt Lauterstein zu hinterlegen bereit ist, jedoch *„gegen meine daruber ausgestellte Obligation zu verzinsen"*.

In Dresden ist er als Münzinspektor an Ort und Stelle, dort hat er aus triftigen Gründen, von denen noch die Rede sein wird, einen guten Draht zu dem jugendlichen Kurfürsten, der erst ein halbes Jahr regiert. Nur einen Tag später ergeht tatsächlich der Bescheid, dem Oberfloßmeister Oehmichen nicht nur das erbetene Amt eines Ober- und Erb-Gerichtes *„als sein künftiges Erb-Eigentum"* zu übergeben, sondern ihm auch die Mitteljagd-Gerechtigkeit zu verleihen. Mit dem von ihm angebotenen Erbzins von 20 Gulden könne man einstweilen einverstanden sein, *„welcher aber um ein merkliches zu erhöhen getrachtet werden muss"*.[229]

Das damals geltende Kursächsische Jagdedikt von 1531 unterteilt die jagdbaren Tiere folgendermaßen:

---

227 SHStA Dresden, 10036 Finanzarchiv, Loc. 37770, Rep. 43, Lauterstein, Nr. 0008, Bl. 20 - 21
228 Foto: BHStA, Plansammlung 10705
229 a. a. O., Bl. 22 - 23

| Hohe Jagd | Bären, Hirsche, Damwild, Luchse, Schwäne, Trappen, Kraniche, Auerhähne und -hühner, Fasanen, Focker (Reiherart) |
|---|---|
| Mittlere Jagd | Rehe, Wildschweine, Wölfe, Birkhähne und -hühner, Haselhühner, große Brachvögel |
| Niedere Jagd | Hasen, Füchse, Dachse, Biber, Fischotter, Marder, wilde Katzen, Iltisse, Eichhörner, Wiesel, Hamster, Schnepfen, Rebhühner, wilde Gänse und Enten, Reiher, Taucher, Seemöwen, Wasserhühner, wilde Tauben, Kiebitze, Wachteln, kleine Brachvögel, Ziemer (Wacholderdrossel), Schnarre, Amseln, Drosseln, Lerchen und andere wilde kleine Vögel[230] |

Einer Treibjagd vorzubereiten und zu begleiten war für die Untertanen eine große Strapaze. Die Jäger ließen sich das Wild durch Schneisen, die mit Lappen abgegrenzt waren, zum Abschuss zutreiben. Daher rührt der heutige volkstümliche Ausdruck „durch die Lappen gehen" für das Entkommen einer schon sicher geglaubten Beute. Johann Georg Oehmichen will sich das erlaubte Jagdwild nicht „durch die Lappen gehen" lassen. Er glaube nicht, schreibt er deshalb am 13. Mai 1692 an den Kurfürsten, dass er in dem bewilligten Revier an der böhmischen Grenze „*von der Mittel Jagt einigen Nuzen oder Ergözlichkeit hätte*", und bittet, ihm ein anderes Revier erblich zuzuweisen. Im Auge hat er dieses:

„*[...] von dem Einfall der Steinbach allernächst unter meinem Guthe Rubenau in das waßer der Natzschung, dan an selbigen und an der bömischen Gränze hinnumb biß zu derselben und hinter der so genanten Hinter Heyde folgends an dem Flügel mit No. 4 bezeichnet, hintern Schwarz Fluß und Steinbacher Teichbächel herunter bis wieder zu obgedachten desselben Einfall in die Natzschung*".[231]

Bereits am 8. Juni 1692 erfüllt der Kurfürst seine Bitte:

„*Alß haben wir besagtem Oehmichen zu seinem Guthe Rübenau die gebetenen Hohen, Mittel- und Nieder-Jagten in offener Zeit auff denen beschriebenen Gegenden, inclusive seines Grund und Bodens, gegen das angebotene Geld Aequivalent der 1000 Gulden erblich eignen zu lassen, beschlossen.*"[232]

Das kostet sogar 1000 Gulden – der Jagdspaß hat seinen Preis! Eine Bedingung dabei ist: Wenn ein vom ihm oder seinen Schützen angeschossenes Wild ins Böhmische wechselt, so hat er das sofort den kürfürstlichen Forstbedienten anzuzeigen, mit ihnen das Wild zu suchen und „*den Unsrigen ohne Entgelt zu fernerer Einantwortung zu überlassen*". Zur Pflege des Jagdzeugs soll er jährlich mit 50 Gulden beitragen.

---

230 Krünitz, Ökonomische Enzyklopädie, Band 28 (1783), S. 100
231 SHStA Dresden, 10036 Finanzarchiv, Loc. 37770, Rep. 43, Lauterstein, Nr. 0008, Bl. 24 - 25
232 SHStA Dresden, 10036 Finanzarchiv, Loc. 37770, Rep. 43, Lauterstein, Nr. 0010, Bl. 9 - 10

Im Jahre 1700, als er nicht mehr lebt, werden im Amt Lauterstein seine Schulden aufgelistet. Dabei bestätigt sich der Verdacht, dass er auch die 1000 Gulden „vor der zu Rübenau verkaufffte Jagd" nicht bezahlt hatte (siehe Seite 159).

Ob 50 oder gar 1000 Gulden, solche Beträge waren für arme Bauern und erst recht für das Gesinde und die Tagelöhner unvorstellbar hohe Summen. Um 1700 besaß 1 Gulden eine Kaufkraft, die heute 40 bis 50 Euro entspricht. Für das erzgebirgische Dorf dieser Zeit liegen keine Lohnzahlen vor, jedoch sind einige für die Grafschaft Sayn-Altenkirchen im Westerwald bekannt. Dort musste 1747 für einen Gulden ein Handwerksmeister 2 Tage, ein Geselle etwa 2 ½ Tage und ein Tagelöhner sogar 3 Tage jeweils 13,5 Arbeitsstunden lang an den herrschaftlichen Bauten arbeiten. Dass solch ein Dasein unerträglich sein kann, werden die Untertanen bald darauf auch gegenüber ihrem geschäftigen Herrn Johann Georg Oehmichen vermelden.

**Ein rauer Garten Eden ...**

*Häuser wie hingestreut über Berg und Tal – ein spätere Ansicht von Rübenau vom Kriegwald aus. Nach einer alten Postkarte*

Wie angeschmiegt an die Natur, an Berge und Täler, Bäche und Baumgruppen, bieten im Laufe der Zeit in Rübenau immer mehr sorgsam aufgebaute Häuser Wohnstatt für Mensch und Tier. Wie man Johann Georg Oehmichen wegen seiner späteren dubiosen Manipulationen auch beurteilen mag, immerhin wurde zu seiner Zeit dank seiner Aktivität und Findigkeit der Grundstock zu einem geradezu paradiesisch über Höhen und Täler sich ausbreitenden großen Dorf mit regem Leben und Treiben gelegt. Das Rübenau entsteht, wie es die Älteren unter uns noch kennen, anheimelnd, doch auch belebt und betriebsam.

Aber wie eine Idylle kam es wohl nur Fremden vor. Schon von Beginn an waren in ihm auch oft Hunger und Armut, Krankheit und Tod, Ungerechtigkeit und Zwietracht zu Hause. Wenn das Dorf überhaupt eine Idylle war, dann eine recht raue, nicht zuletzt wegen der Unbilden des Bergklimas, das den Menschen damals noch mehr zusetzte als heute.

Schon Johann Georg Oehmichen beklagte sich darüber.

Es sei *„fast kein Jahr der Hafer zu schweigen Korn oder anderer nutzbarer Früchte reif worden, wohl auch die Viehzucht wegen ermangelnder Gräserei und Trift fast gar nicht zu nutzen ist, dahero bei bisherigen Missjahren ich als jetziger Besitzer des Guts ein merkliches zubüßen müssen"*[233].

Zwar habe er gehofft, das Gütlein im Rübenau würde wenigstens so viel an Nutzen abwerfen, dass seine Unkosten wettgemacht würden, aber das Gegenteil sei passiert. Zweifel an diesen Worten ist dennoch angebracht.

Einerseits verstand er bei seinen Unternehmungen immer, sein Schäfchen ins Trockene zu bringen, und war über viele Jahre alles andere als ein armer Mann.

Andererseits deutet nichts darauf hin, dass er sich wirklich um die Menschen sorgte, die seine Untertanen waren. Für seine Güter hatte er seit dem Sommer 1691 immer weniger Zeit und für seine Untertanen gar keine. In Rübenau blieben sie unter der Verfügungsgewalt seiner Pächter und anderer Gefolgsleute. Zuletzt kümmern sich zwei Brüder von ihm, so gut es geht, mit um das Gut.

Spätestens ab 1691 hat der Gutsbesitzer, Floßmeister, Rohrhammer- und Glashüttenbesitzer, Pottaschesieder, Gerichtsherr und Münzinspektor Oehmichen neue, geradezu verwegene Pläne, die ihn immer mehr von seiner Heimat fernhalten. Das Schicksal hat ihn begünstigt, aber in seiner Überheblichkeit stellt er sich selbst ungewollt Fallen. Es geht ihm wie dem „Zauberlehrling". Was er heraufbeschworen hat, wächst ihm über den Kopf. Doch es kommt kein großer Meister wie bei Goethe, ihn zu retten. Bald ist er gezwungen, fast ständig unterwegs zu sein und sich viel in Dresden aufzuhalten, zuletzt schließlich zwangshalber.

---

[233] ebenda

# Dass zum Zwecke Münzen klingen

*Warum fängt Johann Georg Oehmichen ständig etwas Neues an? Was treibt ihn an? Ist es Ehrgeiz und Größenwahn oder Gier nach Macht und Reichtum? Will er seine beiden Güter voranbringen, seinen Untertanen ein guter Herr sein, Rohrhammer, Brettmühle und Glashütte zuverlässig betreiben, so hat er doch schon mehr als genug zu tun. Aber nein, er fühlt sich berufen, den obersten Aufseher im kursächsischen Münzwesen zu spielen.*

## Der Ruf nach Silber

Die zweite Blüte des erzgebirgischen Silberbergbaus nach 1470 wirkt sich günstig auf die Silberförderung aus, und sie beeinflusst wiederum erheblich die Münzpolitik. Das geschürfte Silber muss gegen einen festgelegten Kaufpreis bei der Hauptmünzstätte in Freiberg abgeliefert werden. Bereits in der ältesten Freiberger Bergordnung ist das festgelegt mit den Worten *„und das Silber gehort in unsere muncze"*. So sichern sich die sächsischen Fürsten das Silbermonopol und können eine souveräne Münzpolitik betreiben. Die von Kurfürst August 1556 errichtete Münzstätte Dresden wird zur einzigen Münzstätte im Kurfürstentum. 1571 tritt es der Reichsmünzordnung des Heiligen Römischen Reiches Deutscher Nation bei, die Talerwährung hält Einzug.

*Vier Männer beim Kippen und Wippen, der Linkshänder schwingt gerade einen Hammer, um mit einem Münzstempel eine Kippmünze zu prägen*

Der Rückgang des Silberbergbaus, die hohen Prägekosten für Kleingeld und der damit verbundene Kleingeldmangel führen jedoch 1619 bis 1623 zur sogenannten Kipper-und-Wipper-Zeit. Dieser Begriff geht vom „Wippen" der Waagbalken und dem Aussortieren („Kippen") von Münzen aus, die damit dem Geldumlauf entzogen, eingeschmolzen und umgemünzt werden.

*Kippertaler zu 40 Groschen von 1621, aus der Zeit von Kurfürst Johann Georg I., Kippermünzstätte Dresden*

*Kippermünze 1 Pfennig von 1621, Kupferhammer Grünthal*

Eine Kontrolle dieses Treibens unterbleibt, weil sich auch Fürsten an der „Geldvermehrung" beteiligen. Die Monopolstellung der Dresdner Münze wird durch zahlreiche Kippermünzstätten unterlaufen. In denen werden keine Talermünzen, sondern Groschenstücke geprägt, die der Reichsmünzordnung nicht entsprechen müssen. Die kleinsten Münzen, einseitige Kupferpfennige, entstehen im Kupferhammer Grünthal.

Die drastische Münzverschlechterung und die gestiegene umlaufende Geldmenge führen zu einer Geldentwertung (Inflation). Deshalb kehrt Kursachsen 1623 wieder zum Reichsmünzfuß zurück. Die wertlosen Münzen werden fast alle vom Markt genommen. Die nachlassende Silberförderung und die damit steigenden Produktionskosten für Silber zwingen jedoch dazu, den Silberanteil der Münzen erheblich zu verringern, bis schließlich auch reine Kupfermünzen geprägt werden. Doch der Silberpreis steigt weiter, zumal das Land durch den langen Krieg verarmt und verwüstet ist.

Das zerrüttete Münzwesen wirkt sich besonders negativ auf den wirtschaftlichen Wiederaufbau aus. Kursachsen und Kurbrandenburg versuchen gemeinsam, eine Neuordnung des Münzwesens einzuleiten, indem sie 1667 den Zinnaischen und 1690 den Leipziger Münzfuß vereinbaren, bei dem der gestiegene Silberpreis berücksichtigt ist. Zur Sicherung der neuen Währung wird 1693 in Leipzig eine weitere Münzstätte eingerichtet. Sie zieht vor allem die zu den Leipziger Messen auftauchenden schlechten Münzen ein und prägt sie zu guten sächsischen Münzen um. Dies führt dauerhaft zu einer Gesundung des Münzwesens.

Aber Kursachsen braucht dringend Geld. Da kommt es wie gerufen, dass die Silberausbeute in den erzgebirgischen Gruben von Freiberg, Schneeberg, Marienberg und Johanngeorgenstadt in der zweiten Hälfte des 17. Jahrhunderts zunimmt. Dabei zeigt sich erneut, wie wichtig der erzgebirgische Bergbau für Sachsen ist. Diese dramatische Zeit ist es, in der sich Johann Georg Oehmichen als Retter des sächsischen Münzwesens zu erweisen versucht.

### Zehn Vorschläge „zur Verbesserung des Münzwesens"

Kaum ist der harte Erzgebirgswinter von 1691 überstanden, fährt Oehmichen nach Dresden, um dort Kurfürst Johann Georg III. seine schriftlich fixierten zehn Vorschläge zum Münzwesen vorzulegen, an denen er vermutlich lange herumgeknobelt hat. Er stellt dar, wie seines Erachtens *„jährlich dero Müntz Interesse umb etliche tausendt Thaler höher als bießhero gebracht werden könne"*.

Was meint er damit? Ihm schweben *„ziemlich große Münzungen"* vor, für die ihm selbst alles klar scheint. Er sieht *„bloß wegen der vorgeschlagenen Müntzstadt im Gebürge einige Schwierigkeit, damit es keiner Heck Münze ähnlich scheinen möge"*.[234] Mit „Heckmünzen" sind falsche und untaugliche Münzen gemeint.

Auf das Hauptproblem, woher das Silber für die empfohlenen großen Münzmengen hergenommen werden soll, geht er zunächst nur vage ein. Darum kommt er mit seinen Vorschlägen nicht so an, wie er es sich vorgestellt hat. Anscheinend sieht man am Dresdner Hof seine Ideen als fragwürdig an.

Noch zweimal reicht Oehmichen seine Vorschläge ein. Nunmehr ist auch die Rede von *„Silberlieferanten"* und *„Kauff der Bergsilber"*[235], wobei er mehrfach betont, welche führende Rolle ihm selbst dabei zukommen sollte. Es könnte *„das andere Jahr die Müntzerhöhung uff 40000 Rth. [Reichstaler] steigen"*, versichert er. Der Kurfürst möge doch seinem Ratskollegium den Spezialbefehl erteilen, seine Vorschläge genau zu erwägen. Danach möge er ihm nach seiner Vorstellung *„gesuchte freye Disposition und Inspection gdst [gnädigst] auftragen und anvertrauen lassen"*.

Offenbar werden infolge der Geldnot im Kurfürstentum Sachsen Oehmichens Vorschläge hierauf wirklich beachtet, denn am 9. September 1691 bedankt er sich überschwänglich und reicht ein „Memorial" mit ähnlichen Vorschlägen ein wie zuvor, aber nun fügt er auch Termine hinzu.

---

234 SHStA Dresden, 10036 Finanzarchiv, Loc. 36096, Rep. 09, Sect. 1, Nr. 1421
235 ebenda

## Der verheißungsvolle „Silbercontract"

Am 12. September 1691 stirbt Johann Georg III. Sein Erstgeborener besteigt als Johann Georg IV. den Thron. Damit beginnt für seinen Namensvetter aus dem Erzgebirge eine aussichtsreiche Zeit.

„Seit 1684 war Johann Georg IV. in Aufgaben der Landesverwaltung einbezogen worden. Bald galt er als energisch und willensstark, ausgestattet mit einem durchdringenden Verstand. Er versprach, ein befähigter Regent zu werden. Dies bewahrheitete sich, als er mit 23 Jahren 1691 die Nachfolge des Vaters antrat. Von Beginn seiner Regentschaft an nahm er mit Eifer an den Sitzungen des Geheimen Rates teil und überwachte die Tätigkeit der Geheimen Räte [...]. Während der Vorbereitungen eines weiteren Feldzuges gegen Frankreich im Jahre 1694 starb Kurfürst Johann Georg IV. am 17. April 1694 [...] an den Blattern. Eine Bilanz der außerordentlich kurzen Regierungszeit von Kurfürst Johann Georg IV. weist viele Aktivitäten auf, positiv wie negativ wirkende, die aber teilweise in den Anfängen steckengeblieben sind."[236]

Der junge Kurfürst ist wagemutig, langes Zaudern ist nicht seine Art. Kursachsen braucht Geld, vor allem für Wirtschaft und Handel, aber auch für Armee und Hofhaltung. Die Vorschläge von Johann Georg Oehmichen gefallen ihm derart, dass er schon am 9. Oktober 1691 mit ihm einen „Silbercontract" abschließt.

---

[236] Groß, Reiner Die Wettiner. Kohlhammer Verlag Stuttgart 2007. S. 170f.

Damit der Gutsherr und Floßmeister aus dem Erzgebirge das versprochene Münzwunder vollbringen kann, wird vereinbart: *„Daß besagter Oehmichen die gantze Müntzstatt allhier zu Dreßden und den Silberhammer vorm Wilßdorffer Thore nebst den daselbst und sonst vorhandenen Münz- undt Druckvorwercken und darzu gehörigen Wüstungen [...] übergeben werden soll, sich solcher frey zu gebrauchen [...] Übrigens verstatten wir diesen Inspectori Öhmichen, seinen Erben und Nachkommen oder mit weme er sich dißfalls in Societaet einlassen wird, das gantze Werck in Unseren Nahmen anzufangen und zutreiben [...]".*[237]

Es sind wunderbare Aussichten, die Johann Georg Oehmichen dem jungen Kurfürsten vorgaukelt, auch wenn sie ein wenig an die spätere „Goldmacherei" von Johann Friedrich Böttger erinnern. Und dass er die einzige warnende Bedingung erfüllt, die ihm gestellt wird, mutet wie eine Selbstverständlichkeit an. Doch gerade sie wird zeigen, dass das verantwortungsvolle Amt, das er übernimmt, auf tönernen Füßen steht. Denn diese Bedingung lautet: *„doch dass der geringste Unterschleiff, bey Vermeidung hoher Strafe, darbey nicht verübet werde"*. „Unterschleif" ist der damals gängige Begriff für Unterschlagung und Veruntreuung.

Was erwartet der junge Kurfürst von dem Mann aus Olbernhau für sein Land?

*„Hingegen hat ermelter [...] Johann Georg Öhmichen zugesaget und versprochen, vor die Münznuzung [...] jährlichen 30000 Thaler von izo Michaelis [...] zu Unserer RenthCammer allhier zu Dreßden ohne Abgang und Abzug zubezahlen und unfeilbar zu liefern [...]".* Er soll das Land, vor allem die Kauffmannschaft, ausreichend mit Geld versorgen, *„die bösen Müntzen"* abhalten, *„von frembden Silbern ein Ansehnliches herbey ziehen, weiln das jenige, so außm Bergwerg Unserer Lande gewonnen wird, nicht zulänglich in gewisser Quantität zu Unserer allhiesigen Müntzstätt"*[238] geliefert werden kann.

Der Silberpreis erhöht sich wieder, womit sich erneut bestätigt, dass die einheimische Silberausbeute nicht mehr ausreicht. Oehmichen darf deshalb auch Silber im Ausland einkaufen und damit Münzen prägen lassen. Das teuer gemünzte Geld soll aber auch schön anzusehen sein:

*„Er soll auch vornehmlich dahin sehen, dass zu Unsern Respect alle das Geld, an groß und kleinen Sorten, auf einen saubern und netten Stempel mit Fleiß und daß es ansehnlich in die Augen falle, gepräget werde",* so diktiert der Kurfürst.[239]

Johann Georg Oehmichen verspricht all diese Wünsche und Bedingungen getreulich zu erfüllen. Für seine Münz-Kunststücke wird ihm im Jahr eine Besoldung von 1000 Reichstalern zugesagt. Das ist viel mehr, als er mit seinem Gut Rübenau erwirtschaften kann.

---

237 SHStA Dresden, 10036 Finanzarchiv, Loc. 36096, Rep. 09, Sect. 1, Nr. 1421
238 ebenda
239 ebenda

## Von echtem Schrot und Korn

Seine neue Anstellung führt dazu, dass er sich jetzt wochenlang in Dresden aufhält. Wegen seiner Aufgabe, günstig Silber einzukaufen und als Münzinspektor die Ausmünzung zu überwachen, muss er auch öfters nach Leipzig fahren, aber auch in die Saigerhütte Grünthal in seiner Heimat und an andere Orte.

*Das ehemalige kurfürstliche Stallgebäude am Jüdenhof von Dresden im Jahre 1680. Hier waren im Erdgeschoß die kurfürstlichen Pferde und Kutschen untergebracht. Nach zwei Umbauten wurde später das Johanneum daraus. In einem gemieteten Haus daneben hatte Johann Georg Oehmichen seine Wohnung. Von dort waren es nur wenige Schritte bis zum Residenzschloss.*

Was er selbst will und von ihm verlangt wird, ist schwer zu erfüllen. Woher soll er das viele Geld nehmen, um das eingekaufte Silber zu bezahlen und jährlich 30000 solide geprägte Taler zu liefern? Wörtlich steht in seinem Kontrakt:

„*Übrigens soll er bey Leib undt Lebensstrafe gehaltn seyn*", die Münzen richtig „*an Sorten Schrot und Korn*" nach dem 1691 schon gültigen Leipziger Fuß oder „*uf Unsere Special=Verordnung*" verfertigen zu lassen, ohne im geringsten davon abzuweichen. Damals ist mit „Schrot" das Gesamtgewicht einer Münze gemeint und mit „Korn" ihr für den Münzwert ausschlaggebender Edelmetall- oder Feingehalt. Erhalten geblieben ist davon nur die Redewendung „von echtem Schrot und Korn" für einen zuverlässigen und aufrichtigen Menschen.

Ist der geradezu tollkühn gewordene Oehmichen selbst von echtem Schrot und Korn? Kann er die übernommene Riesenaufgabe schultern? Weiß er in seinem

Erzgebirgsdorf, wo am ehesten und am günstigsten Silber für Sachsen eingekauft werden kann, weil das aus den hiesigen Bergwerken nicht mehr ausreicht? Meint er wirklich, er habe den erfahrenen Münzmeistern in Dresden und Leipzig Entscheidendes voraus?

Selbst wenn er sich so wissend fühlt, kommt dennoch der Verdacht auf, dass er sich mit dieser Position, in die er sich selbst mit aller Macht gedrängt hat, von vornherein übernommen hat. Es drohen eiserne Strafen, wenn er versagt. Seine Selbstüberschätzung und sein Geltungsdrang stehen ihm im Wege und werden ihn letztendlich zu Fall bringen.

Später, als Oehmichen schon in Arrest sitzt, wird in Rübenau ein Prägestempel gefunden. Hat er zusammen mit anderen vielleicht ehemals selbst „Heckmünzen" geprägt? Bei der Vernehmung streitet er energisch ab, jemals irgendetwas mit diesem Stempel zu tun gehabt zu haben. Im Protokoll ist zu lesen:

*„Daß nach Rübenau ehemahls ein gothischer [altertümlicher] Münzstempel kommen oder Kinder damit gespielet, will er weder wissen noch glauben. In seinem Hause sey niemahls gemünzet worden."*[240]

Es könne sich auch um ein Siegel handeln, sagt er. Ehemals habe ein Mann, der sich in Rübenau aufhielt, viele alte Stempel gehabt. Oehmichen stellt sich nur unwissend, denn dem widersprechen drei Aussagen. In einem Album der Rittergüter heißt es 1856: *"Um jene Zeit [1690] bestand hier eine spurlos verschwundene Münzstätte, in welcher 1/24, 1/11 und 2/3 Talerstücke geprägt worden sind."*[241] Der Pfarrer Künzel schreibt 1908 in seiner Schrift über Rübenau fast das Gleiche, und der Ortschronist Henschel nennt 1828 sogar den Ort: *„Weiter gelangt man zu den Berglöchern als den letzten Überresten der Zeit, als hier Erze gefunden wurden und sogar Geld geprägt worden ist.*[242] Tatsache oder nur Vermutung?

Wie auch immer, es hat gewiss einen stichhaltigen Grund gegeben, dass Oehmichen ein solches Amt anzustreben wagte. Zudem muss er Überzeugungskraft besessen haben, um die Obrigkeit in der Dresdner Residenz für seine Ideen zu gewinnen.

Nicht abzusprechen ist ihm auch, dass er sich offenbar zumindest am Anfang redlich bemüht, seine Versprechungen zu erfüllen. Dafür ein Beispiel: Wie erwähnt, war im kursächsischen Regalrecht festgelegt, dass alles geschmolzene Silber aus gefördertem Silbererz in die Münzstätte zu liefern ist. Durch dieses Ankaufsmonopol blieb der Silberpreis unabhängig vom tatsächlichen Aufwand. Vom Kupfererz musste damals im Allgemeinen der Zehnte abgeliefert werden, über das weitere enthaltene Metall darf der Grubenbesitzer frei verfügen.

---

240 SHStA Dresden, 10036 Finanzarchiv, 10024 Geheimes Archiv, Loc. 10381/42, Bl. 59
241 Album der Rittergüter und Schlösser des Königreiches Sachsen ... Leipzig 1856. S. 224
242 Henschel, Adolf: Führer Rübenau i. Erzg. und Umgebung... Zöblitz 1828. S. 49

Mit der Entdeckung des Saigerverfahrens zur Silberscheidung gelangte der Eigentümer der Schmelzhütte in den Besitz des im Kupfererz (Schwarzkupfer) enthaltenen Silbers, das nicht ablieferungspflichtig war. Der dem Landesfürsten zustehende Anteil am Kupfererz war ja mit dem Zehnten bereits abgegolten. Somit war zusätzlich gewonnenes Silber verfügbar, wenn auch keineswegs in den benötigten großen Mengen. Eines Tages bezog Oehmichen von einem Lieferanten ein Silber, das für die Münzprägung ohne Zuschlag von weiterem Silber nicht brauchbar war. Er bat, ihm zu gestatten, das minderwertige Silber auf der Saigerhütte zu Grünthal saigern zu lassen, *„damit sodann die armen Silber mit denen feinen können gereichert und dadurch die Ausmüntzung desto schloüniger befördert werden"*[243].

Und wirklich erhält der Faktor der Saigerhütte den Befehl dazu. Fälle wie diese, bei denen Oehmichen sich sinnvoll eingesetzt hat, müssen angesichts der Flut seiner folgenden Vergehen gerechterweise auch beachtet werden.

### Eine folgenschwere Festlegung

*Matthäi, Heinrich: Blick in die Ostra-Allee von Dresden 1874. Links vorn die alte Münze mit einem Wachpostenhäuschen davor*[244]

---

243 SHStA Dresden, 10036 Finanzarchiv, Loc. 36096, Rep. 09, Sect. 1, Nr. 1421, Bl. 26
244 http://xn--dresden-mhlen-4ob.de/ - Zugriff 28.4.2016

Weil 1693 zur Sicherung der Währung nach dem neuen Zinsfuß die Leipziger Münzstätte wieder eingerichtet wird, muss der Kontrakt erneuert werden. Am 18. Mai 1693 wird ein zehnjähriger „*Silberlieferungs- und Münz-Contract*" mit Oehmichen abgeschlossen. Die Münzstätten zu Leipzig und Dresden nebst dem Silberhammer vor dem Wilsdruffer Thor werden ihm „*zu freyen gebrauch eingeräumet und übergeben*". Er ist berechtigt, sie „*auff seine freywillig übernommene Kosten einzurichten*" und dabei zusammenarbeiten, mit wem er will.

Ansonsten bleiben seine Aufgaben ähnlich wie zuvor: Er soll das Land mit gutem Geld versorgen und dafür sorgen, dass „*die Einschleichung ungerechter Münz Sorten aber hinführo zurückgehalten und die Heck-Münzen gestopffet werden möchten*".[245] Dafür werden ihm wiederum 1000 Taler Besoldung verordnet, aber nun folgt eine schwerwiegende Bestimmung:

„*Zu Festhaltung und richtiger Erfüllung dieses Contracts hat der Ober Aufseher und Ober-Münz-Inspector Öhmichen alle seine izo habende und künfftige noch erwerbende beweg- und unbewegliche Güther, samt und sonders [...] hiermit und krafft dies alles verpfändet.*"[246]

Man muss förmlich den Atem anhalten, wenn man das liest! Ist Johann Georg Oehmichen derart von seinem Erfolg überzeugt, dass er zu solch einer einschneidenden Bedingung ja und amen sagt? Zu hoffen ist, dass er später in der Dresdner Haft selbst eingesehen hat, wie leichtsinnig es von ihm war, das zu unterschreiben. Erneut stellt sich die Frage, ob ein einzelner Mann solche gewaltigen Aufgaben, wie die von ihm übernommenen, überhaupt hätte bewältigen können. Wann mögen ihm selbst die ersten Zweifel gekommen sein? Wer ließ hier wen ins Messer laufen? Er sich selbst. Aber auch andere ihn.

Er nimmt sich sogar die Zeit, wieder einmal in die Heimat zu fahren und bei der Gelegenheit auch auf seinem Gut in Rübenau zu kontrollieren, ob alles ordentlich seinen Gang geht. Damals, im März 1692, stellt er den in der vorangegangen Geschichte erwähnten Antrag auf Übereignung der großen gerodeten Fläche bis an die böhmische Grenze, die Komotauer Straße und nach Einsiedel. Die Zeichnung vom Umfang des Gutes entsteht (s. S. 117).

Und es sind nicht zuletzt familiäre Gründe, die ihn damals in Olbernhau festhalten.

---

245 a..a. O., Bl. 46-46c
246 a. a. O., Bl. 39

**Ein Neugeborenes ohne Mutter**

Johann Georg Oehmichen ist um 30 Jahre alt, als er sich am 30. Oktober 1676 mit der etwa gleichaltrigen Maria Sophia Thum vermählt. Es ist eine gut erwogene Heirat, denn die Tochter von Johann Gottfried Thum, dem wohlbestallten kurfürstlichen Amtsverwalter von Frankenberg und Sachsenberg ist nun seine Frau. Ob es eine Liebesheirat war, ist schwer zu sagen, denn es ist kein einziger Brief an seine Frau oder von ihr an ihn auffindbar. Sie wohnen zwar auf dem Olbernhauer Gut, aber seine rege Geschäftstätigkeit führt Oehmichen schon von jeher oft anderswohin. Von unterwegs hat er ihr vielleicht geschrieben, doch auf jeden Fall bringt er ihr von seinen Reisen kostspielige Geschenke mit, wie sich erweisen wird.

Seine Vorfahren waren zumeist sehr kinderreich, aber bei ihm und seiner Frau bleibt über 15 Jahre jeglicher Kindersegen aus. Dann endlich wird seine Frau schwanger. Um diese Zeit ist er fast ständig wegen seiner Münzgeschäfte abwesend und kann sich selten länger daheim aufgehalten. Ob er am 22. Oktober 1692 bei seiner Frau war, als sie ihre gemeinsame Tochter zu Welt bringt, ist nicht herauszufinden.

Wenn es nicht der Fall war, dann wird er es später wohl sehr bedauert haben denn dieser Herbsttag ist zugleich ist der Sterbetag seiner 36-jährigen Frau. Sie übersteht ihre Niederkunft nicht. Nach ihrem Tod schreibt der Pfarrer ins Olbernhauer Kirchenbuch, sie sei nach der Entbindung *„eines gesunden töchtergens [...] in Ihren Jesu sanft und seelig"* gestorben. Man kann es sich schwer vorstellen. Auf alle Fälle muss sie sehr fromm gewesen sein, denn er vermerkt auch, dass sie *„Eine andächtige und inbrünstige Beterin, Eine grose Gut= und Wohlthäterin der Kirchen, geistlichen und armen Leüte"* war.

Oehmichen gibt seiner Tochter die gleichen Vornamen, die seine Frau trug. Zur Beerdigung und Taufe kommt sein Schwiegervater von weither nach Olbernhau. Laut Eintrag im Kirchenbuch ist er inzwischen *„wohlbestallter Amtsverwalter v. Brandenburg u. Sachsen"* geworden.

**Einhundertfünfzigtausend Taler aus der Kriegskasse**

Kaum zwei Monate später hat Johann Georg Oehmichen den ersten großen Schmerz überwunden. Im Dezember 1692 reicht er beim Kurfürsten einen folgenschweren Antrag ein. Er bittet, dass ihm *„zur besseren Fortsetzung des Münzenwesens"* ein Vorschuss von 150.000 Talern aus der Kurfürstlichen Kriegskasse ausgezahlt wird. 150.000 Taler – das ist zu damaliger Zeit eine geradezu unvorstellbar hohe Summe.

Doch tatsächlich, Johann Georg IV. erlässt einen zustimmenden Befehl an die Geheimen Kriegsräte:

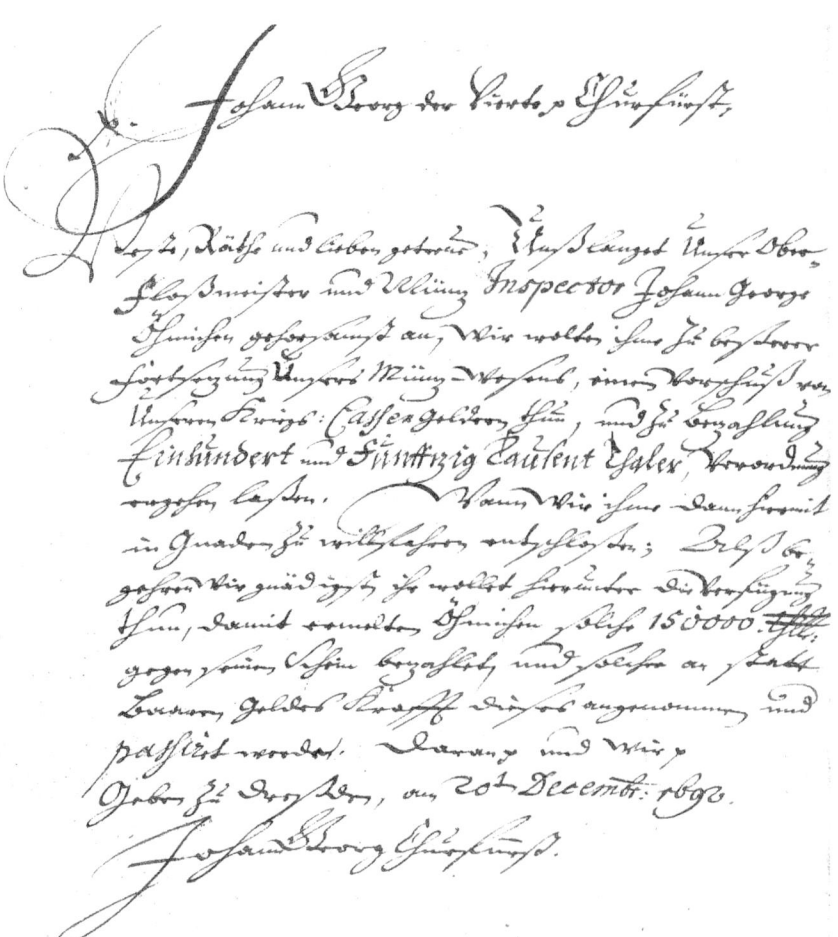

*"Johann Georg der Vierte, Churfürst,*

*[...] Unß langet Unser Ober=Floßmeister und Münz Inspector Johann George Öhmichen gehorsamt an, Wir wolten ihme zu beßerer Fortsezung Unseres Münz-Wesens, einen Vorschuß von Unseren Krieg: CassenGeldern thun, und zu Bezahlung* **Einhundert** *und* **Funffzig Tausent Thaler***, Verordnung ergehen laßen. [...] Alß begehren Wir gnädigst, ihr wollet hierunter die Verfügung thun, damit ermelter Öhmichen, solche 150.000 Thlr. gegen seinen Schein bezahlet, und solche an statt Baaren Geldes Krafft dieses angenommen und passiret werden. [...]*

*Geben Zu Dreßden, am 20ten Decembr: 1692*[247]

---

247 SHStA Dresden, 10011 Geheimes Kriegsratkollegium, Nr. 2194, S. 1 (ohne Zählung)

Die Hofräte des jungen Kurfürsten sind entsetzt über die gewaltige Menge von Münzen, die mit ungewisser Rückzahlung und Verwendung aus der Kriegskasse genommen und dem Münzinspektor Oehmichen noch vor Silvester ausgehändigt werden soll. Der Kriegsrat Christoph Friedrich Bose (der das „von" seines Adelsnamens nicht benutzt) bringt vor, so viel Geld hätten sie gar nicht in Händen, denn die Versorgung des Generalstabes und die kurfürstliche Leibgarde zu Pferde würden auch *„ein Großes an baaren Gelde erfordern"*.

Überhaupt bestehe wenig Hoffnung, es zurückzubekommen, weil Oehmichen *„in großer Schuldenlast stecken mag"*. Wie er selbst angegeben habe, hätten *„seine Creditores [Gläubiger] ihm alle Capitalia auffgekündiget"*. Angesichts all dieser Umstände könne Ihrer Durchlaucht nicht geraten werden, *„einer privat Persohn so hohe Geldt Summen ohne [...] Versicherung und zulängliche Caution auff einen bloßen Schein anzuvertrauen."* [248]

Aber der Kurfürst kann in Oehmichen *„einiges mißtrauen nicht sezen"*, er ist aus *„bekannten ursachen von ihme des Gegentheils versichert"*. Darum bleibt bei seinem Befehl, dass *"Unserm Münz Inspectorn solche Einhundert und Funffzig Tausendt Thaler gezahlet werden sollen".*[249]

**Gespräch bei Hofe**

Am Hof beobachtet man gespannt und misstrauisch, was der Mann aus Olbernhau auf einem so wichtigen Gebiet wie dem Münzwesen zustande bringen würde. Außer Johann Georg IV. selbst gibt es anfangs noch einige andere Wohlmeinende, die an die Fähigkeiten des gewinnenden Erzgebirglers glauben, darunter auch der Geheime Rat und Kammerpräsident Ludwig Gebhard Freiherr von Hoym. Als Oehmichen im Dezember 1692 bei Johann Georg IV. um das Darlehen von 150.000 Reichstalern nachsucht, fragt seine Durchlaucht den von Hoym um Rat, ob sie dem Oehmichen so viel Geld sicher anvertrauen dürften. Darauf soll Hoym geantwortet haben: „Er ist ein guter Mann. In ihn sind keine Zweifel zu setzen". Wie es in solchen Fällen meist ist, mangelt es aber von Beginn an auch nicht an hämischen Bemerkungen über den Unbekannten aus dem Gebirge.

Nun gibt es damals einen Beschluss, der besagt, wenn jemand in Geldsachen einen anderen empfiehlt und meint, dass man an ihm nicht zu zweifeln brauche, so müsse er als Fürsprecher bei Nichtzahlung für ihn haften. In geldklammen Zeiten auf diese Weise Schulden einzutreiben sei nur rechtens, so das Argument.

Das folgende Gespräch hat zu jener Zeit jemand bei Hofe mit angehört und aufgeschrieben:

---

248 SHStA Dresden 10011 Geheimes Kriegskollegium, 2194
249 ebenda

*"Es ist damahls gesagt worden, daß Churfürst Johann Georg der IV. kurtz vor des Herrn von Hoymb[250] Arrestation Ihme dieses vorgehalten und gesagt: Herr Cammer Praesident, Ihr habt mich auch darzu beredet, dass ich Öhmichen das Geld aus der Kriegs Caße geliehen, wird mich Öhmichen nicht Bezahlen so fordere ich*

---

[250] Ludwig Gebhard Freiherr von Hoym (1631-1711) mißbrauchte die Gunst des Kurfürsten Johann Georg IV., um sich schamlos zu bereichern. Auch an Münzfälschungen soll er beteiligt gewesen sein. Nach dem Tod seines Bruders ließ August der Starke ihn auf dem Königstein gefangensetzen. 1696 konnte Hoym gegen Zahlung von 200000 Talern die Niederschlagung seines Prozesses erreichen und wurde sogar wieder als Kammerpräsident angestellt.

*das Geld von Euch, und bey diesen Worden solle die damahligen Cammer Räthe mit gewesen seyn. Soll auch der junge Herr Geheime Rath von Beichling Excell. hiervon genaue Nachricht noch wißen zu sagen, denn als der H. von Hoymb von Ihr Churfürstl. Durchl. rauß gangen, begegnet ihme obgedachter Herr von Beichling, diesen fraget der Churfürst, ob ihme nicht Hoymb Begegnet, und wie er ihme vorkommen, der H. von Beichl. antwortet; mir cam er ganz Confus vor; Ja, sagt der Churfürst, ich habe auch was hartte mit ihm geredt, wann Öhmichen mir die Gelder nicht solte wieder bezahlen können, Soll mir Sie, Hoymb, guth genug wieder restituiren, der A. wird ihm ziemlich mit grund Eiße gehen.*"[251]

**Stationen der nahenden Katastrophe**

Anfang des Jahres 1693 beginnt sich der Knoten zusammenzuziehen. Da Hans Georg Oehmichen für die geliehene hohe Summe keine vergleichbare Leistung erbringt und noch unübersehbare andere Schulden hat, fordern seine Gläubiger immer nachdrücklicher ihre Gelder zurück und verlangen nach Sicherheiten.

Oehmichen verspricht das Geld bis Januar 1694 in *„guten tüchtigen Münz-Sorten"* wieder in die Kriegskasse einzuzahlen. Dafür verpfändet er seinen gesamten Besitz in Olbernhau und Rübenau!

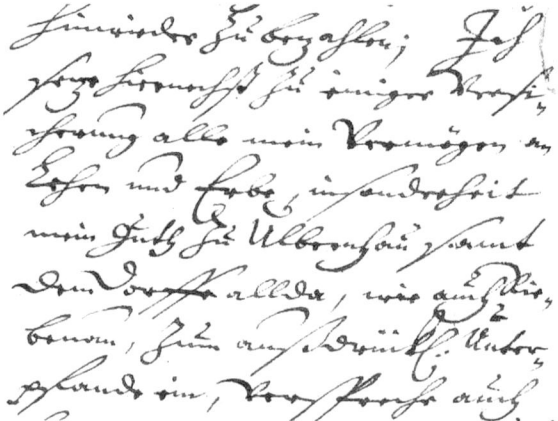

*Aus der Erklärung von Johann Georg Oehmichen über die Verwendung und Rückzahlung der 150.000 Taler vom Januar 1693*

*„[...] Ich setze hiernechst zu einiger Versicherung alle mein Vermögen, an Lehen und Erbe, insonderheit mein Guth zu Ulbernhau samt dem Dorffe allda, wie auch Riebenau, zum außdrückl: Unterpfande ein [...]"*[252]

---

251 SHStA Dresden, 10024 Geheimer Rat, Loc. 10381/35, Bl. 4
252 SHStA Dresden, 11237 Geheimes Kriegsratskollegium, 2195. Bl. +0

Er hat Verantwortung für zwei Güter und Dörfer mit vielen Untertanen. Dazu passen würde besonnenes Handeln, aber das ist seine Sache nicht, und anscheinend plagen ihn auch keinerlei Skrupel. Noch kennt sein Dünkel keine Grenzen.

*Nobler Herr, durch eine Stadt flanierend – so wie vielleicht einst Johann Georg Oehmichen durch Leipzig. Kopie nach Abraham Bosse. Radierung. Um 1629/ 35*

Eine kleine Chronik der folgenden Ereignisse:
22.2.1693: Johann Georg IV. will seine Armee im sogenannten Reichskrieg gegen Frankreich an den Rhein marschieren lassen. Wegen der Kosten dafür soll Oehmichen die schon erhaltene Summe innerhalb von zwei Monaten zurückzahlen. Ein Notar will ihm das Schriftstück mit dem Befehl aushändigen, aber trifft ihn nicht in seiner Wohnung an. Er ist zur Jagd in den Dresdner Saugarten gefahren und kommt erst 6 Uhr abends zurück.

17.5.1693 Der Kurfürst versichert seinem Ober-Münzinspektor, wenn die Armee vom Rhein nach Dresden zurückgekehrt sei, werde er die ganze Summe von 150.000 Talern wieder bekommen, oder so viel, was ihm an Geld fehlt.

19.5.1693 Der Kriegsrat Christoph Dittrich Bose ist ganz und gar nicht einverstanden, weil Oehmichen überhaupt noch nichts zurückgezahlt hat, sondern immer wieder Ausflüchte gebraucht. Wegen der letzten Missernte droht eine Hungersnot, das Geld wird dringend benötigt.

27.6.1693 Johann Georg IV. erteilt vom Rhein aus nochmals Order, dass Oehmichen die geforderten schuldigen Summen sofort entrichten soll.

14.7.1693 Bose schreibt an den Kurfürsten: „*Alß werde ich genöthigt, bei dem Herrn Ober Auffseher [Oehmichen] zu dero Abführung [Verhaftung] förderlichst Anstalt zu machen*".[253]

15.7.1693 Oehmichen verspricht erneut Silberlieferungen und bittet um weiteren Zahlungsaufschub.

31.7.1693 Bose teilt dem Kurfürsten mit: Oehmichen habe eine Anweisung auf 10000 Taler gesendet, aber dieses Geld nicht eingezahlt. Alles sei nur Verzögerung. Mit den von der Leipziger Messe zurückbehaltenen englischen Geldern habe er Privatschulden beglichen. Er stehe bei vielen in der Kreide. Seine Güter sollen nun beschlagnahmt werden, aber sie seien vermutlich weniger als ein Drittel der schuldigen Gelder wert. Für die Armee habe man fast kein Geld mehr. Soweit Boses Nachricht.

9.8.1693 Befehl des Kurfürsten aus dem Hauptquartier in Sintheim am Neckar: Bis zu unserer Rückkehr kein Personalarrest für Oehmichen!

21.8.1693 Der Kreisamtmann von Leipzig lässt ein Schreiben in die „Hohe Lilie" am Leipziger Neumarkt bringen, wo Oehmichen sein Quartier hat. Dort wird dieser nicht angetroffen. Zurückgekehrt schreibt er empört an den Amtmann: "*Ich habe uf meiner reise mit befremdung vernehmen müssen, wie derselbe sich unterstanden, mich mit gewissen Gerichts Persohnen in meinem Logement zu Leipzig unter dem Vorwand als ob Er von dem Herrn KriegsRath Bosen mir eine schrifftl. Ordre zu insimeiren [überbringen] habe, zu einer schimpffl Personal Arrest Miene machen zu laßen.*"[254]  Was nicht stimmt!

1. und 3. 9.1693: Oehmichen ersucht darum, dass er und seine Güter wieder in den alten Stand versetzt werden und der Kurfürst dazu einen gnädigsten Special-Befehl erteilt.

6.9.93 Er verspricht, in Jahresfrist die bisher erhaltenen 63088 Taler gänzlich zurückzuzahlen, und bittet, alle Zwangsmaßnahmen zurückzunehmen und ihm eine Fristverlängerung ausfertigen zu lassen.

---

253 a. a.O., Bl. 35
254 a. a.O., Bl. 67-68

8.9.1693 Bose schreibt an den Kurfürsten, die Klage, die Oehmichen vorgetragen habe, sei mit Unwahrheiten und Injurien gespickt. aber „*der boßhafte Diffamant [habe] E. Churf. Durchl. mit der höhesten Unwahrheit berichtet, dass wir diesen gnädigsten Befehl zuwieder ihn durch Gerichts=Personen suchen und in Arrest nehmen laßen wollen.*"[255] Er habe dem Amtmann in Leipzig nur befohlen, ihm die kurfürstliche Original-Verordnung „*B*" auszuhändigen. Aber der Münzinspektor sei bereits flüchtig gewesen, weil er befürchtete, dass andere Gläubiger nach ihm greifen. Bose ersucht den Kurfürsten, Oehmichen zu inhaftieren und ihm den Prozess zu machen.

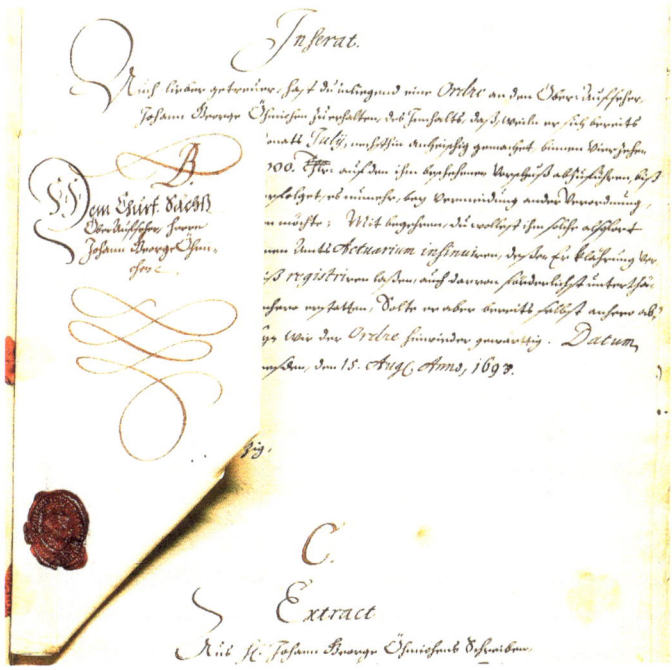

Der nicht zugestellte Brief (B) ist bis heute ungeöffnet!! Dazu ein „Inserat" als Begleitschreiben und ein „Extrakt" aus dem Brief des Münzinspektors

29.9.1693 Der Kurfürst befiehlt zu aller Verwunderung, von Arrest und Sequestration von Oehmichens Gütern völlig abzusehen und ihn wegen der zu fordernden 63088 Taler unangefochten zu lassen.

15.12.1693 Der Kurfürst ersucht seine Räte, darauf zu achten, dass trotz der irritierenden Vorgänge „*die Vermünzung ohne Hinternüs wie bißhero geschehen*"[256] kann und nicht darunter leidet.

---

255 a. a. O., Bl. 85-86
256 SHStA Dresden, 10024 Geheimer Rat, Loc. 9814/2

27.4.1694 Zum großes Pech für Oehmichen stirbt mit 26 Jahren sein Gönner Johann Georg IV. Nachfolger wird dessen Bruder Friedrich August (August der Starke).
3.9.1694 Die Verordneten Hof- und Justitien-Räthe bitten Friedrich August I. um den Befehl, *„die vormahls angeordnete Sequestration des Schuldners Güther wieder zu erneuern, auch zuzüglich, dass dem Schößer zu Lauterstein die vorhandenen Mobilien in sicher Verwahrung zu bringen"*[257].

Es geht dabei um Oehmichens Außenstände von 63087 Talern und 18 Groschen bei der Kriegskasse, aber auch um seine Schulden im Amt Lauterstein.

### Dukaten in der Pferdedecke

Unerwartet kommt am 10. September 1694 ein Bote aus Leisnig in Dresden mit einer Nachricht an. Der dortige Amtmann schreibt, zur Nacht habe der Amtslandsknecht verdächtige Personen angehalten und visitiert, und zwar den Münz-Inspektor Oehmichen und einen Kauffmann aus Hamburg namens Fritsch mit zwei Knechten und vier Reitpferden. Das eine Pferd sei *„mit einer starck von gelde gestückten Decke"* bedeckt gewesen. Am Morgen begaben sich der Stadtrichter, der Kämmerer, der Gerichtsschöppe und der Actuarius in den Leisniger Gasthof zum Engel, wo sich die Schlawiner aufhalten sollten. Aber die Knechte waren mit den vier Reitpferden schon auf und davon. Jetzt erfolgt, was schon lange zu erwarten war: Johann Georg Oehmichen wird verhaftet und ins Arresthaus auf der Breiten Gasse in Dresden-Neustadt gebracht.

*Dresden, Breite Gasse (später Kasernenstraße) um 1770*

---

257 ebenda

Abgesehen vom Verdacht auf kriminellen Geldschmuggel und seinem Griff in die Kriegskasse steht Johann Georg Oehmichen auch bei mehreren anderen Personen tief in der Kreide. Die geliehenen Beträge, deren Verwendung weitgehend unklar ist, werden nun alle säuberlich aufgelistet: [258]

| | | |
|---|---|---|
| Kriegskasse bisher erhalten | 63086 Thl. | 18 Groschen – |
| Hanß Heinrich Bichler | 4080 Thl. | – – |
| George Günther | 3000 Thl. | – – |
| Ernst Günther | 2875 Thl. | – – |
| Gottfried Veltheim | 294 Thl. | – – |
| Martin Albert | 750 Thl. | – – |
| Johann Friedrich Wichmannshaußen | 5860 Thl. | – – |
| Hanß Jacob Gräfe u. Cons. | 1871 Thl. | 8 Groschen 7 Pf. |
| ZUSAMMEN | 81818 Thl. | 26 Groschen 7 Pf. |

Der Kurfürst befiehlt: *„ihr wollet mit Zuziehung eines Rechts-Gelehrten [...] und eines geschwornen Notarii von ihme nunmehro vernehmen, ob er dieser Schuld geständig?"*[259].

Ja, sagt Oehmichen, er habe um das Darlehen von 150.000 Talern gebeten, aber es nur für seine Münzgeschäfte verwendet. Inzwischen hätte er *„ein Großes hinwieder zur Kriegs Casse bezahlet"*[260]. Merkwürdig ist, dass der Kriegszahlmeister Johann Lämmel und der Kriegsrat Bose mehrmals das Gegenteil angeben.

Jetzt sei er *„aller menschlichen Gesellschafft und Hülffe entblößet"*, klagt er missmutig, *„wenn er mehrer Freyheit hätte und mit den Seinigen reden könnte"*, würde er ein Großteil seiner Schulden tilgen können. Zudem befürchtet er, bei dem kalten Wetter in den feuchten Mauern des Arresthauses an seiner Gesundheit Schaden zu nehmen. Wider besseres Wissen versichert er schriftlich, das bisher ausgezahlte Darlehen *„hinwieder völlig bezahlt"* zu haben. Außerdem habe er *„40.000 Th. auf des Kriegszahlmeisters [Lämmel] Privatforderung abgeführt"*.

Seine Schulden im Amt Lauterstein werden erst im Jahre 1700 aufgelistet:
*„[...] 1986 fl. [Gulden] — an allerlay erblichen Gefällen,
205 fl. — dergleichen,
875 fl. — baar geliehenes Capital,
928 fl. 12 gl. [Groschen] rückständiges Kauffgeld von dem bey Rübenau gelegenen Stockraum
1000 fl. — vor der zu Rübenau verkauffte Jagd"*.[261]

---

258 SHStA Dresden, 11237 Geheimes Kriegsratskollegium , 2195. Bl. 69 und 73
259 SHStA Dresden, 10024 Geheimer Rat, Loc 10381/42, Bl. 55
260 a. a.O., Bl. 22
261 SHStA Dresden, 10036 Finanzarchiv, Loc. 33760, Rep. 11, Sect. 4, Nr. 0062, Bl. 3, 4, 9

Dort kommt noch ein beträchtliche Summe „*aus unserer hiesigen Münze und freybergischen Zehend Casse zur Fortstellung des ihm damahls anbestalten Floß- und Kohlewesens 13.770 fl [Gulden] 7 gr [Groschen] 10 Pf.*" hinzu.[262]

Diese Beträge kommen erst zur Sprache, als Carl Gottlob Leubnitz am 16. Juni 1700 nach dem Tod von Johann Georg Oehmichen bei August den Starken um die Liquidierung dieser Außenstände nachsucht. Ferner hatte Oehmichen beim Amt Lauterstein auch noch Schulden für die Floßnutzung, für ausgelegte Lohngelder und andere Vorschüsse. Die Rückzahlung war schon seit langem fällig.

### Merkwürdige „Gefälligkeiten"

Dass Oehmichen mit all dem geliehenen Geld nur Münzgeschäfte betrieben hat, ist in seiner damaligen Situation wenig glaubhaft. So hat er mit wertvollen Geschenken Aufmerksamkeit erregt. Der Kurfürst will Klarheit und verlangt: *„Insonderheit aber mit Fleiß inquriren, wem er hiervon Geschencke gegeben, worinnen solche bestanden, wovor und auß was Ursachen er solches gethan?"*[263]

Oehmichen nennt einige Präsente, aber die hat er angeblich alle bezahlt bekommen. So habe Baron von Hoym von ihm ein silbernes Schrankkastel erhalten und bar bezahlt. Von einer gewissen Witwe in Dresden habe er ein „Capital" aufgenommen. Dabei ist von einem Diamantring für 1600 Taler die Rede. Ein Dresdner Goldschmied wird gefragt, ob Oehmichen bei ihm ein silbernes Service anfertigen ließ. Bei mir nicht, sagt dieser, der genannte Herr habe aber solch ein Service in Augsburg arbeiten lassen.

Es sind undurchsichtige „Gefälligkeiten", die er geleistet hat. So behauptet er, der Gräfin von Rochlitz 7000 Taler gezahlt zu haben und deren Mutter 500 Taler. Wofür? Gemeint sein können nur Sybille von Neitschütz, die Mätresse von Kurfürst Johann Georg IV., und ihre Mutter Ursula Margarethe von Haugwitz. 1693 wurde die 19-jährige Neitschütz auf Betreiben ihres kurfürstlichen Geliebten mit Hilfe von 40.000 Talern Bestechungsgeldern und 12.000 Mann Hilfstruppen für Kaiser Leopold I. zu einer Reichsgräfin von Rochlitz erhoben. Hat Oehmichen für den Kurfürsten vielleicht dafür oder danach geheime Hilfs- und Kavaliersdienste geleistet? Das könnte ein Grund sein, warum Johann Georg IV. den finanziellen Verstrickungen seines Obermünzinspektors so lange duldend zusah.

In seiner elenden Lage wurmt es Oehmichen trotzdem, dass er *„des jetzigen Trubels wegen"* vier silberne Leuchter und Becher sowie Schmuck von *„so ohngefehr 2000 Th."*[264] versetzen musste. Das führt er bei einem Verhör extra an. Er verfügt über kostbares Kunsthandwerk – arm ist er also auch jetzt noch nicht!

---

262 SHStA Dresden, 10036 Finanzarchiv, Loc. 37770, Rep. 43, Lauterstein, Nr. 0010, Bl. 18
263 SHStA Dresden, 10036 Finanzarchiv, Loc. 33760, Rep. 11, Sect. 4, Nr. 0062, Bl. 55
264 Alle Teilzitate a. a. O., Bl. 9-18, 20-24

**Rübenau im Regen**

Im Arresthaus schreibt Oehmichen im September 1694 zwei Briefe an Verwandte, den einen an seine Schwester Sophie, die Frau des Constantin Rothe in Waltersdorf/Lausitz und den anderen an seinen Bruder Gottfried in Olbernhau. Beide antworten ihm. Durch Gottfried, der in Rübenau noch sein „*altes Quartier*" hat, erfahren wir endlich wieder etwas über Rübenau, darunter auch über den jüngsten, damals 24 Jahre alten Bruder August Ehrenfried, der sich mit um das dortige Gut kümmert. Leider ist die Schrift infolge der billigen Tinte total ausgeblichen und deshalb der Text nicht vollständig zu entziffern.

„*[...] hier und zu Rübenau ist bereits alles abgedanckt, Knechte und Mägde, und soll auch auff deinen Br. August weder Brodt noch anderes passiret werden, die Fr: Braunin*[265] *beköstet sich selbst, biß sie Gelegenheit und [...] überkommet, sich wo anders hin zu wenden. Ist also gar ein elender Zustand hier und in Rübenau. Der Verwalter ist zur Obsicht über Olbernhau und Rübenau voreydet und sind nur etl. Mägde zum Vieh und Knechte zun Pferden und Ochsen behalten worden. August weiß nicht, waß er anfangen soll, sein wenig Vermögen hat er bisher alles mit zugesetzet, und nun hat er gantz nichts zu leben und weiß auf keine Hülffe, da zu dem der Winter vor der Thüre. Gott stehe unß allen bey und errette unß bald aus diesen großen Trübsalen. Es wird Br. A. gerathen, an Fürstl. Durchl. zu suppliciren, er weiß aber nicht, was er thun soll. [...]*

*Auß Mangel Zeit muß ich schließen, befehle dich in Christi Schutz und wünsche hertzl., das [ich] bald beßere Zeitungen vernehmen möge. Daß Haus hier ist überall offen und solte der kontinuirliche Regen bald großen Schaden an Gebäude thun [...], das Schlimmste aber ist, dass kein Geld vorhanden. Über dieses stehet das meiste Getreyde dahier und zu Rübenau noch im Felde und ist zum Theil schon vor 3 oder 4 Wochen abgehauen, kann aber wegen continuirl. anhaltenden Regen Wetter nicht in die Scheunen gebracht werden. Wächset [?] daher schon sehr auß. Wir haben vor etl. Tagen schon einen Viertl. mtr. hoch Schnee in Rübenau gehabet, aber nun wieder zergangen.*

               *Adieu*
        *dein treuer Bruder Caspar Gottfried Öhmichen*
*Olbernhau 22. Sbr. 1694*"[266]

Den Postboten hat er so lange aufgehalten, weil er noch mehr von Rübenau berichten wollte. Da der Bote aber drängelte, sei er damit zu seinem Bedauern „*übel fortkommen*", schreibt er zuletzt.

---

265 Gemeint ist die verwitwete Floßmeisterin Braunin
266 a. a. O., Bl. 25

Dennoch macht sein Brief ganz drastisch deutlich, dass Rübenau – im wörtlichen wie im übertragenen Sinn – damals seit langem im Regen steht.

Hans Sebald Beham:
Es ist kalt Weter.
Kupferstich

In seiner Vernehmung am 22. Oktober 1694 bringt Johann Georg Oehmichen noch einiges über Rübenau zur Sprache. Sein bisheriger Verwalter und jetziger Sequester (Treuhänder) Walentin Etör (? Nachname nicht eindeutig zu entziffern) führe sich ungebührlich auf, sagt er im Verhör. Er habe seinen Bruder August und die Floßmeisterswitwe Braun aus dem Gut getrieben, maße sich viel an und mache sich sogar wie ein „Herr" prahlerisch in seiner guten Wohnstube breit. Diese ‚gute Stube' dürfte sich in dem erst vier Jahre zuvor erbauten neuen Gutshaus, dem stattlichen „Herrenhaus" befunden haben.

Der Verwalter sei ihm seit sieben oder acht Jahren die Bezahlung aller Rechnungen schuldig, sagt Oehmichen, und bittet dringlich, dass dieser Etör als Sequester abgesetzt wird und ein anderer an seine Stelle tritt. Zumindest soll angewiesen werden, dass der Etör wieder in sein eigenes Haus zieht. Das verlangt er ausdrücklich, aber er hat nichts dagegen, dass sein Bruder und die Braunin weiter im Gut wohnen.

Noch etwas hat er als Gutbesitzer auf dem Herzen: Der Amtsschösser hat angeordnet, dass aus der einen Hälfte der Schankstube in Rübenau ein Viehstall wird. Oehmichen ist empört. Wer soll denn daneben in dem üblen Geruch sitzen? Der Schösser möge dieses Ansinnen aufgeben, lässt er ausrichten.

Das sind die letzten Wünsche des ehemals so angesehenen und mächtigen Mannes für das Dorf seiner Eltern und Ahnen. Angesichts seiner damaligen unglücklichen Lage ist man beinahe geneigt, Mitleid mit ihm zu empfinden. Dennoch ist seine Forderung wegen des Verwalters und der Gaststube im Grunde nur eine lächerliche Fußnote in seiner Lebensgeschichte. Seit 1692 hat er sich fast nur dem „Münzwesen" und anderen hochgestochenen Zielen gewidmet, aber niemals mehr dem Gedeihen seiner Güter und den Menschen in ihnen. Er ist verantwortlich für das, was er tat, doch ebenso für das, was er nicht tat.

### „Wir arme, ausgemergelte Unterthanen"

Im Oktober 1694 wenden sich die Erbrichter von Lauterbach, Lauta, Görsdorf, Sorgau und Blumenau mit einem Bittgesuch an den Landesherrn, das Ausdruck ihrer lange aufgestauten Not und Verzweiflung ist:

*"Ew. Churfürstl: Durchl: können wir arme biß aufs Blut ausgemergelte Unterthanen des Ambts Lauterstein in Unterhänigkeit zu hinterbringen nicht umbhin, welcher gestalt wir in Erfahrung bracht, ob solte Rübenau und Olbernhau in einen andern Zustand gerathen. Weiln nun beydes und Zwar leztens nur vor einem Jahr von hiesigen Ambte und wir dadurch wegen der Zurücke gebliebenen Dienste, so uns inzwischen auffgebürdet worden, sonderlich bey izigen Jahr, da alles Getreyde, wie jederman bekandt, uffn Felde geblieben, in großes Abnehmen gekommen.*

*Alß gelanget an Ew: Churfürstl: Durchl: unser [...] Bitten, Sie wollen gnädigst geruhen, uns armen erschöpfften Lauterteinischen Unterthanen in Gnaden Zuerhören und diese beyden Dörffer hierwiederumb zum Ambte zu ziehen [...]"*[267]

Wie kam es zu dieser Beschwerde? Rübenau war 1690 ein Rittergut geworden. Die Anweisungen zu den Dienstpflichten erteilt nun nicht mehr das Amt, sondern der Besitzer des Rittergutes oder sein Verwalter. Weil Rübenau wie auch Olbernhau für das Amt nicht mehr verfügbar waren, mussten die Untertanen der anderen Dörfer alle im Amt anfallenden Arbeiten mit verrichten. Die Belastungen waren beträchtlich, die eigene kleine Landwirtschaft geriet oft völlig ins Hintertreffen. Im Dezember 1694 befiehlt Kurfürst August der Starke dem Amt Lauterstein, über den Zustand in den Dörfern ein Gutachten anzufertigen.

Da in anderen Ortschaften die Lage ebenso beklagenswert ist, verfassen am 20. April 1695 die amtsbefohlenen Untertanen von Pockau, Pobershau, Rittersberg

---

267 SHStA Dresden, 10036 Finanzarchiv, Loc. 37315, Rep. 22, Lauterstein, Nr. 0010, Bl. 2

und Grundau in Namen weiterer Gemeinden eine eindringliche Beschwerdeschrift über ihre unerträglichen Belastungen.

*„Wann dann dieses der vornehmsten und größten Ursache eine ist, wordurch wir arme nothleidende und zumahl instehender so lange angehaltener theuerung fast erhungerte Leute so sehr darnieder gekommen und den gänzlichen Ruin vor Augen sehen [...]"* [268], heißt es darin.

Hier nur drei der ihnen aufgehalsten und im Brief erwähnten Bürden: In den drei kurfürstlichen Vorwerken Niederlauterstein, Neudeck und Geiselroda müssen sie sämtliche beim Ackerbau, bei der Heuernte und beim Dreschen anfallenden Arbeiten verrichten, außerdem Gebäude, Straßen und Wege instand halten sowie alle für die Jagden erforderlichen, oft tagelangen Frondienste ohne Entgelt leisten.

Schon drei Tage darauf sendet Haubold von Einsiedel vom Amt Lauterstein ein ausführliches Schreiben an den Kurfürsten und befürwortet, dass Rübenau und Olbernhau wieder zum Amt gelangen. Aber es kommt nicht dazu; die nächsten Ereignisse um Johann Georg Oehmichen verändern die Situation von Grund auf.

### Der schmuckliebende Münz-Inspektor

In Dresden ist die Situation für den Gutsbesitzer, Unternehmer und Ober-Münzinspektor inzwischen immer bedrohlicher geworden. Der ergebnislosen Vernehmungen müde, befiehlt August der Starke am 3. November 1694, bei dem Inhaftierten die *„Articulos Inquisitionales"* anzuwenden und *„dem üblichen Inquisition Proceß gemäß"*[269] zu verfahren. Damit ist ein Strafprozess gemeint, bei dem die gerichtliche Strafverfolgung rigoros vom Staat betrieben wird.

Seine Finanzlage wird ausgiebig erkundet. Die Quittungen in seinem Besitz ergeben eine Summe von 222.000 Talern, offenbar samt und sonders Schulden.

---

268 a.a.O., Bl. 3 -5
269 SHStA Dresden, 11237 Geheimes Kriegsratskollegium , 2195 Bl. 100

Diese Summen sollen überprüft werden, denn immer heftiger fordern seine Gläubiger ihr Geld zurück, darunter z. B. der Oberwildmeister Ernst Günther in Siebenlehn für seinen verstorbenen Bruder, den Oberförster George Günther. Dieser lieh dem Münzinspektor 3000 Taler, die nun dringend für seine unmündigen Kinder gebraucht werden.

Aber Oehmichen gibt nicht klein bei. Am 8. Juni 1695 schreibt er einen Klagebrief an August den Starken. Die unregelmäßige, zeilenverhakelte Handschrift verrät seinen angegriffenen Zustand. Dennoch ist der Inhalt seines Schreibens ganz anders, als man in seiner Situation erwarten könnte:

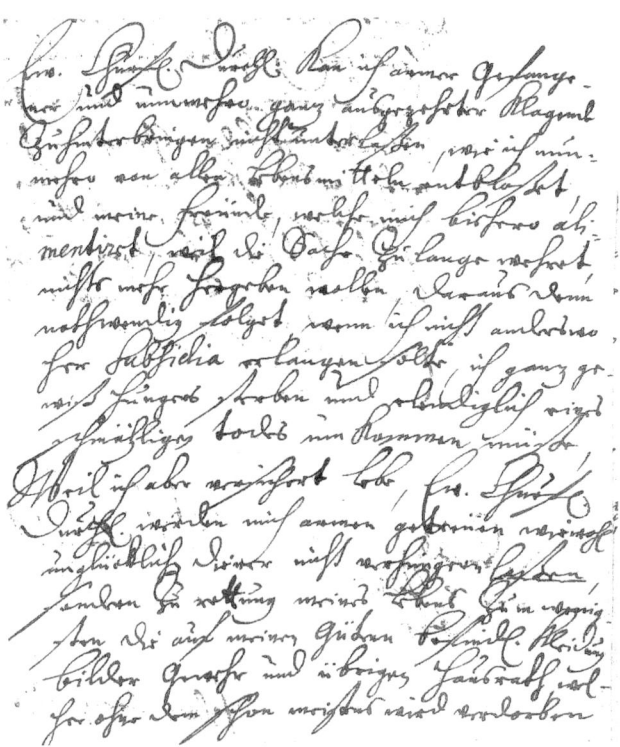

*„Ew. Churf. Durchl, kann ich armer Gefangener und nunmehro ganz Ausgezehrter Klagen zu hinterbringen nicht unterlaßen, wie ich nunmehro von allen Lebensmitteln entbloßet, und meine Freünde, welche mich bishero alimentiret, weil die Sache zu lange wehret, nichts mehr hergeben wollen, Daraus denn nothwendig folget, wenn ich nicht anderswo her Subsidia [Unterstützung] erlangen sollte, ich ganz gewiß Hungers sterben und elendiglich eines schmählichen Todes umkommen müßte."*

Wer jetzt annimmt, er bittet vor allem um Nahrung, der irrt sich!
*„Weil ich aber versichert lebe, Ew. Churf. Durchl. werden mich armen getreüen wiewohl unglücklichen Diener nicht verhungern laßen, sondern zur rettung meines Lebens zum wenigsten die auf meinen Gütern befindl. Kleidung Bilder Gewehr und übrigen Hausrath, welcher ohne dem schon meistens wird verdorben seyn, zu meiner Substentation [Unterhalt, Versorgung] abfolgen laßen."*[270]

Kleidung, Bilder und Waffen will er haben! Der Schösser lässt die Sachen ins Amt schaffen und dort taxieren. Im Oktober befinden sie sich in Dresden, aber ob Oehmichen sie jemals erhält, ist nicht bekannt. Es ist nicht mehr davon die Rede.

Mittlerweile geht die Tragikomödie weiter. Nachdem ein Großteil von Oehmichens persönlicher Habe in Olbernhau abgeholt wurde, befürchtet offenbar der eingesetzte Vormund Johann Christian Hoffmann der damals kaum dreijährigen Tochter Marie Sophie, dass die „Gerade-Stücke"[271] von ihrer verstorbenen Mutter ihr nicht sicher sind und mit versteigert werden.

Dies betrifft *„nicht alleine einen sehr kostbahren Schmuck, sondern auch einen gantz grünen seydenen damastenen Ornat umb ihr Sechs Wochen Bette, desgleichen vier grose silberne Leuchter, einen Nacht Tisch und was darzu gehörig von Silber, wir auch anderer ad mundum muliebrem [zur Zierde gereichende] gehörige viele Sachen, absonderlichen aber noch viel mehr kostbare Kleider"*[272], schreibt der Vormund. Es soll ein Verzeichnis darüber angefertigt werden. Das übernimmt Oehmichen in seiner Arreststube.

Lange Zeit war er anscheinend in der Lage, mit teuren Geschenken förmlich um sich zu werfen. Seine Frau besaß Diamantschmuck zum damaligen Wert von 3116 Taler, darunter einen Ring für 1200 Taler, Perlenschmuck im Wert von 665 Talern, ferner Schmuck aus Gold und Silber, Rubinen und Korallen und andere Kostbarkeiten. Mag Johann Georg Oehmichen auch Schulden ohne Ende haben, seine Aufstellung zeigt, dass er privat einst ein sehr wohlhabender Mann war

Die nachfolgend abgebildete Seite der Liste von Preziosen seiner verstorbenen Frau ist nur eine von mehreren. Die genannten Gegenstände gehörten ihr privat und sind nun Eigentum seiner Tochter. Sie können daher nicht zu Tilgung seiner Schulden herangezogen werden.

Die eingetragenen Werte zeigen zugleich, dass zwischen ihm und seinen Untertanen Welten liegen, über die keine Brücke führt.

---

270 SHStA Dresden, 03012 Appellationsgericht, Bl. 2
271 "Gerade" siehe im Glossar

*"Ohngefährliche Specification derjenigen Sachen, welche aus meiner Eheliebsten Frauen Marien Sophien Öhmichin, gebohrene Thumin, hinterlassenen Erbschafft meinem mit ihr erzeügeten Töchterlein Marien Sophien zu kommen möchten und in Weiblichen Schmuck und andern zur Gerade gehörigen Mobilien bestehen."*[273]

---

273 a. a. O., Bl. 11 – 13

## Gegen einen Handschlag

Ein Unglück anderer spricht sich schnell herum. So ist es bald in aller Munde, dass Johann Georg Oehmichen seine Güter verlieren wird. Besonders interessiert an ihnen ist der 29-jährige Carl Gottlob Leubnitz. Als königlich-polnischer und kurfürstlich-sächsischer Beamter hat er höchste Verbindungen und einen guten Zugang zu dem, was in den kurfürstlichen Ämtern vor sich geht. Frühzeitig stellt er einen Antrag auf das Vorkaufsrecht. Am 8. Mai 1696 formuliert er ein energisches Bittgesuch:

„*Ew. Churfürstl. Durchl. haben auf mein [...] Suchen, dass mir der Vorkauff an den Subhastirten*[274]*Oehmischen Güthern Olbernhau und Rübenau gegönnet werden möchte, sich gnädigst dahin erkläret, dass Dieselbe mir gern geholffen wissen möchten [...] Alß ergehet an Ew. Churfürstl. Durchl. mein [...] Suchen, Sie wollen mir nunmehro solchen Vorkauff zu eignen, und darüber gewöhnlichen Schein ausfertigen zu laßen gnädigst geruhen*".[275]

Das Gut Olbernhau wird öffentlich versteigert, und Leubnitz bietet darauf. Damit ihm bei dessen Erwerb niemand zuvorkommen kann, braucht er eine Vorkaufsbewilligung vom Kurfürsten. Am 31. Mai 1696 bekommt er dessen schriftliche Zusage, dass er beide Güter mit allem Zubehör erhalten wird.

Doch was ist inzwischen mit Johann Georg Oehmichen passiert?

Mit dem Datum 14. Juni 1698 ist die Mitteilung versehen, dass „*der gewesenen Oberaufsehers der Weißeritzflöße Johann Georg Öhmichen*" [...] „*keine männlichen Erben hatte, sondern [...] mit unterschiedenen Töchtern gesegnet war*".[276]

Er lebt also nicht mehr! Nirgends ist ein Hinweis zu finden, wann und wie er zu Tode kam. Ein trauriges Ende, das vermeidbar war, wäre er ein rechtschaffener, vertrauenswürdiger Mann geblieben. Ihm waren die besten Bedingungen in die Wiege gelegt. Sein wahnhafter Höhenflug endete mit seinem tödlichen Absturz.

Was es mit den „unterschiedenen Töchtern" auf sich hat, bleibt im Dunkel. Nachweisbar ist nur seine Tochter Maria Sophia. Als er stirbt, ist sie noch nicht einmal vier Jahre alt. Im Hochzeits- und Sterberegister von Olbernhau ist sie nicht zu finden. Naheliegend ist, dass ihr Großvater Johann Gottfried Thum sie nach dem Tod ihres unehrenhaften Vaters mit nach Brandenburg genommen hat.

Die hundertjährige Periode Oehmichen ist zu Ende. Ein neues Kapitel beginnt. Was ist geblieben von der einst so einflussreichen Familie Oehmichen?

Es ist nur noch wenig. Auf dem Rübenauer Dorfplatz wartet das Herrenhaus mit den unübersehbaren Spuren der Zeit auf Restaurierung und eine neue Verwendung.

---

274 Immobilien an den Meistbietenden öffentlich verkaufen
275 SHStA Dresden, 10024 Geheimer Rat, Loc. 09897/21
276 SHStA Dresden, 10036 Finanzarchiv, Loc. 37978, Rep. 47, Nr. 0019, Bl. 3 - 6

Auf dem Altar der Kirche von Rübenau stehen zwei schöne schlichte Silberleuchter als ein Geschenk von Hans Georg Oehmichen. In der Kirche von Olbernhau erinnern ein Kruzifix und ein silbervergoldeter, mit Medaillons und bunten Steinen besetzter Abendmahlskelch an ihn.

Das eindrucksvollste Andenken an die Ära der Oehmichen ist das Grabmal, ein figürliches Relief, in der Olbernhauer Kirche für Caspar Oehmichen, den einstigen Besitzer des Lehnguts Blumenau. Wenn die Sandsteinplatte restauriert ist, wird der verflossene Floßmeister und Lehnrichter als Beispiel für andere einst mächtige Oehmichen wieder lebensgroß vor uns stehen.

*Grabmal aus Sandstein des Caspar Oehmich,*
*† den 27. April 1584*

# Das Zwischenspiel

1698 Carl Gottlob von Leubnitz

*Zwei Jahre nach seinem Tod wird Carl Gottlob von Leubnitz (1667 – 1741) in einem Lexikon mit all seinen Titeln genannt: „Carl Gottlob von Leubnitz auf Olbernhau und Possendorff, Königlich-Poln. und Chur-Sächsischer Hof= und Jägermeister, Director und Ober=Inspector der gesamten Flößen des Churfürstenthums Sachsen und incorporirten Landen, Land=Jägermeister des Erzgebürgischen Kreißes, Amts=Hauptmann der beiden Aemter Frauen= und Lauterstein, und Ober=Forst= und Wildmeister zu Bärenfels".*[277]

**Ein renommierter Adliger als Favorit**

*Ausschnitt aus der Stammtafel für Carl Gottlob von Leubnitz, geschaffen anlässlich des großen Ritter-Karussells 1709 am Dresdner Hof.*
*In der Mitte und links sein Wappen und das seines Vaters George Abraham von Leubnitz auf Techritz und Friedersdorf. Es zeigt auf blauem Grund einen liegenden Halbmond über drei Sternen. Rechts das Wappen seiner Mutter Sabine von Leubnitz geb. von Gersdorff a. d. H. Oberhorcka*

Geboren 1667 auf dem väterlichen Rittergut Niederfriedersdorf an der Spree, gelingt Carl Gottlob von Leubnitz dank seiner Herkunft aus einer angesehenen adligen Familie, aber auch seiner Intelligenz und Entschlusskraft ein schneller Start bis hinauf in die höchsten Kreise des sächsischen Kurfürstentums. Mit 30 Jahren ist er schon ein königlich-polnischer und kurfürstlich-sächsischer Beamter. Auch

---

277 Neu-vermehrtes historisch- und geographisches allgemeines Lexicon, Teil 4. Basel 1743. S. 710

seine beiden Brüder führen ein standesgemäßes Leben, der eine als Großgrundbesitzer, der andere als Offizier. Er selbst hat als Landjägermeister des Erzgebirgischen Kreises einen guten Einblick in die dortigen Geschehnisse. Und so ist er frühzeitig informiert, was für ein Unheil sich über Johann Georg Oehmichen zusammenbraut – und zieht persönlichen Nutzen daraus.

So war der Gang der Ereignisse:

8. Mai 1696: Leubnitz hat Kenntnis von der bevorstehenden Versteigerung der Besitztümer von Oehmichen. Diese günstige Gelegenheit, erzgebirgischen Landbesitz zu erwerben, will er sich nicht entgehen lassen und richtet das schon zitierte Bittgesuch an August der Starken, ihm das Vorkaufsrecht einzuräumen. Er bekommt es noch im gleichen Monat.

6. Oktober 1696: August der Starke befiehlt die öffentliche Zwangsversteigerung („General-Subhastation") der Öhmichenschen Güter Olbernhau und Rübenau mit den dazu gehörigen Grundstücken und Inventarien.

6. Juni 1697: Leubnitz erhält die Adjukation, d. h. die gerichtliche Zuerkennung des Eigentums von Oehmichen. Johann Valerian Fischer, der Schösser zu Lauterstein, berichtet ausführlich darüber:

Leubnitz wird „*das Ohmichische Guth Rübenau samt der Glaßhütte, wie auch aller darzu gehörigen und geschlagenen Pertinentien, nebst denen vererbten Stock-Räumen und Holzungen, der darzu gehörigen Jagt, auch allen anderen Privilegien, Rechten und Gerechtigkeiten [für] Achttausend Gülden Haubt- und Kauff-Summa*"[278] zuerkannt.

Der Landjägermeister ist in eigener Person im Amt erschienen und hat sowohl das Angeld[279] von 1650 Gulden für das Gut Rübenau wie auch 160 Gulden Angeld für Inventarium und Ernte bar im Amt deponiert. Nun erwartet er die Zuerkennung des Gutes. Es findet sich niemand ein, der widerspricht. Daraufhin wird ein Adjudikationsschein mit dem Amtssiegel ausgestellt.

25. September 1697: Der Kurfürst, jetzt auch König von Polen, beurkundet auf seinem königlichen Schloss zu Krakau, dass Carl Gottlob von Leubnitz nunmehr auch das Gut und Dorf Olbernhau gehört, „*welches er in Unsers gewesenen Ober Aufsehers Johann George Oehmigens Credit=Wesen sub hasta [bei der Versteigerung] erstanden*"[280].

12. März 1698: Nach dem Erwerb der Güter muss Leubnitz für die Belehnung die Erbhuldigung leisten und den Lehnseid ablegen. Er schickt einen Bevollmächtigten, der das für ihn erledigt und auch den Lehnschein gegen die Verpflichtung zu treuer Ergebenheit in Empfang nimmt.

---

278 SHStA Dresden,10080 Lehnhof Dresden, 07828 Rübenau, Lehen, Bl. 5-10, 79-80
279 Siehe Glossar.
280 Hering Carl W.: Geschichte des sächsischen Hochlandes ... Bd. 3. Barth Leipzig 1827, S. 13-22

**Erneuter Besitzerwechsel**

Bereits am 17. März 1698, nur fünf Tage nach der Belehnung, teilt Carl Gottlob von Leubnitz August dem Starken eine überraschende Tatsache mit. Beides, Gut wie Dorf Rübenau, hat er schon wieder verkauft! Er gibt die Lehn zurück und bittet, dem neuen Besitzer gnädigst die Lehn zu reichen:

*„Allergnädigster Herr,*
*Hiermit will ich an dem Guthe Rübenau und Zugehörungen, so ich Inhalts des allerunterthänigst überreichten Kauff Contracts, an Johann Christoph Neerhofen von Holderbeck verkauffet, die Lehn auffgelaßen haben mit allerunterthster Bitte, Ew. Königl. Mayt. wollen nunmehro ermelten Neerhofen solches wiederumb in Lehen reichen, welches ich stets rühmen werde.“*[281]

Das dortige Gut und das Dörflein zu kaufen war offenbar kühle Berechnung. Leubnitz hat größere Pläne, er ist „weitblickend" – das wird ihm zumindest später nachgesagt. Für Rübenau hat er sich vor allem wegen der Glashütte interessiert. Nun will er den unerwünschten „Rest" loswerden. Dafür hat er offensichtlich schon zuvor einen interessierten Bewerber gewonnen. Es hat ganz den Anschein, als sei dieser Ablauf von vornherein geplant gewesen.

Für die Haupt- und Kaufsumme von 9000 Gulden Meißnerischer Währung – also für 1000 Gulden mehr als er selbst bezahlt hat – und darüber hinaus *„200 Gülden Schlüßelgeld*[282] *Tit. der Frau Landjägermeisterin"* handelt Carl Gottlob von Leubnitz mit dem gewesenen Leutnant zu Ross Hans Christoph Neerhof von Holderberg über das erbliche und schriftsässige Rittergut Rübenau einen Erbkauf aus:

Der Landjägermeister verkauft das erstandene Rittergut und Dorf Rübenau *„samt allen dessen Wohn- und anderen Gebäuden, als der Schencke, Brau- Malz- und Viehhaus, Scheunen und Ställen, nebst einer Mahl und Brotmühle wie auch Zahn-[Zain-] oder Waffenhammer [...] (exclusive des Privilegii der Glashütte, als welches sich Herr Verkäufer express reserviret, und die Glashütte nach erhaltener allergnädigsten Concession nach Gefallen zu translociren [umzusetzen] vorbehält [...])"*.[283]

Rechnet man nach, wie lang die Zeit seiner Gutsherrschaft in Rübenau währte, kommt man auf rund ein Jahr. Berücksichtigt man zudem Leubnitz' Wiederverkaufsabsicht und den Erwerb des Gutes Olbernhau, so kann man davon ausgehen,

---

281 a a. O., Bl. 2
282 Schlüsselgeld: Geld, das der Käufer dem Verkäufer für die Überreichung der Schlüssel für ein Grundstück oder Haus gibt.
283 SHStA Dresden,10080 Lehnhof Dresden, 07828, Bl. 12-15, gesperrter Text W. K.

dass er kaum etwas für Rübenau tat, allenfalls vielleicht einige bauliche Verbesserungen veranlasste, die den Verkaufswert des Gütleins erhöhten.

Der König-Kurfürst ist zu der Zeit in Polen stark mit landespolitischen Angelegenheiten beschäftigt. Über Rübenau lässt er nichts verlauten, aber er nimmt sich die Zeit, am 14. Juni 1698 von Warschau aus seinen Räten einiges zum Gut Olbernhau zu befehlen. Sie sollen seinem Landjägermeister Carl Gottlob von Leubnitz das „*Lehn Richter Guth*[284] *Olbernhau*" erblich verleihen, es in ein Allodialgut verwandeln, ihm über das Gut und das Dorf die Schriftsässigkeit mit dem Obergericht erteilen, drei Jahrmärkte erlauben und die Baudienste der Untertanen überschreiben, welche die Untertanen bisher als Fron für das Amt Lauterstein leisten mussten.

### Ein gefragter Mann

Als der 33-jährige Leubnitz im Jahre 1700 mit August dem Starken in dessen Diensten auf dem Königsschloss von Warschau weilt, klagt er über seine hohen Geldausgaben und die beträchtlichen finanziellen Forderungen an ihn.

Von den Fähigkeiten seines Hof- und Landjägermeisters von Leubnitz bei der Errichtung des Jagd- und Forsthauses in Litauen ist August der Starke offenbar sehr beeindruckt, überhaupt ist er ihm ausnehmend gewogen. Der König und Kurfürst weiß auch, was der ihm ergebene Leubnitz mit den hohen Unkosten und den monetären Ansprüchen an ihn meint. In seine sächsische Residenz zurückkehrt, lässt er alle bestehenden Geldforderungen an Leubnitz tilgen.

In Dresden befiehlt er unverzüglich seinen Räten:

---

284 Olbernhau war bis 1698 ein Lehn-Richter-Gut und dann erst ein Rittergut. Vgl. SHStA Dresden, 10080 Lehnhof Dresden, 07827, Bl. 13-16: „*1696 die General Subhastation der Öhmichischen Güter des Lehnrichtergutes Olbernhau*" und SHStA Dresden, 10036 Finanzarchiv, Loc. 37681, Rep. 43, Gen. Nr. 0017a, Bl. 499ff. v. 4.1.1656: „*Magnus Oehmichen [...] die Unter und Erb=Gerichte über sein Mann=Lehn=Richter=Guth*"

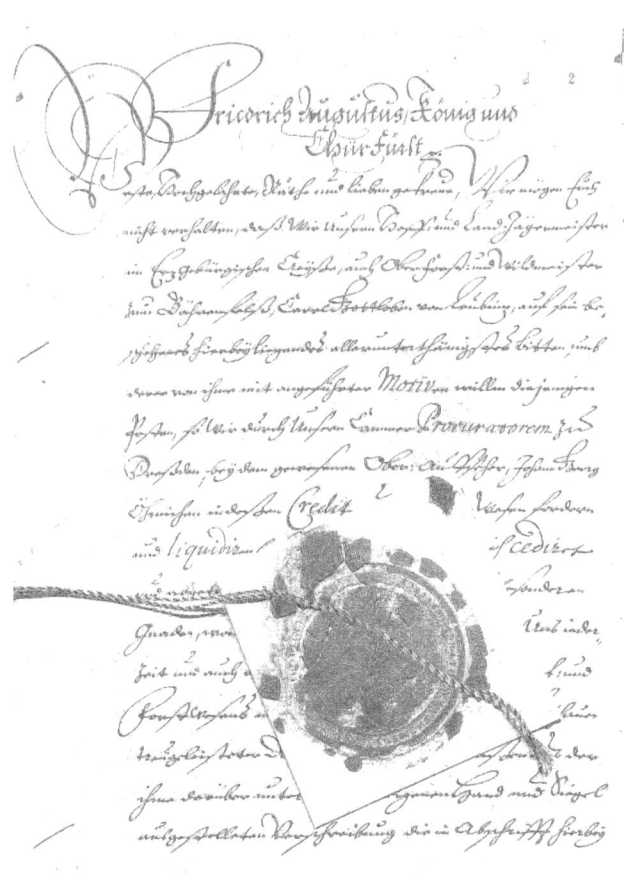

„*Friedrich August, König und Chur Fürst*
*[...] Wir mögen Euch nicht verhalten, daß Wir Unsern Hoff- und Land-Jägermeister im Erzgebürgischen Creyße, auch Ober-Forst und Wildmeister zum Bärenfelß, Carol Gottloben von Leubniz auf sein beschehens, hierbeyliegendes allerunterthänigstes Bitten umb davor von ihme mit angeführten Motiven willen diejenigen Posten, so Wir durch Unseren Cammer Procuratorem zu Dreßden, bey dem gewesenen Ober: Aufseher, Johann Georg Öhmichen in deßen Credit- und Concurs-Wesen fordern und liquidiren laßen, an ihn eigenthümblich crediret und abgetretten [...] womit wir ihme in Erwegung seiner uns iederzeit und auch anizo bey Auffrichtung des Jagt: und Forsthaus in Unserm Großherzogthumb Lithauen treugeleisteter Dienste beygethan, inmaßen auch der ihme darüber unter Unserer eigenen Hand und Siegel ausgestellten Verschreibung die in Abschrift hierbey befindlich [...] Dreßden, den 30. Juli Anno 1700*"[285]

---

285 a. a. O., Bl. 2 + 11

Hierbei kommt indirekt auch Rübenau zur Sprache, denn er weist an, alle Posten, die den gewesenen Oberaufseher Johann Georg Oehmichen in dessen Konkurs betreffen, liquidieren zu lassen:

*„1986 fl. [Gulden] — an allerlay erblichen Gefällen,*
*205 fl. — dergleichen,*
*875 fl. — baar geliehenes Capital,*
*928 fl. 12 gl. [Groschen]rückständiges Kauffgeld von dem bey Rübenau*
*gelegenen Stockraum*
*1000 fl. — vor der zu Rübenau verkauffte Jagd".*[286]

Am 6. September 1700 tritt August der Starke das Gut und das Dorf Olbernhau gänzlich an Carl von Leubnitz ab, der bald darauf ein reger Förderer des Ortes wird.

Als er 1714 die Rübenauer Glashütte mit Hilfe einer erneuerten Konzession nach Olbernhau umsetzen will, begründet er die Verlagerung damit, dass die Heidelbacher Glashütte abgebrannt ist. Der dortige Glasmeister Caspar Strauß ginge nach Böhmen, wenn er nicht in seiner Glashütte arbeiten könne.[287] Das auf zwanzig Jahre befristete Privileg zur Betreibung der Glashütte wird aber nicht erneuert. Die Rübenauer Glashütte muss daraufhin ihre Produktion einstellen.

Aber Leubnitz kann sich niemals über Mangel an neuen Aufgaben beklagen, er ist ein gefragter Mann. Einen Riesenschritt in seiner Karriere bedeutet 1701 seine Ernennung zum Direktor und Oberinspektor sämtlicher jetziger und künftiger Flöße im Kurfürstentum Sachsen und auch den *„incorporirten Landen"*, also Polen. Dafür erhält er *„anstatt des Salary von ieder Klaffter weichen und harten Holzes [...] Sechs Pfennige"*[288].

Das klingt nach wenig, doch der Floßbetrieb ist enorm, und so fließen über Elbe, Saale, Pleiße, Freiberger Mulde, Schwarze und Weiße Elster, Weißeritz, Flöha, das Schwarzwasser, Görßdorff- und Blumenauer Flöße, Gera, Unstrut und andere Gewässer allein in 6 Jahren – von 1701 bis 1706 – 11266 Reichstaler 5 Groschen und 6 Pfennige in seine Taschen. Johann Georg Oehmichen würde vor Neid erblassen, wenn er das noch könnte.

Künftig sollen die Holzkäufer außer den ihm schon zustehenden 6 Pfennigen pro Klafter Holz (in Sachsen 2,45 qm) täglich vier Gulden an ihn bezahlen.[289] 1733, nach dem Tod von August dem Starken, wird seine Bestallung erneuert.

---

286 SHStA Dresden 10036 Finanzarchiv, Loc. 33760, Rep. 11, Sect. 4, Nr. 0062, Bl. 3,4,9
287 Morgenstern, Rolf: Chronik zu 750 Jahren Olbernhau. Olbernhau 2010, S. 120
288 SHStA Dresden, Loc. 39550, Rep. 14, Gen. Nr. 0137
289 ebenda

**Zum Leben zu wenig**

1702 wird Carl Gottlob von Leubnitz außerdem Amtshauptmann der von ihm gepachteten kurfürstlichen Ämter Frauenstein und Lauterstein. Damit kann und muss er in mancher Hinsicht auch wieder in Rübenau Einfluss nehmen, obwohl dort auf dem Rittergut nun der gewesene „Leutnant zu Ross" Johann Christoph Neerhoff von Holderberg das Kommando führt.

Für einen kurfürstlichen Amtshauptmann sind seit dem 15. Jahrhundert die Erbregister wertvolle Arbeitshilfen. In der Oeconomischen Encyclopädie von J. G. Krünitz, erschienen ab 1773, heißt es unter dem Stichwort „Erb-Buch": *„in einigen Gegenden ein Buch, in welchem die Erbe, d. i. die eigenthümlichen Grundstücke der Unterthanen, nach ihrer Lage, ihren Besitzern, Abgaben u. s. f. verzeichnet sind, das Erbregister, Grundbuch".*

Durch ein Erbregister oder Erbbuch verschafft sich das Amt vor allem eine Übersicht über seine Einnahmen. Dafür werden die Anzahl und die Namen der Dörfer wie auch der Grundbesitzer einschließlich der Größe ihres Hofes und ihrer Rechte und Pflichten gegenüber dem Amt genau vermerkt. „Erb-" meint in dem Fall nicht „erben" im heute üblichen Sinn, sondern betrifft jedes erworbene Objekt, ganz gleich, ob durch Arbeit, Kauf oder Vererbung.

Leubnitz lässt durch Juristen auch ein Erbregister von Rübenau[290] und Olbernhau anlegen. Am Ende dieses Registers sind die Familiennamen der Erbangesessenen, also die schon lange ortsansässigen Bewohner, aufgeführt. Rübenau zählte damals 30 und Olbernhau 124 Erbangesessene.

Die folgenden Familiennamen kommen um 1700 in Rübenau vor (in Klammern die Anzahl der Bewohner mit dem jeweiligen Familiennamen, sofern es ihn mehr als einmal gibt): Baldauff (2), Bär (4), Ehrig (2), Engelhardt, Freyer (2), Groschupp, Härtwig (2), Heimb, Herrmann, Höckrich, Klein, Körber, Kräher, Leibner, Lorenz (2), Mey (2), Müller, Neubauer, Nöttig, Rangk und Ullmann.[291] Die Namen der Bewohner von Einsiedel-Sensenhammer, das später zu Rübenau gehört, sind nicht dabei.

In der Sprache des Erbregisters ist die Rittergutsfamilie die „Herrschaft" und die Dorfbewohner sind die „Untertanen". Über deren Lebenssituation enthält das Erbregister Einzelheiten, die daran erinnern, was man im Grunde schon weiß: dass diese dienenden, fronenden, unfreien Menschen in der feudalen Rangordnung auf der untersten Stufe stehen.

---

290 Dank dem Rübenauer Kantor Paul Böhme soll eine Abschrift von 57 Blättern erhalten geblieben sein, die aber bisher nicht auffindbar ist.
291 Nach Ihle, Kurt: Rübenau – Chronik eines erzgebirgischen Grenzdorfes. Teil 1. Selbstverlag Marienberg 1998. S. 25

So steht es der Herrschaft frei, Dienste zu fordern, wie sie es für richtig hält. Die Entlohnung dafür ist denkbar mager.[292] Der Dorfrichter und die Schöffen sind dafür verantwortlich, dass niemand Abgaben und Steuern schuldig bleibt. An Steuern hat jeder Untertan jährlich 12 Groschen zu entrichten und ein Handwerker 6 Groschen.

Im Vergleich zu den Hungerlöhnen ist es sehr teuer, das Gericht zu beanspruchen. So kostet die Ausstellung eines Geburtsscheins beispielsweise 5 Taler. Dazu kommen 12 Groschen für Pergament, Wachs, Kapsel und Schnur.

Für das Gesinde ist die Situation noch viel schlechter. Für ein volles Dienstjahr bekommt ein Großknecht 8 Gulden, eine Großmagd und ein Mittelknecht je 6, eine Mittelmagd 4, ein Ochsenjunge und eine Hirtenmagd je 3 Gulden. Sie haben ja dafür *„frei Kost und Logis"* – im Stall, auf dem Heuboden, in der Futterküche – und nie Feierabend! Bei ihrer Brötung (Verköstigung) ist vorwiegend die Rede von Hafergrütze, Graupen, Erbsen, Sauer- und Grünkohl, Rüben und Brot, das üblicherweise aus drei Teilen Hafer und einem Teil Korn besteht. Sonntags gibt es Hirse- oder Weizenbrei, Fleisch und dazu eine Kanne Bier nur an Festtagen, zu Weihnachten bekommt jeder eine Semmel für 8 Pfennige.

Die Herrschaft hat das Vorkaufsrecht bei jedem Grundstücksverkauf. Die Erlaubnis des Gutsherrn und Gerichtsherrn ist einzuholen, wenn neue Häuser gebaut, Baustätten abgerissen oder Güter und Grundstücke geteilt werden sollen. Auch die Macht über das Brauen, Schenken, Mahlen, Backen, Schlachten, den Salzmarkt und Ölschlag steht ihr zu. Sie bestimmt, wem sie diese Tätigkeiten überträgt. An Triftgeld – wenn das Vieh über Gutsland zur Weide getrieben werden muss – sind für jede Kuh jährlich 6 oder 9 Groschen fällig. Alle zu verkaufenden Überschüsse aus der Bauernwirtschaft, wie Federvieh, Eier, Butter und Käse, sind zuerst der Herrschaft anzubieten.

Stellt man sich einen Alltag unter solchen Bedingungen vor, verflüchtigt sich augenblicklich die Vorstellung von einer ländlichen Idylle.

---

292 Detaillierte Angaben dazu sind auf Seite 85 zu finden.

**Der siebente Gutsherr**

*"Sei im Besitze und du wohnst im Recht, und heilig wird's die Menge dir bewahren"*, sagt Wallenstein bei Friedrich Schiller in einem sarkastischen Selbstgespräch.[293].

Carl Gottlob von Leubnitz bleibt auch weiterhin bemüht, seine Besitztümer zu vergrößern. So kauft er beispielsweise der Tochter von Johann Georg Oehmichen Marie Sophie über ihren Vormund das sogenannte Poppische Gut am Rand von Olbernhau ab. Weitere größere Landerwerbungen kommen hinzu.

1716 wird er erstmals als Besitzer des Ritterguts in Possendorf bei Dresden genannt. Seit 1720 gehört ihm auch das Freigut zu Obernaundorf bei Rabenau. Mit 74 Jahren kann er auf ein erfülltes und erfolgreiches Leben zurückblicken.

Ein langjähriger einflussreicher Förderer, wie Olbernhau in ihm hatte, war Rübenau niemals vergönnt. Als Leubnitz im Jahre 1741 stirbt, residiert im Rübenauer Herrenhaus schon der sechste Besitzer nach ihm als „Herrschaft"!

Von ihnen und den Rübenauer Ereignissen in einer sich wandelnden Zeit wird eine Fortsetzung berichten.

*„...lesset den bawren kaum so viel,*
*das sie den ausgeseeten samen wider kreigen,*
*und da viel überbleibet,*
*dem herrn und junkern die zinse geben können,*
*wollen sie die brötung haben,*
*mögen sie anderswo her kaufen."*[294]

*Bauer dieser Zeit*
*in seiner Alltagskluft*

---

293 Friedrich Schiller, „Wallensteins Tod", I, 4
294 Jacob Grimm und Wilhelm Grimm: Deutsches Wörterbuch, Bd. 2. Hirzel Leipzig 1850. S. 406

## Rübenau – noch mitten im Wald

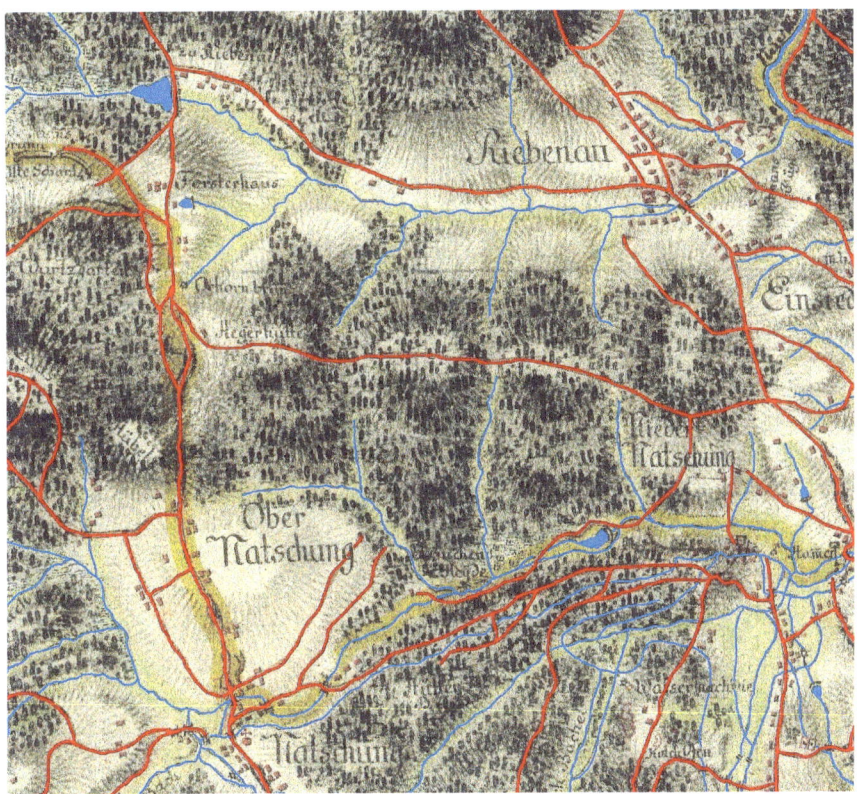

*Rübenau um 1730 mit den später hinzugekommenen Ortsteilen Einsiedel-Sensenhammer, Ober- und Niedernatzschung.[295]*

---

295 Auszug aus einer Karte der Gegend um Zöblitz, Quelle: Privatarchiv Holfried Uhlig

Das Dorf mitten im Wald entwickelte sich zunächst langsam und dann geradezu rasant. 1671 standen im Gut Rübenau mit Mühle erst „*16 Holzhauer Häuserlein*"[296]. Nur fünfzig Jahre später erstreckt sich über Höhen und Täler ein romantisches kleines Dorf. Genau genommen sind es drei: Einsiedel als der älteste Teil, Obernatzschung im Südwesten und Niedernatzschung im Südosten.

Um 1730 besteht Rübenau aus mehr als 50 Häusern, obwohl der Wald noch weit in die Ansiedlung hineinragt. Außer der Kirche, den Wohnhäusern und dem stattlichen „Herrenhaus" gibt es eine Mahlmühle mit Backhaus, ein neues Brauhaus, eine Schenke, eine Ölmühle, eine Brettmühle, einen Waffen- und Zainhammer, eine Schule, zahlreiche Scheunen und Ställe, zwei Zollhäuser, in Einsiedel den Sensenhammer mit einem Gut und manches andere mehr.

Neunzig Jahre später, um 1820, hat Rübenau mit Ober- und Niedernatzschung außer der Kirche und den Rittergutsgebäuden schon 159 Feuerstätten. Hinzu kommen noch das Rittergut Einsiedel-Sensenhammer mit 32 Häusern sowie das Forsthaus Kriegwald mit Schenke. Alles in allem ist das Dorf nun die Heimat von 2300 Menschen geworden.

Nicht mitgezählt sind die Bewohner des unmittelbar angrenzenden böhmischen Ortes Kallich (tschechisch: Kalek) mit Natschung (Načetín) und Heinrichsdorf (Jindřichova Ves) jenseits der Natzschung.[297]

---

[296] Loc. 34002, Rep. 29, Lauterstein, Nr. 0005, Bl. 4-6, Schösser Johann David Pietsch am 6.10.1671
[297] Zahlen nach Hering, Carl W.: Geschichte des sächsischen Hochlandes. Bd. 1. Leipzig 1828. S. 264

# GLOSSAR
## Erklärung historischer Begriffe

**Allod(ium)** — Das Allodium oder Allod als freies Eigentum bildete den Gegensatz zum Lehen. Es bezeichnete im mittelalterlichen und frühneuzeitlichen Recht ein Eigentum, über das dessen Besitzer (Eigner, Erbherr oder Erbfrau) frei verfügen konnte. Fast immer handelte es sich um Land, ein Anwesen oder ein Grundstück. Durch die Ablösungsgesetze wurden die Lehnsgüter in freies oder – durch die Rechte der Lehnsfolger – beschränktes Eigentum verwandelt.

**Amt-Erbbuch** — In ein „Amts-Erbbuch" wurde eingetragen, wie viele Dörfer und Grundstücke zum jeweiligen kurfürstlichen Amt gehören, wo sie lagen, an wen sie als Lehen vergeben waren, welche Abgaben zu erbringen waren usw. So verschafften sich die Ämter bis hinauf zum Kurfürsten und seinen Räten einen Überblick über ihre Besitztümer. Mit „Erb-" ist hier jedes durch Kauf, Arbeit oder Vererbung erworbene Objekt gemeint.

**Angeld** — Zur Sicherung einer Vertragserfüllung konnte bei Abschluss des Kaufvertrages als eine Spielart der Anzahlung ein Angeld fällig werden. Trat der Angeldgeber vom Vertrag zurück, durfte der Angeldnehmer das Angeld behalten. Bei Erfüllung des Vertrages wurde das Angeld vom Kaufpreis abgezogen.

**Beinlinge, Rock, Wams** — Der Bauer in der Zeit des 30-jährigen Krieges legte sich abends in dem gleichen langen Hemd auf sein Strohlager, das er auch am Tage trug. Tagsüber wurde es in eine Hose gesteckt, die aus zwei langen Strümpfen bestand, den sogenannten Beinlingen, die vorn und hinten eine Öffnung hatten. Sie reichten bis zu den Hüften und wurden mit einem Strick an den Hüften festgebunden. Über diesen „Hosen" hing ein zweites grobes Hemd, der „Rock", der die offenen Stellen recht und schlecht versteckte.[298]

---

[298] Quelle für die Abb. auf S. 180 und 183: strinzmargarethae.com – Zugriff 25.08.2016

In einigen Regionen kam später ein kurzes Wams auf, das knapp bis zum Gürtel reichte. Dazu trug man eine Art Strumpfhose, die vorn einen Hosenlatz und hinten ein aufgenähtes Dreieck hatte und mit kleinen Schnüren am Wams befestigt war. Um sich vor der Witterung zu schützen, trug der Bauer eine Mütze oder Kappe, meist mit Ohrenklappen.

**Dienstpflicht** Die Untertanen unterlagen einer drastischen Dienstpflicht,
**Dienstzwang** was auch für den Militärdienst galt. Waren Ansiedler dienstverpflichtet, dann mussten auch sie ihre Grundschuld durch Frondienste (Hand- oder Spanndienste) ableisten. Die Freien wurden nicht zu Diensten herangezogen, sondern mussten ihre Schuld mit Geldzinsen tilgen. Dienstzwang hießen die gerichtlichen und außergerichtlichen Mittel, durch die der Dienstherr sie zur Erfüllung ihrer Pflichten zwingen konnte. Kinderdienstzwang war das Recht des Gutsherrn, zu verlangen, dass die Kinder seiner Untertanen eine Reihe von Jahren bei ihm in Dienst treten, ehe sie sich wo anders verdingten.

**Eigentümer** Eigentümer und Besitzer sind nicht dasselbe.
**Besitzer** **Eigentümer** einer Sache ist, wem sie mit allen Rechten und
**Inhaber** unbeschränkter Befugnis gehört. Der Eigentümer kann mit ihr beliebig umgehen, sie z. B. verkaufen, verändern u. verleihen. **Besitzer** ist, wer rechtlich über eine Sache, z. B. ein Grundstück, verfügen kann. Oft ist der Eigentümer zugleich Besitzer, so wenn er seinen eigenen Bauernhof bewirtschaftet. Wenn er ihn verpachtet, bleibt er dennoch Eigentümer, aber ist für die Pachtzeit nicht mehr Besitzer. Der Pächter oder Pachtmann darf auf dem Hof nur machen, was der Eigentümer ihm erlaubt hat. So war es auch bei Georg Müller, dessen gepachtete Mühle in Olbernhau abbrannte, und auch bei Georg Uhlich, Pachtmann von Magnus Oehmichen.
**Inhaber** ist, wer z. B. über eine vom Gutsherrn gepachtete Schenke oder ein gemietetes Fuhrwerk verfügen kann. Er braucht nicht zugleich Eigentümer oder Besitzer dieser Sache zu sein, sondern kann sie auch nur als Nutznießer betreiben.

**Feldmaße in Sachsen**

| | | | |
|---|---|---|---|
| 1 Quadratrute | = 144 Quadratfuß | 14,186 m² | |
| 1 Morgen | = 180 Quadratruten | 2553,5 m² | später ca. 0,25 ha |
| 1 Acker = 2 Morgen | = 300 Quadratruten | 5534,2 m² | später ca. 0,5 ha |
| 1 Hufe = | = 36 Acker | 15 bis 20 ha | |

| | |
|---|---|
| Frondienste | Die Frondienste der Untertanen für den Grundherrn umfassten alle Tätigkeiten, die auf dem Gut anfielen. Handdienste bestande vor allem in landwirtschaftlichen Arbeiten. Spanndienste erfolgten mit Zugtieren. Frondienste wurden oft zur Saat- oder Erntezeit so stark gefordert, dass Bauern ihr eigenes Land nur unter großen Schwierigkeiten bestellen konnten. Zur Jagdfron gehörten z. B. das Treiber des Wildes, Fuhrdienste oder die Versorgung der Jagdhunde. Sie wurde erst 1848 mit der Neuordnung des Jagdrechts abgeschafft. Hinzu kamen Bau- und Wegedienste für das Amt. Nach dem Dreißigjährigen Krieg nahmen die Frondienste stark zu und belasteten die Untertanen immer stärker. Mit der Zeit wurden sie schrittweise durch Geldleistungen abgelöst. |
| Fuder hohe Tücher | 1 Fuder war "so viel als ein ordentlicher Rüst= oder Bauerwagen auf einmahl laden kann; die Ladung eines solchen Wagens."[299] Hohe Tücher waren ca. 3 m hoch und 160 m lang = 480 qm. 4 hohe Tücher bildeten ein Fuder Zeug, das demnach 4 hohen Tüchern entsprach (1920 qm). Zum Ausgleich unterschiedlicher Böden wurden Tücher verschiedener Anzahl veranschlagt, so dass ein Grundstück mit besserer Qualität z. B. die Größe 5 1/2 hohe Tücher und bei minderer Qualität 6 1/2 hohe Tücher haben konnte. |
| Gefälle | Gefälle waren die Einkünfte, die von einem Grundstück "fielen", und ebenso die Abgaben, die dem Grundherrn oder der Obrigkeit zustanden. |
| Gerade | „Gerade sind gewisse bewegliche Stücke, deren sich die Frauenspersonen theils zu häuslichem Gebrauch und theils zum Zierrath bedienen, und welche [...] einer Wittwe nach ihres Ehemannes Tod eigenthümlich verbleiben und überlassen werden müssen".[300] |
| Gerichtsbarkeit | **Niedere Gerichtsbarkeit (Patrimonialgerichtsbarkeit)**: die mit dem Besitz eines Gutes (Patrimonium) bis 1877 verbundene Recht, in erster Instanz Vergehen wie Diebstahl, Betrug und Nachbarschaftsstreitigkeiten schlichten zu können. Weil die Patrimonialgerichtsbarkeit sich normalerweise nur auf die Niedergerichtsbarkeit erstreckte, war es das Ziel eines jeden Grundherrn, die Obergerichtsbarkeit zu erwerben.<br>**Obergerichtsbarkeit**: Sie betraf ursprünglich die dem Landesherrn und später dem Landesgericht vorbehaltene Rechtsprechung über schwere Straftaten. Anstelle des Landesherrn übten in Kursachsen die Ämter als Justizbehörden in erster Instanz |

---

[299] Krünitz, Oekonomische Encyklopädie, Bd. 15, S. 423
[300] Deutsche Encyclopädie oder Allg. Real-Wörterbuch aller Künste, Bd. 11. Frankfurt/M. 1786. S. 80

| | |
|---|---|
| **Hufe** **Hufengeld** | die Obergerichtsbarkeit aus. Sie war in Kursachsen kein Bestandteil der Schriftsässigkeit, aber meist stand sie als ein erworbenes Recht den schriftsässigen Rittergütern zu. Eine Hufe im weiteren Sinne war in Sachsen gewöhnlich ein Bauerngut. Eine Hufe im engeren Sinne war ein Feldmaß, in Sachsen gewöhnlich 30 Morgen. Hufengeld hieß die Steuer, die für das als Lehen erhaltene Land fällig war. |
| **Hutung** | Hutweide, ein als Viehweide genutztes Stück Wald oder eine minderwertige landwirtschaftliche Fläche, auf der Haustiere unter Aufsicht eines Hirten od. älteren Kindes weiden konnten |

**Längenmaße**

| | | |
|---|---|---|
| 1 Landmeile | = 2000 (achtellige) Ruten[301] | 7532,48 m |
| 1 (normale sechsellige) Rute | = 6 x 0,566 cm  ≈ | 3,40 m |
| 1 achtellige Rute | = 7532,48 m : 2000 = | 3,77 m |
| 1 Schritt | | ca. 71 - 75 cm |
| 1 Doppelschritt | | ca. 142 - 150 cm |
| 1 Dresdner Elle (ab 1858) | | 56,638 cm |
| 1 Fuß | = 12 Zoll = | 25 – 43 cm |
| 1 Zoll | | 2,36 cm |

| | |
|---|---|
| **Lehen** **Lehnsherr** **Lehnsmann** | Im Feudalismus galt das Lehnsrecht. Die **Lehen** oder **Lehn** war verliehenes, beschränktes Eigentum. Der Monarch (Kaiser, König, Kurfürst), der Adel und die Kirche waren die Eigentümer der Ländereien. Sie vergaben als **Lehnsherren** (Grundherren) für treue Dienste bestimmte Rechte und Land als Lehen an ihre Vasallen oder Lehnsmänner unter dem Vorbehalt des Zurückfallens an den Lehnsherrn. Der **Lehnsmann** (Belehnte) war derjenige, die eine Sache oder ein Recht als Lehen besaß. Er bekam das Stück Land oder das Gut zum Besitz und „Genuss" („Genieß") gegen die Verpflichtung zu treuer Ergebenheit geliehen. Er musste dem Lehnsherrn den **Lehnseid** leisten, worauf ein **Lehnbrief** erteilt wurde. Ursprünglich erfolgte die Belehnung auf Widerruf, später auf Lebenszeit, bis schließlich der Lehnsbesitz zu einem vererbbaren und veräußerlichen Recht wurde. |

---

[301] Sächsisches Staatsarchiv, 10036, Finanzarchiv, Loc. 34777, Rep. 41, Nr. 0008 Vermessung der Post-, Land-, Heer- und Kommerzialstraßen, wobei 2000 achtellige Ruten eine Meile ausmachten

**Mannlehngut** Ein Lehngut, in dem nur die männlichen ehelichen Nachkommen zur Lehnsfolge befähigt waren. Wer es übernahm, musste seine Brüder auszahlen.

**Patrimonialgerichtsbarkeit** siehe Gerichtsbarkeit

**Rezess** Dieser heute veraltete Begriff steht für einen schriftlichen Vergleich von zwei oder mehr Personen über eine streitige Sache. Auch ein Geldrückstand, d. h. die versäumte Zahlung einer schuldigen Summe, und diese Summe selbst, wurden zuweilen Rezess („Receß") genannt.

**Scheffel** Hohlmaß für Getreide. 1 Scheffel Freiberger Maß = 106,3l, 1 Dresdner Maß sogar 107,33l. Die Größe schwankte nach Land und Region erheblich. Andere Bezeichnungen waren Schaff, Simber, Sümber, Sümmer oder Simmer.

**Schösser, Amtsschösser** Seine Aufgabe war das Eintreiben der Steuern und Abgaben im Auftrag des Kurfürsten oder Königs. Seinen Sitz hatte er im kurfürstlichen Amt des jeweiligen Gebietes.

**Sequestration** Zwangsverwaltung, gerichtlich angeordnete Übergabe einer Sache an einen Dritten (Sequester) zur einstweiligen treuhänderischen Verwaltung oder Verwahrung

**Sequester** treuhänderischer Verwalter; bei der Zwangsvollstreckung Treuhänder für den Schuldner

**Stockraum** abgeholzter Wald, von dem die Stöcke der gefällten Bäume weggeräumt werden, um Acker oder Wiesen zu schaffen.

**Trift** Viehtrift, die vom Vieh benutzte Strecke Weges zwischen Weideland und Stall

| Währungen | Reichs speziestaler | Reichstaler (Taler Courant) | Gute Groschen | Mariengroschen | Gulden |
|---|---|---|---|---|---|
| Reichsspeziestaler | 1 | 1 ⅓ | 32 | 48 | 2 |
| Reichstaler | ¾ | 1 | 24 | 36 | 1 ½ |
| Gute Groschen | $\frac{1}{32}$ | $\frac{1}{24}$ | 1 | 1 ½ | $\frac{1}{16}$ |
| Mariengroschen | $\frac{1}{48}$ | $\frac{1}{36}$ | ⅔ | 1 | $\frac{1}{24}$ |
| Gulden | ½ | ⅔ | 16 | 24 | 1 |

1571: 1 Reichstaler = 24 Groschen = 288 Pf
1841: (sächsischer) Taler = 30 Neu-Groschen = 300 Neu-Pf

**Wiederwachs** Wiederwuchs, immer wieder nutzbare Feld- und Ackerfläche, heutzutage ein Zeichen für nachhaltige Nutzung

*RÜBENAU IN SPÄTERER ZEIT - Vor ihrem Haus in Rübenau Nr. 227 stehen im Sommer 1930 drei Generationen der Familie Hänel: Mutter Mathilde Hänel, Tochter Else, Vater Richard Hänel, Tochter Ella, der 17-jährige Sohn Erwin, Onkel Hermann und die Großeltern Anna und Hermann Hänel*

Zur Autorin

Geboren in Rübenau, mütterlicherseits ein Kind der Familie Hänel, Rübenau Nr. 227

Grundschule in Rübenau, Oberschule und Abitur in Olbernhau

1957 - 1960 Ausbildung zur Diplom-Bibliothekarin (FH)

Ab 1960 Berufspraxis als Bibliothekarin, Archivarin und freiberufliche Redakteurin

1971 - 1983 wissenschaftliche Mitarbeiterin im Deutschen Hygiene-Museum Dresden

1977 - 1983 Fernstudium an der Universität Leipzig, Abschluss als Diplom-Journalistin

1984 - 1990 Redakteurin beim Fernsehen der DDR/ Dt. Fernsehfunk, Sender Dresden

1991 Weiterbildung zur Medien-Fachfrau

1994 - 1996 Inhaberin eines Franchise-Verlages, Veröffentlichung von zwei Büchern über die Westlausitz, Teilnahme an einem Forschungsprojekt der TU Dresden

Seit 1997 freischaffende Tätigkeit als Autorin, Lektorin und Journalistin, Erzählungen „Fünf Minuten Glücksgefühl" u. a., freiberufliche Lektorierungen

2006 Zertifikat als Lektorin, 2010 Ausbildung zur Online-Redakteurin

# Teil 1
# Von den Anfängen bis 1700

INHALT

| | |
|---|---|
| Vorwort | 5 |
| Ein Fischgewässer im Miriquidi | 7 |
| Die Mühle an der Rybenaw | 22 |
| Ein Anwesen ganz für sich | 38 |
| Flehentlich nebst seinem Weibe | 57 |
| Das missliebige Besitztum | 77 |
| Ein Kammerdiener als Gutsherr | 92 |
| Der gewitzte Unternehmer | 113 |
| Dass zum Zwecke Münzen klingen | 141 |
| Das Zwischenspiel | 170 |
| Rübenau – noch mitten im Wald | 180 |
| Glossar | 182 |
| Zur Autorin | 186 |